Knaus
K

Rainer Hank

Links, wo das Herz schlägt

Inventur einer politischen Idee

Knaus

MIX
Papier aus verantwortungsvollen Quellen
FSC® C006701

Verlagsgruppe Random House FSC® N001967
Das für dieses Buch verwendete FSC®-zertifizierte Papier
Munken Premium liefert Arctic Paper Munkedals AB, Schweden.

1. Auflage

Satz: Buch-Werkstatt GmbH, Bad Aibling
Druck und Einband: CPI – Ebner & Spiegel, Ulm
Printed in Germany
ISBN 978-3-8135-0656-3

www.knaus-verlag.de

I. Warum man manches sieht, aber Entscheidendes übersieht. Warum es gut ist, eine Weltanschauung zu haben, und wie meine Eltern zu einer Spülmaschine gekommen sind.

Was wirklich los ist, sieht man nicht. Oder erst viel später. Dass das Jahr 1972, als ich endlich mein Abitur in der Hand hielt, nicht nur für mich, sondern auch für die Weltgeschichte eine entscheidende Zäsur war, habe ich nicht bemerkt. Und meine Zeitgenossen auch nicht. Hätten wir es bemerkt, hätten wir nicht nur unsere Reife, sondern auch das definitive Ende der Nachkriegsparty ausgelassen feiern müssen. Besser würde es nicht mehr werden.

Mit dem Jahr 1972 nämlich verabschiedete sich das »Wirtschaftswunder« aus Deutschland, dieser historisch einmalige Boom der Nachkriegsjahre, welcher den Deutschen anhaltende Vollbeschäftigung, viel Konsum und ein jährliches sattes Wirtschaftswachstum bescherte. Der emsige Fleiß einer von Krieg, Niederlage, Flucht oder Gefangenschaft traumatisierten Generation und eine glückliche Konstellation der Weltwirtschaft waren die Väter dieses Erfolgs. Gastarbeiter, deren Kinder wir in unserer Grundschulklasse Jugos und Itaker nannten, halfen den Deutschen, die viele Arbeit in den Fabriken zu machen, die nötig war, um die Konsumwünsche und Sozialansprüche einer zu Wohlstand gekommenen Gesellschaft zu befriedigen.

Schon Ende der fünfziger Jahre konnten sich meine Eltern wenigstens ein halbes Auto leisten; die andere Hälfte gehörte Tante und Onkel, die um die Ecke wohnten. Später dann, Mitte der sechziger Jahre, gab es zum Radio ein Fernsehgerät (»Nordmende«), schließlich dann sogar eine Spülmaschine, mit der die Eltern immer fremdelten, so als müssten sie sich gegen den Vorwurf zur Wehr setzen, sie wollten sich aus Faulheit um den Abwasch drücken. Und statt nach Österreich in die Frühstückspension waren auch wir Mitte der sechziger Jahre mit vielen anderen Deutschen nach Rimini gefahren, wo es für die Adria-Variante der Alpenpensionen leider nur in der dritten Reihe gelangt hatte – zu Eisenbahn- statt Meeresblick. Wie auch immer: Wir hatten es zu etwas gebracht, ich am Ende sogar zum Abitur.

1972 war das letzte gute Jahr. Danach ist unsere Gegenwart angebrochen, so wie wir sie heute kennen. Inflation und Arbeitslosigkeit kamen in unsere Welt, das Wachstum hat sich verabschiedet. Das war eine ökonomische Umwälzung, die das Land und die Menschen verändert hat. Erst ist die Sorge gekommen, dann die Skepsis. Und der Fortschritt hat sich verflüchtigt. Eltern bangen um die Zukunft der Kinder, fürchten, dass sie den erreichten sozialen Stand nicht werden halten können. Viele haben Angst, die Menschen könnten die Schöpfung dauerhaft ruinieren. Wo aber die Angst umgeht, da nimmt das Bedürfnis nach Sicherheit zu, und die Lust, Risiken einzugehen, schwindet.

Es hat gedauert, bis man es merkte, dass alles anders war. Historische Zäsuren, wenn sie nicht mit Kriegen verbunden sind, werden von den Zeitgenossen selten unmittelbar wahrgenommen. Die Indizien für diese Wende 1972/73 aber waren schwach. Was wir gemerkt haben war, dass man an ein paar Sonntagen nicht mehr Auto fahren durfte. Leere Autobahnen, spielende Kinder auf der Überholspur – für eine ganze Generation wurde das eine prägende Erfahrung, von der sie heute noch erzählt. Aber was hatte das alles zu bedeuten? Wir nahmen es als singuläres Ereignis. Danach floss der Verkehr ja wieder.

Wenn auch die Alten es nicht gemerkt haben, wie hätten wir

Neunzehnjährigen damals etwas davon mitbekommen sollen, als wir unser Abiturzeugnis in Händen hielten – wir mussten es übrigens selbst abholen bei der Sekretärin im Vorzimmer des Schulleiters. Nicht etwa, weil der Direktor (»Rex«) so stillos gewesen wäre, sondern weil unsere Vorgänger (mögen es drei oder vier Jahrgänge über uns gewesen sein) alle Riten der Abiturfeierlichkeiten mit Anzug und Streichorchester als bürgerliches Ornament aus dem Schulalltag verbannt hatten. Ich leistete mir dann den Aufbruch zu einem Studium der katholischen Theologie und Literaturwissenschaft ohne jegliche konkrete Berufsvorstellung. Ein »Karriereziel« – schon das Wort wäre uns nicht über die Lippen gekommen – war nicht nötig in der alten Welt der Vollbeschäftigung vor 1973. Arbeit und Berufe bekamen die Leute ja von alleine; das würde sich fügen. Ich wollte verstehen, was die Welt im Innersten zusammenhält – und sie dann verändern und gehörig verbessern. Schließlich waren wir damals links. Wer links war, suchte eine bessere Welt. Irgendwie.

Gut vierzig Jahre sind seither vergangen. Links bin ich schon eine geraume Zeit nicht mehr. Irgendwann bin ich zum Liberalen geworden. Subjektiv hatten wir, wie gesagt, damals, in diesem letzten guten Jahr 1972, überhaupt nicht das Gefühl, in der besten aller Welten zu leben. Hätte das einer behauptet, wir hätten ihn als konservativ (»affirmativ« hätten wir hinzugefügt) denunziert. Affirmativ, fast ein Schimpfwort, war das Gegenteil von kritisch. Wer kritisch sein wollte (und wer wollte das nicht?), der wusste, dass diese Welt verändert werden musste, weil diese Gesellschaft, in der wir lebten, keine gute Gesellschaft war.

Dafür musste man nur nach Vietnam schauen, wo die Amerikaner mit fürchterlichen Napalm-Bomben einen ungerechten Krieg führten. Oder nach Lateinamerika, wo die Großgrundbesitzer die einfachen Bauern unterjochten. Oder in die

Dritte Welt, die auch nach dem Ende des Kolonialismus von der ersten Welt ausgebeutet wurde, weshalb die Menschen dort dazu verdammt waren, immer arm zu bleiben. Oder in die Daimler-Fabrik in Untertürkheim, wo die Arbeiter ihrer entfremdeten Arbeit nachgingen, stumpf in einer Halle am Fließband arbeitend, deren Wände (»affirmative«) Psychologen in hellen Farben hatten anmalen lassen, weil sie in ihren, dem Kapital dienenden Forschungen herausgefunden hatten, dass solche hellen Farben die Arbeiter motivieren und produktiver werden lassen.

Kurzum: Das »System« lag überall im Argen, das politische System war krank, das wirtschaftliche erst recht. Der Kapitalismus brachte bei Weitem mehr Nachteile als Vorteile (wenn überhaupt). Unser Standardbeispiel in den Oberstufendebatten waren die Glühlampen und die Nylonstrümpfe, die von den Kapitalisten mutwillig mit einer Verfallszeit konstruiert wurden, obwohl der technische Fortschritt längst ewig brennende Lampen und immerdar haltende Beinkleider möglich gemacht hätte. Der Kapitalismus schafft sich seine eigene Nachfrage, indem er auf *perverse* Weise den Destruktionsmechanismus in seine Produkte einbaut. Wie *pervers*. Eine vollkommene Befriedigung der materiellen Bedürfnisse wäre der Menschheit längst möglich, aber der Kapitalismus durfte daran vernünftigerweise kein Interesse haben.

Für Wirtschaft interessierten wir uns gleichwohl herzlich wenig. Jedenfalls hatten wir nicht das Gefühl, dass, um ein großer Kapitalismuskritiker zu werden, ein gewisses Grundverständnis von Ökonomie hilfreich sein könnte. Das galt wohl generell für uns alle damals, die wir in der philosophischen Fakultät studierten. Wir setzten mit Adorno beim großen Ganzen an, das bekanntlich das Falsche war. Wer es einmal in diese Höhen der Negativen Dialektik geschafft hatte, brauchte sich nicht mehr in die Niederungen der Wachstumstheorien zu begeben. Das war bei den Ökonomen und Soziologen unter den Linken damals schon anders; die hatten ihren Marx gelesen. Heute ist es definitiv anders. Zumindest jene Linken (und nicht nur die intellektuellen Protagonisten, sondern auch die klugen Blogger und Aktivisten bei Attac & Co.), die sich international an der großen Gerechtigkeits-, Ungleichheits- und Verteilungsdiskussion unsere Tage beteiligen, tun das erkennbar auf intellektuell besserem Niveau als wir damals. Heute, wo ich kein Linker mehr bin, ist die Linke intellektuell stärker geworden. Aber Linkssein ist irgendwie auch ein weites Feld: Damals ging es um alles, den Aufbruch. Heute geht es um Bestimmtes: Ungleichheit, Gerechtigkeit, Globalisierung und so.

Worum geht es mir in diesem Buch? Was mich heute umtreibt, ist die Frage, worauf wir eigentlich unsere politischen Überzeugungen gründen und wie wir sie finden. Wie konnte unser linkes Weltbild entstehen? Wann bekam das meine seine ersten Risse? Und wann wurde ich zu einem Liberalen, der den Anspruch erhebt, dass die Idee der Freiheit heute die linke Utopie von damals besser, aber natürlich auch auf andere Weise einlösen kann, als wir es damals wollten? Diese Bestandsaufnahme zeichnet biographische Entwicklungen und Verwicklungen nach, reflektiert die Frage, wo eigentlich Werte herkommen, bringt den Gang der Zeitgeschichte ins Spiel und wird am Ende zu einer Apologie des Liberalismus. Sie ist adressiert an seine linken Verächter, unternommen im Versuch, die Gegner, wenn schon nicht zu bekehren, so zumindest vom moralischen Ernst zu überzeugen. Der Liberalismus darf sich seinen Anspruch auf das überlegene Gerechtigkeitskonzept vom Moralismus der Linken nicht nehmen lassen. Den Vorwurf der Herzenskälte gilt es leidenschaftlich und klug zu parieren.

Unserem Linkssein war nie eine bewusste Entscheidung vorangegangen, so, als wäre man einem Test ausgesetzt (oder einer Art gesellschaftspolitischem Wahlomat), wo man fünfzig Fragen beantworten müsste, um am Ende festzustellen, ob man politisch rechts, links oder liberal sei (»grün« gab es damals noch nicht). Dieses Linkssein brachte unsere Generation der in den fünfziger Jahren geborenen Deutschen schon von der Schule als eine Selbstverständlichkeit mit. Natürlich hatten wir die Achtundsechziger, die wir nicht waren, bewundert. Rudi Dutschkes Gespräch auf einem Autodach in Freiburg mit Ralf Dahrendorf – emotional auf Seiten Dutschkes stehend – im Fernsehen verfolgt, natürlich waren wir immer irgendwie traurig, dass die Achtundsechziger die Pioniere waren, die wir nie einholen konnten. Aber als »Zaungäste«, um die Metapher von Reinhard Mohr zu nehmen, haben meine Schulfreunde und ich uns nicht gefühlt. Das wäre ja ganz und gar passiv gewesen. Wir wollten schon mitmachen. Vielleicht als Epigonen (obwohl das auch schon zu resignativ klingt) oder als »Flakhelfer« der Achtundsechziger-Bewegung, wie Ulrich Raulff meint, was schon angemessener klingt, weil damit auch ein gewisser Wiederholungszyklus der Kriegsgeneration unserer Väter angesprochen wird. Die Flakhelfer waren ja ebenfalls mit Begeisterung losgezogen. Wir hatten es gerade noch geschafft, dabei zu sein, und waren darauf nicht nur stolz, sondern auch, wenn man so gebaut ist wie ich, ehrgeizig genug, bei den Älteren Anerkennung zu suchen. Würde man uns heute als »Mitläufer« denunzieren, die damals schon von Mitläufern rekrutiert wurden, wäre das nicht ganz falsch. Aber es würde mich doch auch ein wenig kränken, weil im Nachhinein neue Mitläufer gerne über frühere Mitläufer herfallen.

So also kam ich im Wintersemester 1972 nach Tübingen (nicht allzu weit weg von Stuttgart). Ich rieche noch heute den Herbst der schon modernden Blätter im alten Botanischen

Garten, durch den man musste, wenn man vom »Kupferbau«, dem großen Hörsaalgebäude, oder dem »Clubhaus« in die Altstadt wollte. Im Linguistik-Seminar hatte sich der Seminarleiter in der ersten Semesterwoche mit »Ich bin der Gerd« vorgestellt, was mir etwas seltsam vorkam, hatten wir bisher doch alle unsere Lehrer gesiezt. Nein, das stimmt nicht: Den jungen Referendar, der Politik und Geschichte unterrichtete, den durften wir auch duzen – und auch der war ein Linker, womit schon klar war, dass der Gerd ein Linker sein musste, was sich alsbald erhärtete, weil sich unser Seminar schwerpunktmäßig mit Soziolinguistik – der Analyse der Sprache der sozialen Klassen und der Sprache der Unterdrückung – befassen würde. Zugleich sollte das Du Hierarchien einebnen. Autorität sein zu müssen, ein Gefälle von Anweisung und Gefolgschaft zu akzeptieren, machte vielen in der Generation meines Seminarleiters, der wahren Achtundsechziger, gewaltige Angst. Sie wollten echte Egalitäre sein. Sie wollten keine Noten geben, weil das Ausübung von Macht wäre. Sie misstrauten dem Wettbewerb und erlebten Ungleichheit als Bedrohung. Ich bin einer von euch, wollte uns der Gerd sagen, stelle mich nicht über euch, nur weil ich der Seminarleiter bin. Das Du war weniger eine Geste des Vertrauensbeweises als eine Art innerer Zwang, der Differenz entgehen zu müssen. Manchmal, nicht bei Gerd, war das Du auch einfach nur der Ersatz dafür, dass der Seminarleiter einem auch wirklich nichts zu sagen und beizubringen hatte; sozusagen die wahre Egalität.

An dieser Arabeske, dem Duzen, macht sich im Nachhinein eine Ambivalenz des Linkswerdens fest (vielleicht aller Milieus, in die man als junger Mensch hineinfällt): Stets geht von Milieus nicht nur jene Entlastung aus, die jegliche Erfahrung der Zugehörigkeit bedeutet, sondern immer auch ein Zwang, ein Druck der Anpassung. »Nein« zu sagen, ich will einen Seminarleiter lieber siezen, wäre bei den Kommilitonen schlecht angekommen. Ich jedenfalls hätte mich nicht getraut, mich derart als Außenseiter zu profilieren. Lieber probierte ich innerlich aus, ob die Lizenz zum Duzen unter uns allen eine politische – »inhaltliche« – Nähe konstituieren könnte, die das Duzen sachlich gerechtfertigt sein ließ.

Was ihn an der Vergangenheit fasziniere, schreibt Roland Barthes in seinen autobiographischen Aphorismen »Über mich selbst«, sei nicht das Irreversible der entschwundenen Zeit, sondern das Nichtzureduzierende dessen, was von damals und schon damals in einem sei: »die schwarze Kehrseite meiner selbst«. Diese bringe einen in einen Zustand »beunruhigender Vertrautheit« mit sich selbst. Natürlich geht es mir in diesem Buch nicht um die bloße Rückschau eines allenfalls für einen selber, nicht aber für die umgebende Öffentlichkeit aufregenden Lebens, sondern um eine Skizze erlebter Zeitgenossenschaft in gut vierzig Jahren, die freilich um der subjektiven Beglaubigung und Wahrhaftigkeit willen das »ich« gebraucht und um perspektivisch den Ort zu benennen, von dem her die Erfahrungen, Einsichten und Reflexionen formuliert sind. Zu wenig aber enthält Barthes' Formulierung für meine Zwecke, weil es mir mehr als um die »schwarze Kehrseite meiner selbst« um verallgemeinerbare Erfahrungen meiner Generation zu tun ist. Wie erklären wir uns heute das Zustandekommen der linken Selbstverständlichkeit von damals, die aus der Rückschau gerade wegen ihrer Selbstverständlichkeit etwas beunruhigend Vertrautes an sich hat? Vertraut, weil wir uns noch gut an uns und unsere Einstellungen erinnern, fast als wäre es gestern: Wie wir unbedingt die Gesellschaft, den Kapitalismus, die Kirche, die Politik verändern, verbessern, revolutionieren und uns dabei irgendwie befreien lassen wollten. Ich will das alles auch heute noch ernst nehmen. Beunruhigend aber ist, welchem absurden Glauben wir teilweise anhingen, in dessen Glaubenssätzen wir einander bestätigten, ohne etwas zu verstehen, weil es an diesen Phrasen nichts zu verstehen gab. Beunruhigend ist auch, wie es kommen konnte, dass wir, die wir doch groß geworden waren mit dem unbedingten Anspruch, alles und jedes zu hinterfragen, die linke Selbstverständlichkeit selbst nicht hinterfragen wollten oder konnten.

Das Nichthinterfragen des Linksseins war offenbar allen aus meiner Generation damals gemein: Das linke Milieu war für uns so etwas wie der transzendental vorgegebene Rahmen, innerhalb dessen wir uns in unser Leben hinein entwickelten. Wir fanden uns in ihm vor, ihn zu verlassen war schon gedanklich unmöglich: Wie hätte die Welt dahinter ausgesehen, von der aus wir einen Bezug zu unserem Wertekosmos hätten einnehmen können?

Mein Bericht ist nicht abermals, oder allenfalls sehr indirekt, das Bekenntnis eines zu spät gekommenen Achtundsechzigers. Der Erforschung der Zeit – wissenschaftlich, literarisch, kollektiv, individuell – braucht von mir nichts hinzugefügt zu werden. Der Titel »Links, wo das Herz schlägt« stellt in Wirklichkeit eine Frage: Wie ich, der damalige Durchschnittslinke, zu dem wurde, der ich heute bin: Ein Liberaler, den viele als »Neoliberalen« befremdeln, verspotten, beschimpfen, zuweilen auch bestätigen. Wie viel Kontinuität der Überzeugungen, Haltungen, Werte, Präferenzen hat oder braucht ein/mein Leben? Wie viel Veränderung, Brüche, Konversionen sind aus Gründen der Glaubwürdigkeit und Authentizität nötig und verträgt das Leben? Ist es Mut oder abermals Schmiegen an den Zeitgeist zu sagen, dass ich heute kein Linker mehr sei? Und warum gibt es dabei das Bedürfnis zu insistieren, dass, was uns damals wichtig war, heute immer noch da ist, wenn auch gewandelt. Immerhin steige ich stets gerne in die Debattierarena, um zu beweisen, dass die damaligen »Anliegen« im liberalen Denken besser aufgehoben sind als im linken und dass das Diktum des Harvard-Ökonomen Alberto Alesina schon seine Richtigkeit hat: »the left should love liberalism«. Ein Gedanke, der zumindest den Deutschen ziemlich fern ist. Wenn der linke Leser am Ende meines Buches das Gefühl hätte, er wisse, dass und warum die meisten Linken in Wahrheit Liberale seien, dann wäre ich schon sehr zufrieden.

»What's left?«, lautet die Frage. Was ist vom linken Denken übrig geblieben, und was kann heute noch »links« sein? Dabei ließe sich gewiss fragen, warum es mir überhaupt wichtig sei, immer noch irgendwie links sein zu wollen, was vermutlich nicht nur mit den Prägungen und Sozialisationen in den siebziger Jahren zu tun hat, sondern damit, dass links zu sein seit der Aufklärung mit einer hohen moralischen Aufladung daherkommt, irgendwie wertvoller im Vergleich zum notorischen Utopiedefizit der Konservativen oder gar dem pragmatischen Lakonismus der Liberalen, die sich das Anti-Utopische geradezu auf die Fahnen geschrieben haben.

Was war eigentlich damals links? Man sollte sich vom heutigen Blick frei machen, wo »links« meistens Verteilungsdebatten über wachsende Ungleichheiten sind: dass die Reichen immer reicher werden, die Mittelschichten abstürzen und die Schere sich immer weiter öffnet. An solche Sachen denkt heute, wer an »links« denkt: Linke finden Ungleichheit die schlimmste Ungerechtigkeit, die man sich vorstellen kann, und sinnen über Maßnahmen nach, wie man diese Schlechtigkeit ändern kann – je nach persönlich-politischer Radikalität werden sie für Steuerreform oder Revolution (kommt heute seltener vor) oder irgendetwas dazwischen optieren. Links, so könnte man sagen, ist heute eine sozialphilosophische Option.

Daran haben wir damals nicht gedacht. Oder nicht in erster Hinsicht. Links, man muss es so vage sagen, war irgendwie ein Lebensgefühl und -ausdruck. Eine Haltung, mit der wir uns untereinander zugehörig fühlten. Links war das Versprechen einer besseren Welt, das wir einander gaben. »Versuch über die Befreiung« heißt das Stichwort, das Herbert Marcuse gab. Ein älterer Freund hatte mir das kleine Suhrkamp-Büchlein schon in der Oberstufe empfohlen. Ich hatte es damals in einem Rutsch durchgelesen. »Repressive Toleranz« kam darin vor, ein Ausdruck, der sagen soll, dass unsere Gesellschaft auf besonders perfide Weise verhindert, dass wir unsere wahren Bedürfnisse kennen. Indem sie uns mit dem Zauber all der Waren, die es gibt, falsche Bedürfnisse vorgaukelt. Irgendwie verhindert der Kapitalismus, dass wir zu uns kommen und bei uns sind. Irgendetwas lief falsch, war der Marcuse-Sound. Für so etwas war ich empfänglich. Für so etwas sind junge Menschen zu allen Zeiten empfänglich. Einmal hatte es Marcuse auch nach Tübingen geschafft, es muss im Sommersemester 1974 gewesen sein. Das ganze Audimax war brechend voll. Ich sehe ihn noch vor mir, eine imponierende Gestalt, er trug ein weißes Hemd und helle, breite Hosenträger. Das sah irgendwie altmodisch und kalifornisch zugleich aus.

Ich habe mir Marcuses »Versuch über die Befreiung« jetzt noch einmal angeschaut. Und war merkwürdig überrascht. Mir kam der Ton vertraut, sogar sympathisch vor. Es geht darum, »ein Reich der Freiheit zu errichten, das nicht das der Gegenwart ist: eine Befreiung von den Freiheiten der ausbeuterischen Ordnung – eine Befreiung, die dem Aufbau einer freien Gesellschaft dient«. Gewiss, den Jargon der ausbeuterischen Ordnung würde ich nicht mehr benützen. Aber Freiheit? Marcuse, der Freud, Nietzsche und Marx amalgamierte, nennt Freiheit einen Zustand, »sich nicht mehr vor sich selbst schämen zu müssen«. Das ist ein schöner Gedanke, oder? Die

Menschen sollten von der sie unterjochenden, nicht befriedigenden Arbeit befreit werden, aber auch ihre pervertierten Triebe sollten befreit werden. Marcuse schlägt einen Ton an, der irgendwo zwischen Marx, den französischen Surrealisten und den befreienden Erfahrungen von Jazz, Rock 'n' Roll und Marihuana (dafür war ich zu brav) liegt. Er selbst nennt es »Koinzidenz«, dass er, der alte Mann, der im Ersten Weltkrieg gekämpft hatte, und die jungen Leute in Berkeley irgendwie dieselben Träume hatten. Marcuse, ein jüdischer Emigrant aus Deutschland, der in San Diego/Kalifornien lehrte, schrieb über das Menschenrecht, glücklich zu sein. So etwas nannten wir damals links. Und dass es dazu einen Akt der Befreiung braucht, leuchtete uns ein. Es war das Rebellische, das uns anzog, weniger das Politische. Es ging gegen das »Establishment«, gegen die Autoritäten, gegen die »Entfremdung«, die wenig mit Marx' klarem analytischem Begriff zu tun hatte, eher mit einigermaßen verworrenen, gärenden, unklaren Gedanken, wie der amerikanische Linksintellektuelle Irving Howe in seinem epochalen Aufsatz »New Styles in Leftism« von 1965 schneidend-kritisch moniert: Die Neue Linke verkörpert einen Stil, sich zu kleiden, zu sprechen, zu arbeiten. Und eine spezifische Kultur der Leichtigkeit.

Diese, soll man sagen: anglo-amerikanische Heiterkeit, die sich ausklinkt, hatte uns damals gefallen. Mein musikalischer Held in der Schulzeit war nicht der sanfte Paul McCartney oder der harte Mick Jagger, sondern – im Glanz der Minderheit – der anarchische Ray Davies, der Kopf der »Kinks«. Der einzige Nummer-eins-Hit, der den Kinks in Deutschland gelang, hieß »Dandy«: nicht wirklich ein linkes Revolutionslied – aber doch ein Song der Rebellion im Wirtschaftswunderland. »Dandy, Dandy, You're chasing all the girls/They can't resist your smile/Oh, they long for Dandy, Dandy …« Viel Sehnsucht. »You always will be free.« Auch jenen »Dedicated Follower of Fashion«, den die Kinks in einem anderen Hit besangen, kann man nicht wirklich als Objekt beißender Konsumkritik interpretieren, allenfalls sanfter spöttelnder Ironie. Mit den Dandys habe ich mich später ausgiebig beschäftigt – in einer Dissertation über die Literatur des »Fin de Siècle«.

Wenn man bei Marcuse im »Versuch über die Befreiung« weiterliest, finden sich auch Schwärmereien für Kuba, Vietnam und die »Kulturrevolution« in China. Da wird es dann peinlich – oder schlimmer, denkt man an die vielen Menschenopfer, die Mao zu verantworten hat. Später war Marcuse nicht mehr so gut angesehen, wahrscheinlich weil er so leicht verständlich war. Später lasen wir Adorno und Paul Celan. Wir verstanden zwar viel weniger, aber das Ganze klang dafür bedeutender.

Geschlossene Milieus zeichnet eine ganz bestimmte Blindheit aus. »Was man sieht und was man nicht sieht«, bezieht sich nicht nur darauf, dass wir die epochale Zäsur des Jahres 1972/1973 nicht sehen konnten. Wir haben gesehen und bewundert, wie im Jahr 1973 Salvador Allende nicht durch blutige Revolution wie in Russland 1918, sondern durch demokratische Wahl als Sozialist und Kommunist in Chile an die Macht gekommen war. Und Pablo Neruda war für viele von uns ein Held, der gleich nach Marcuse kam. Was wir nicht gesehen haben – oder sehen wollten – war, dass Allende, viel schneller als alle Kommunisten in der DDR oder der Sowjetunion, sein Land in nur wenigen Monaten in den wirtschaftlichen Ruin und die Menschen in bittere Armut gestürzt hat.

Mich interessieren solche intellektuellen Vexierbilder. Lange sieht man die zweite Figur nicht. Hat man sie aber einmal in den Blick bekommen, kommt sie einem fast wie die eigentlich dominante Gestalt vor, und es macht Mühe, sich das alte Bild in den Sinn zu rufen. Wie konnte man nur an diesem Mao, einem Verbrecher, überhaupt etwas Positives finden? Ähnliches wie mit Allende, nur spiegelverkehrt, passierte ein Jahr später, 1974: Meine Mutter, eine unpolitische Frau, die aber wusste, dass mich politische Debatten interessieren, schenkte mir den »Archipel Gulag« des sowjetischen »Dissidenten« Alexander Solschenizyn, ein blaues Paperback, ich sehe es noch vor mir. Ich habe das Buch ungelesen in den Bücherschank gestellt, mich fast ein bisschen geschämt dafür, was wäre, wenn Freunde und Kommilitonen dieses Buch bei mir im Regal sähen. Aus Angst vor dem »Beifall von der falschen Seite« (eine gerne genommene ideologisch-immunisierende Formulierung) weigerten wir uns, uns mit den Verbrechen des Kommunismus auseinanderzusetzen. Dafür, dass ich mich damals vor den Freunden schämte, schäme ich mich heute vor meiner Mutter wegen der inneren Zurückweisung ihres Geschenkes. Scham ist eine sehr an den Körper gebundene Erinnerung. Sie meint Roland Barthes vermutlich, wenn er sagt, der Zustand »beunruhigender Vertrautheit« bei der späteren Betrachtung der eigenen Kindheit und Jugend bedürfe der Beziehung zum »›Es‹ meines Körpers«. Man muss versuchen, es sich zu vergegenwärtigen, auch wenn es aussichtslos ist. Es geht um eine Art intellektueller Gestaltlehre: Wie und warum drehen sich kollektive Wahrnehmungen derselben Ereignisse? Aber auch: Warum kippen die einen das Vexierbild, die anderen aber nicht?

Es gilt den Eindruck zu korrigieren, der Rückblick von heute aus besitze jenes absolute Wissen, aus dem heraus wir beide Seiten des Bildes versöhnend in den Blick bekämen: was wir damals gesehen und geglaubt und was wir damals nicht gesehen haben. Das wäre zu schön, um wahr zu sein. Schon rein theoretisch müssen wir annehmen, dass auch heute die Welt die Gestalt eines Vexierbildes hat und wir nur *eine* Figur (das junge Mädchen?, die alte Frau?) der Ambivalenz in den Blick bekommen.

Mark Lilla, der an der Columbia-Universität in New York politische Ideengeschichte lehrt, nennt diesen blinden Fleck eine »Amnesie für die Gegenwart«. Das meint er nicht nur in jenem allgemeinen Sinn, in dem jeder Gegenwart die Begriffe für sich selbst fehlen, sondern in einem ganz besonders zu bedauernden Sinn, wonach uns heute die Ideologien fehlen. Habe es früher eine »Nostalgie für die Zukunft« gegeben, divergierende geschichtsphilosophische Entwürfe, mit der linke und konservative Heilslehrer einander erbittert ideologisch bekriegten, befänden wir uns heute in einem »unlesbaren Zeitalter«, das er »libertäres Zeitalter« nennt. Libertär daran wäre der Zustand blinder Zeit- und Begriffslosigkeit, eine Seinsvergessenheit, der alles und jedes recht ist.

Tatsächlich ist es bedauerlich, dass das Wort Ideologie derart in Verruf gekommen ist, dass es nur noch negativ zu gebrauchen ist. Schlimmer ist es bloß noch dem schönen Wort »Weltanschauung« ergangen, die ein heutiger aufgeklärter Zeitgenosse auf keinen Fall haben darf. Dabei will ich doch bei meinen Gesprächspartnern stets gerne wissen, wie und von woher sie die Welt anschauen. Genauso haben meine Gesprächspartner ein Recht darauf, meine Weltanschauung zu kennen. Aber was stört daran? Das Subjektive des Standpunktes? Als ob es eine standpunktlose Haltung gäbe. Als ob das überhaupt wünschenswert wäre.

Ich bekenne mich dazu, ein ideologisches Buch zu schreiben. Ich will aber auch wissen, wie Menschen zu ihren Ideologien (Weltanschauungen) kommen und was sie dazu bringt, diese zu verändern, und was sie zugleich davon behalten wollen. Lilla nennt »Neugier« und »Ehrgeiz« (»curiosity« und »ambition«) als intellektuelle Leidenschaften der Linken, die uns in der Zwischenzeit verloren gegangen seien. Das sind zwei starke, lebendige Antriebe und Gefühle, in denen auch ich mich wiedererkenne mit einem Stolz, den ich gerne mit jenen meiner Generation teilen möchte, die sich auch heute noch als Linke bekennen. Gewiss, wenn diese Leidenschaften zu stark ausbrachen, zu kämpferisch, zu eifernd wurden, geriet die linke Weltanschauung zum Dogma. Der Übergang von der Ideologie zum Dogmatismus ist immer fließend. Dogmatismus ist, wenn die Weltanschauung sich abkapselt, auf Phänomene nicht mehr anspringt, unfähig zur Selbstkorrektur und leer wird. Die Versuchung des Dogmatismus ist der liberalen Lehre nicht weniger fremd als dem linken Messianismus, obwohl oder gerade weil das Liberale sich gerne skeptisch und pragmatisch zu bescheiden sucht. Das mag ein theologischer Rest sein, dem alles Ideologische unterliegt.

Lilla führt seine melancholische Diagnose der gegenwärtigen Amnesie unter anderem darauf zurück, dass die Frage »Was ist geblieben von unseren linken Ideen?« (»what's left of the left?«) nach 1989 und dem Zusammenbruch des Sozialismus nicht mehr gestellt wurde, weder von den Linken selbst noch von den anderen. Denn 1989 erlebte die Welt einen der größten Vexierschocks der neueren Geschichte. Völlig unaufgeklärt ist im Grunde bis heute, wie es kommen konnte, dass mehrere Kohorten von Zeitgenossen nicht gesehen haben oder sehen wollten, wie ökonomisch und politisch morsch die Länder des Sozialismus waren, wie stark und spontan der Freiheitswille dieser Völker sich Ausdruck verschafft hat. Oft zitiert wurde jene DDR-Reise des *Zeit*-Chefredakteurs Theo Sommer, der noch im Frühjahr 1986 dem sozialistischen Staat gönnerhaft bescheinigte, auf gutem, stabilem Weg zu sein und auch seinen Menschen nun nicht nur Gleichheit, sondern auch wachsenden Wohlstand zu bescheren. Auch die westdeutschen Wirtschaftsforschungsinstitute sahen den wirtschaftlichen Bankrott des ostdeutschen Staates nicht kommen, schwadronierten stattdessen von Konvergenz, nach der sich beide Wirtschaftssysteme aufeinander zubewegten.

Ich selbst kann eine persönliche Schamgeschichte beisteuern: Im Sommer 1989 befand ich mich auf Einladung der dortigen Regierung auf einer langen und üppigen Journalistenreise durch Indonesien. Stephen Erlanger, ein Kollege der *New York Times,* fragte – es war schon nach dem sogenannten europäischen Frühstück an der deutsch-ungarischen Grenze, und der linkskatholische Reformer Tadeusz Mazowiecki hatte in Polen die Regierung übernommen –, ob ich ihm die Gerüchte über eine bevorstehende Wiedervereinigung in Deutschland erklären könne. Die Frage hatte mich völlig überrascht. Im altklugen Gestus machte ich dem Kollegen klar, dass niemand der jüngeren Generation in der Bundesrepublik an einer Wiedervereinigung sonderlich interessiert sei, dass man das alles nicht so ernst nehmen solle. Das war ungefähr ein Vierteljahr vor dem Fall der Mauer irgendwo in einem Hotel im schwülwarmen Bali und steht ganz oben im Ranking der Dinge, für die ich mich schäme. Denn meine Antwort war, was die Sache noch schlimmer macht, auch noch ganz und gar ehrlich. Ich (wir) interessierten uns, anders als die Hardcore-DKPisten, herzlich wenig für die DDR. So weit ging das Linkssein dann auch wieder nicht.

Gleich hinter der Elbe begann für uns damals Sibirien. Wer will schon nach Sibirien? Wir sind in den Ferien nach Frankreich oder Italien gefahren, kannten den Unterschied zwischen der Maremma und dem Chianti Classico. Aber Thüringen konnten wir nicht von Sachsen unterscheiden. Merkwürdig, dass die Linken sich so wenig mit der linken Praxis befasst haben. Vielleicht wäre ich damals so weit gegangen zu sagen, die DDR und links, das habe nichts miteinander zu tun. Mit

Herbert Marcuses »Versuch über die Befreiung« hatte das Land Ulbrichts und Honeckers auch tatsächlich nichts zu tun.

Ein befreundetes linkes Paar, ein paar Jahre älter als ich, fuhr 1990 mit seinen drei Kindern auf Entdeckungsreise zum ersten Mal nach Osten. Die Eltern schwärmten nostalgisch von der »Welt von früher«, die man dort noch überall sehen und riechen konnte, für die sie sich vorher aber nicht die Bohne interessiert hatten. Sie romantisierten den Verfall zur Ästhetik der Dekadenz, fuhren durch eine Art Freilichtmuseum, ohne Gefühl für die Menschen, die dort gerade den Bankrott ihrer Gesellschaft, ihrer Wirtschaft, teilweise auch ihres Lebens erlebten. Die Kinder der altlinken Freunde nölten im Fond, wollten lieber Eis, Sonne und Strand, also lieber Italien als das verfallene Museum Deutschland. Gleich hinter der Elbe begann tatsächlich Sibirien.

Könnte es sein, dass Schock und Scham über den unerwarteten Zusammenbruch des Sozialismus mit dazu beigetragen haben, dass wir uns über die Metamorphosen des linken Denkens und seiner Alternativen nicht wirklich mehr verständigen wollten? Wer das »Ende der Geschichte« ausruft und dafür kurzerhand die geschichtsphilosophisch linke Utopie (»nostalgia for the future«) einstampft, von der ganze Generationen gezehrt haben, braucht sich über die »Amnesie in der Gegenwart« nicht zu wundern. Der Verdacht der Amnesie trifft dabei Konservativ-Liberale ebenso wie jene ergraute Bourgeoisie, die sich weiterhin für links hält, weil diese Selbstbezeichnung das moralisch bessere Gefühl hergibt.

Noch einmal: Warum waren wir damals links? Was ist davon geblieben? Warum sind andere später nicht links geworden? Warum haben sich wieder andere nicht so schwer damit getan wie ich, den alten Glauben zu verabschieden oder in neue, reife Formen zu fassen? Und wie weit trägt meine heutige Haltung mich selbst, und wie weit vermag sie andere zu überzeugen oder zumindest zur Auseinandersetzung anzuregen?

Inventur ist ein nüchterner Vorgang, der einen gleichwohl nicht unberührt lässt. Der, der ich heute bin, grüßt den, der ich einmal war. Die Selbstbegegnung über vierzig Jahre hinweg verläuft nicht immer einfach. Es geht um erlebte, aber nicht unbedingt verstandene Zeitgenossenschaft. Die Lebensläufe anderer – die einen etwas älter, die anderen etwas jünger als ich –, die verstreut im Buch erzählt werden, sollen helfen, das merkwürdige Ineinander von Kohortentypischem und gänzlich Individuellem klarer zu kriegen.

»Dies ist mein Notizbuch, dies meine Zeltbahn, dies ist mein Handtuch, dies ist mein Zwirn«, heißt es am Ende von Günter Eichs Gedicht »Inventur« (1945). Es geht um Aneignung einer Geschichte als die meine. Die Hoffnung ist, dass diese Erfahrung zu parallelen Aneignungsprozessen anregt.

II. Warum die Gier das Herz erkältet und wo die Wärme wohnt. Warum schöne Frauen links sind und was das mit unseren Werten zu tun hat.

Wie kommt einer überhaupt zu seinen Werten, Einstellungen, Haltungen, Präferenzen? Vor der Zäsur des Jahres 1972 und meinem Wechsel nach Tübingen gab es ja schon viele frühere Prägungen. Aufgewachsen mitten im Zentrum von Stuttgart, wo es zwar Banken, Regierungsgebäude und Kaufhäuser, aber keine Wohnhäuser gab, wurden mir früh zwei Nachbarn besonders wichtig: die Kirche und das Theater. Eine katholische Kirche, buchstäblich Mauer an Mauer an die Bank angrenzend, in der mein Vater Hausmeister war und unsere Dienstwohnung lag, war nach dem frühen Tod meiner Mutter im Jahr 1961 so etwas wie Ersatz der Geborgenheit. Wie für viele katholische Buben meiner Generation begann die nähere Bekanntschaft mit dem christlichen Glauben als Ministrant. Weil das noch vor dem Konzil war, gab es natürlich auch viel wallende Gewänder, viel Weihrauch, viel Latein und an Weihnachten, Ostern und zu anderen Festen immer eine große Haydn- oder Mozartmesse mit Solisten und Pauken und Trompeten drum herum. Katholische Messen, zumindest damals, hatten etwas Ästhetisches und Theatralisches und boten dem kleinen Ministranten einen angemessenen Ort der Selbstdarstellung. Auch zu Hause wurden – ich war sechs oder sieben – häufig Messen und Maiandachten liturgisch veranstaltet. Ich zitiere den großen Thomas Gottschalk: »Meine Mutter musste fünf Akkorde am Klavier spielen, dann begann die Prozession: Ich bin ins Wohnzimmer eingezogen, habe den Segen erteilt und auf dem Sessel meine Predigten gehalten«.

So ungefähr, nur ohne Klavierakkorde, darf man sich das bei mir auch vorstellen. Damals gab es noch die großen Fronleichnamsprozessionen mit ausgestelltem Allerheiligsten, eine Erfahrung, die es mir sehr angetan hatte. Noch einmal, und noch einmal mit Thomas Gottschalk: »Meine Erinnerungen sind allesamt positiv. Für mich heißt Kirche in dieser Zeit: die Lagerfeuerromantik in den Jugendlagern, der Weihrauch in den lateinischen Hochämtern und die Morgensonne, die sich im Mosaik der Kirchenfenster bricht.«

Nach dem Konzil, in den späten sechziger Jahren, vermissten wir in der ästhetischen Selbstbezüglichkeit der Liturgie den kritischen Zugriff, weil, wie wir dann fanden, das Christentum doch auch die Welt verändern und sie nicht nur mit viel Weihrauch selbst verklären sollte. Da begannen wir zu maulen, mit dem Pfarrer zu streiten, nannten die Orchestermessen Ausdruck des verbreiteten Konsumismus, bezichtigten die Liturgie der Unwahrhaftigkeit und fanden, dass Jesus nicht gelebt habe, um sich weihrauchduselig von der Welt ab-, sondern den Armen zuzuwenden. Gesellschaftsveränderung mit dem Neuen Testament: Das war der Anfang meiner linken Prägung. Freunde, die mir das später als Herz-Jesu-Sozialismus madig machen wollten, haben mich damit immer beleidigt. Weil darin der Vorwurf eines Defizits an Analyse mitschwingt, die Haltung somit nur als intellektuell minderbemittelt durchgeht. Dabei wollten wir doch auch die Welt verändern, eben aus dem Geist des Evangeliums.

Weltveränderung war auch das Thema der zweiten wichtigen Jugenderfahrung, der des Theaters, wo ich, sagen wir seit dem 15. Lebensjahr, sicher einmal die Woche, es waren ja nur hundert Meter, schaute, was es zu sehen gab. Meistens sah man Brecht oder Shakespeare, aber auch vieles andere, wobei ich mit den vielen Toten der Shakespeare'schen Königsdramen deutlich weniger anfangen konnte als mit dem linken Pathos der Nüchternheit bei Brecht. Irgendwie ist es dann nicht verwunderlich, dass ich aus den beiden frühen Erfahrungen auch meine Studienfächer Theologie und Germanistik machte. Wobei, auch hier bin ich alles andere als ein Einzelfall, vor allem als für die Literatur ein Deutschlehrer wichtig wurde, der uns nicht nur Lessing und Trakl nahebrachte, sondern auch die Regeln der Sprache und der die Lust am Debattieren weckte. Das tat er meist mit Nonsensthemen à la »Ist das Halten von Haustieren nützlich oder schädlich«, damit wir uns weniger im Bekennertum als im logischen Argumentieren übten. Erst später kamen dann auch existentielle Erörterungen dazu – zum Beispiel die Frage »Lieber tot als rot?«, was zu beantworten damals, in den Jahren um 1968, die leichtere Übung war.

»Lieber Rot als Schwarz« war dann irgendwie unausgesprochen das Motto der ersten Tübinger Semester. Man muss engagiert sein, so lautete deren kategorischer Imperativ. Wo und worin, dafür gaben die Berge von Flugblättern Anregungen, die wie eine unebene Decke die Tische der Mensa umhüllten. Weil wir fanden, dass ein Seminar über den Kirchenvater Tertullian, wo man im ersten Semester mit nicht ganz leichten lateinischen Texten konfrontiert wurde, keine »gesellschaftliche Relevanz« habe und unserem Drang zum Engagement nicht wirklich nützte, haben wir die Veranstaltung einfach gesprengt, will sagen, diktiert, dass nicht über Tertullian und die frühe Kirche, sondern über Hochschulrahmengesetze und Bildungsökonomie, was immer das damals war, und die Theologie der Befreiung in Lateinamerika diskutiert wurde – natürlich ohne den Professor für alte Kirchengeschichte, der zurecht beleidigt von dannen gezogen war. Das war nun deutlich robuster, weniger höflich als heute, wo die Aktivisten von Attac oder Occupy sich vorab zu Diskussionsveranstaltungen ankündigen. Oder klarer gesagt: Das war ziemlich gewaltsam und irgendwie ein Widerspruch, wo wir doch Jesus und Gandhi mochten und theoretisch natürlich für Gewaltfreiheit waren.

Zum Eintritt in eine der politisch zersplitterten Gruppen fehlte mir der Mut, ehrlich gesagt auch die Zeit, weil ich ein eifriger Student war, leistungsorientiert, gute Noten haben wollte, die Dinge mir aber nicht immer leicht von der Hand gingen. Eine Weile liebäugelte ich mit der Gruppe internationaler Marxisten GIM. Keine Ahnung mehr, ob das Trotzkisten oder Maoisten waren (Google sagt, es waren Trotzkisten der vierten Internationale; allemal besser als Maoisten). Ich ließ es dann aber bleiben und wurde – Engagement muss sein – in den Fachschaftsrat der Theologen und bald auch zum Sprecher gewählt. Das galt damals eher als angepasst. Die Radikaleren gingen ins Studentenparlament und die anderen Organe der »verfassten Studentenschaft« und Selbstverwaltung, wie das damals hieß. Immer noch ein bisschen schüchtern, bestand mein Beitrag zum politischen Engagement darin, die Fachschaftszeitung *Kuckucksei* zu edieren. Ich habe mir die fünf Nummern dieses einschlägigen Tübinger Periodikums (danach wurde die Zeitung eingestellt) jüngst noch einmal angesehen, nicht zuletzt mit der Frage, ob es darin womöglich doch einige Revolutionsartikel von mir gäbe, derer ich mich heute schämen müsste.

»Warum eigentlich Scham?«, fragt mich eine Bekannte, eine Generation jünger, und fordert mich auf, ein bisschen mehr Respekt mir selbst gegenüber zu bezeugen. Es ist tatsächlich so, wie wenn man alte Tagebücher liest: Nicht nur die Einträge sind einem fremd, häufig nicht mehr erinnerlich. Sondern auch die Gefühle, die man damals bei Schreiben – und beim Erleben – hatte. Aber soll man sich deshalb gleich schämen? Vielleicht reichen fremdeln und die respektvolle Anerkennung des anderen, der man einmal war. Leute, die nachtragend sind, mag man nicht. Sich selber gegenüber nachtragend zu sein, ist fast noch ein bisschen schlimmer.

Es war dann, wie sich bei der Neulektüre zeigte, alles halb so wild, was wir da mit der Reiseschreibmaschine auf Wachsmatrizen getippt und anschließend mit Hand vierhundert Mal »hektographiert« hatten. Viel Jargon gab es zu lesen, den man damals überall hörte, so zum Beispiel einen Aufruf der »Christen für den Sozialismus« schon im ersten Heft, der sich folgendermaßen liest: »Wir wenden uns gegen das Herrschaftssystem des Kapitalismus, dessen Toleranz und Veränderungsbereitschaft nur so weit reichen, wie seine Profitinteressen nicht in Frage gestellt werden.« Interessant daran finde ich heute die allegorisierende Personalisierung des Kapitalismus. Was mögen wir uns darunter wohl konkret vorgestellt haben? Der einzige konkrete Unternehmer, den ich kannte, war der Heizungs- und Sanitärfabrikant Müller, ein freundlich-distanzierter Herr, Vater meines Klassenkameraden Michael, in dessen Stuttgarter Firma Stumpf & Müller ich während der Schul- und Semesterferien Geld verdiente. Die Rohre aneinander zu flanschen war ganz schön anstrengend, die Uhr brauchte morgens schrecklich lange, bis um neun Uhr die erste Vesperpause nahte. Die Arbeiter verlachten den Abiturienten. Über die Profitinteressen des Kapitalisten Müller hatte ich mir damals keine großen Gedanken gemacht. Aber ich wusste, dass ich alles daransetzen wollte, später nicht als Arbeiter in einer Fabrik zu schuften.

Dass das Christentum links sein müsse, schien mir damals selbstverständlich. Jesus war schließlich der Anwalt der Schwachen und Armen, während er die Etablierten und Mächtigen kritisierte oder ignorierte. In der Bergpredigt werden jene selig genannt, die sich der Leistungsgesellschaft verweigern. Sie säen nicht, sie ernten nicht, sie verweigern sich der marktwirtschaftlichen Logik, und der himmlische Vater ernährt sie trotzdem. Jesus mag die Reichen nicht: Eher geht ein Kamel durch ein Nadelöhr, als dass ein Reicher in den Himmel kommt.

Es war nicht nur die Utopie des Egalitären, die uns damals zu den »Christen für den Sozialismus« führte. Es war mehr noch, wie bei unserem Helden Herbert Marcuse, das Versprechen einer umfassenden Befreiung, das Christen und Marxisten zu natürlichen Verbündeten machte. Von der »Theologie der Befreiung«, die in Lateinamerika eine Enteignung der Großgrundbesitzer und eine Befreiung der Landlosen forderte, kam der Impuls, das Religiöse politisch und das Politische religiös zu verstehen. Aktion und Kontemplation, und wie die damaligen Lyrismen so alle hießen. Politische Befreiung (Chile), kulturelle Befreiung (die Kinks fand ich besser als die Beatles), sexuelle Befreiung: überall der Wunsch nach Freiheit. Was das ist, wussten wir nicht so genau. Was aus heutiger Sicht auffällt? Die Freiheit braucht einen Befreier. Moses war der Held, der die Israeliten aus Ägypten herausführte in das Land, in dem Milch und Honig fließen. Ein Führer? Geht gar nicht. Sagen wir: ein Anführer.

Das Härteste, was ich von mir finden konnte, war ein Flugblatt »Christen in der Revolution«, entstanden nach einer Reise mit Kommilitonen in einem 2CV nach Lyon zu einem europäischen Kongress linker Christen, es muss im Frühjahr 1974 gewesen sein. Dass ich darin rhetorisch besonders auf die Pauke gehauen habe, muss an der hübschen Marlies gelegen haben, einer protestantischen Pfarrerskandidatin für die (damals besonders linke) Rheinische Landeskirche, die mit uns in Lyon in der Matratzengruft war und mich irgendwie verzaubert hatte und der ich auf jeden Fall radikal imponieren wollte.

Alle linken Generationsgenossen, mit denen ich heute über das linke Projekt von damals rede, kommen stets auf die

Frauen zu sprechen, die sie ins linke Milieu gezogen hätten. »Da waren einfach die hübscheren Frauen«, erzählt ein Münchner Rechtsanwalt, den ich schon lange kenne. Er ist Fachmann für Arbeitsrecht, mit 16 in die SPD eingetreten, versteht sich bis heute als ernsthafter Sozialdemokrat, sehr belesen, wie viele geprägt von Willy Brandt. Lange wollte er Pfarrer werden, dann Richter, schließlich wurde er Anwalt mit dem Auftrag, zu einer gerechteren Welt beizutragen. Umso ungewöhnlicher, dass dieser ernste Mann mit den ernsten politischen Überzeugungen plötzlich und so spontan von den »hübscheren Frauen« bei den Linken redet. Ist ihm halt so rausgerutscht?

Weltanschauung und Erotik treffen sich offenbar in diesem Alter. Im Nachhinein lässt sich das leicht ironisieren, besonders gelungen in Michael Kleebergs Roman »Karlmann« von 2007. Da wird eine Mensadiskussion in den siebziger Jahren referiert mit diesem Mädel vom AStA, dem die beiden Studenten nur zugehört haben, weil sie überraschend hübsch war, und das die beiden zum Eintritt in die KPD/ML oder andere Gruppen aufforderte, worauf dann der eine der beiden, ohne eine Miene zu verziehen, antwortete: »Nein danke, ich bin bereits im ADAC.« Schön erzählt, aber keiner meiner Freunde hätte es sich erlaubt, so frech zu sein.

Wird man diese gärende Bewegung früher Unruhe auflösen können? Das Unklare, Wirre, Flimmernde? Wahrscheinlich kaum. Der diffuse Freiheits- und Gerechtigkeitsdrang, der sich hinter all diesen Bewegungen verbirgt, war eben noch nicht klar. Ihm fehlte die Richtung. Das Linkssein war immerhin gerichtet, hatte seinen geschichtsphilosophischen Vektor: vom verlorenen Paradies in ein neues goldenes Zeitalter. Nicht dass wir das so ganz für bare Münze nahmen. Aber es gab Halt und Orientierung. Das war das Gefährliche.

Noch einmal: Wie kommen Werte, Haltungen, Präferenzen zustande, von denen wir wissen, dass sie mehr sind als nüchterne Kosten-Nutzen-Erwägungen? Von denen wir aber auch wissen, dass sie nicht einfach nur die Übernahme von Normen, Ansichten oder Vorlieben waren, die in jenen Kreisen und Milieus galten, in denen wir uns in frühen Jahren aufgehalten haben. Der amerikanische Philosoph William James spricht von »vorreflexiven Willenstendenzen«, die einen Werterahmen konstituierten. Eine Formulierung, die das Paradox kenntlich macht, wonach die Wert-Entscheidung aller bewusster Reflexion vorausliegt, aber zugleich doch ein Akt des Willens, also irgendwie eine Freiheitsentscheidung ist. Es hätten auch andere Haltungen und Weltanschauungen sein können, die unser Leben bestimmen. Es ist nicht so, dass jeder junge Mensch damals gezwungen gewesen wäre, links zu sein. Aber es war das dominante Muster, das sich uns anbot.

Der Wertebegriff hat dabei immer etwas Irritierendes und kann rasch auf eine falsche Spur führen. Denn er suggeriert etwas Dingliches, Ontologisches, Substantielles: So, als ob die Werte, die man im Leben braucht, in einem Werte-Shop (oder etwas platonisch-romantischer am Ideenhimmel) wie Dinge ausgestellt seien, wo man sie betrachten kann, sich eine kleine Werteauswahl zusammenstellen, um am Ende wertemäßig und moralisch ausgestattet den Kaufladen lebensleitender Grundeinstellungen zu verlassen. Nur wenn man sich von solchen – in ihrer Kindlichkeit besonders prägnanten – Vorstellungen frei macht, kommt der Wertebegriff überhaupt für uns infrage. Es geht nicht um aufzählbare Werte, die zusammen das Weltbild abgeben, sondern viel eher um unumstößliche Lebensgewissheiten, die nicht nur dem Urteilen und Bewerten, sondern auch dem Handeln eine Richtung vorgeben. Werte sind dabei von grundsätzlicherer Natur als Präferenzen: Werte bestimmen die Präferenzen. Wer links ist, hätte damals gesagt, dass eine gute Gesellschaft eine gerechte Gesellschaft sein müsse. Und dass es dazu einen Akt der Befreiung brauche. Zu sagen, was genau damit gemeint sei, wäre schon schwerer gefallen. Klar war: Es ging ums Ganze. Mit dem »Kurieren von Symptomen«, eine Lieblingsabwertung von damals, war es nicht getan: Es galt, radikal, die Übel an der Wurzel zu packen.

Dabei hätten wir Rudi Dutschkes berühmte Formulierung, es gälte »den neuen, den nicht kapitalistischen Menschen« zu schaffen, schon damals als überspannt bezeichnet, auch wenn wir den darin enthaltenen Größenwahn nicht kritisiert, weil gar nicht erkannt hätten. Entscheidend an Dutschkes Formel ist indes, dass »links sein« viel mehr war als eine polit-ökonomische Richtungsentscheidung, so wie das nüchtern heute vermutlich viele Linke sehen würden. Links, grob gesagt, beschreibt heute eine Präferenz für Gleichheit, während der Zustand der Ungleichheit als unethisch gilt. Links, so der vorherrschende Diskurs heute, stemmt sich gegen die zunehmende Spaltung der Gesellschaft, will mehr Umverteilung mit Steuern oder Abgaben, will Chancengleichheit über höhere Bildungsinvestitionen et cetera. Links in den siebziger Jahren war eine Einstellung, die in viel umfassenderem, aber zugleich auch in viel vagerem Maße sich nicht nur sicher war, dass der Kapitalismus es nicht gut mit den Menschen meinte, sondern dass er die ganze Gesellschaft und im Kern auch den Menschen selbst verdorben hat. Eine gigantische Konsumindustrie hat ihm »falsches Bewusstsein« eingepflanzt, hinter der die »wahren Bedürfnisse« gar nicht mehr erkennbar und spürbar sind. Eine ganze fehlgeleitete kapitalistische Produktionsweise hat ihn im Arbeitsleben von sich selbst entfremdet. Statt zu sich zu kommen, kommt der Mensch in der Welt arbeitsteilig-kapitalistischer Fertigung immer weiter von sich weg. Als Verbraucher (»Konsumterror«) und als Produzent sei der Mensch entmenschlicht, so ungefähr lautete der erste Hauptsatz der damaligen linken Anthropologie.

So gesehen wollte das »linksalternative Milieu«, wie provinziell die im Hörsaal strickenden und häkelnden Studentinnen und Studenten auch aus heutiger Perspektive erscheinen mögen, der »Vorschein« – eine Lieblingsvokabel von Ernst Bloch – einer neuen, weniger entfremdeten Welt sein. Das galt selbst für uns treue Adorno-Leser, die wir natürlich den Glaubenssatz unterschreiben mussten, es gebe »kein richtiges Leben im falschen«, also auch keine bessere Welt der Utopie und dass man dem Entfremdungszusammenhang nicht entraten (typisches Adorno-Wort) könne. Aber dieses düster-apokalyptische Szenario ist dann doch einer jungen Generation fremd, die in ein Leben aufbrechen wollte. Allenfalls die spätpubertäre Melancholie sprach Adorno damit an, die man aber – waren wir ehrlich – nicht an allen Tagen ertragen konnte. Nebenbei zeigt das, wie der (bekanntlich von Adorno an anderen verspottete) Jargon das linke Milieu prägte.

Dieses linksalternative Milieu war, sieht man einmal von den dogmatisch-marxistischen Splittergruppen ab, in den siebziger und frühen achtziger Jahren viel wichtiger als die linke Theorie. Besichtigen konnte man die alternative Sozialform besonders gut in den Universitätsstädten Tübingen, Marburg, Freiburg, aber natürlich auch im Biotop Westberlin, und in den Landkommunen im deutschen Mittelgebirge. Bis zu 600 000 junge Deutsche rechnen die Soziologen diesem Milieu zu. Darum herum gruppieren sich noch einmal knapp sechs Millionen Sympathisanten. Das zeigt, wie dominant und allumfassend dieses Milieu in der Kohorte der Jungen damals war, wie radikal Minderheit einer war, der es vorgezogen hätte, außen vor zu bleiben.

Zentrales Dogma des Milieus war der Satz »Sei spontan und authentisch«. Einer Gesellschaft der Entfremdeten wurde der Lebensentwurf der Authentizität entgegengesetzt. Als Alternative, ein Wort, das immer wichtiger wurde und schließlich sogar zum Bestandteil der »links-alternativen Liste« wurde, war das gedacht: Für die einen sollte es mehr sein, Blaupause für eine neue Gesellschaft. Für die meisten war es dann doch nur Übergangslebensform in der Studenten- und Nachstudentenzeit, der sich mit Eintritt in den Beruf in aller Regel ein bürgerliches, am Modell der Eltern orientiertes Leben anschloss.

Ihren Kindern haben die Linksalternativen dieses Lebensgefühl weitergegeben, auch als sie längst in ihren Anwaltskanzleien gut verdienten und sich ein schönes Haus gebaut hatten. Sie wollten keine autoritären Väter sein. Und sie wollten deutlich machen, dass es im Leben um mehr geht als um Geld verdienen, um damit gut einkaufen zu können. Jenen Münchner Anwalt, der so unerwartet von den hübschen Frauen bei den Linken schwärmte, brachte das später in Konflikt mit seiner 1977 geborenen Tochter. Als es Anfang der neunziger Jahre schick geworden war, Mercedes-Sterne aus Sponti-Protest gegen den Kapitalismus und das ganze Establishment von den Autos zu brechen und sich als Trophäen um den Hals zu hängen, provoziert der links-bürgerliche Anwalt-Vater die Tochter mit der Frage, ob sie denn nicht einen Widerspruch darin sehe, gegen Daimler zu sein und sich jeden Morgen vom Vater im Benz in die Schule fahren zu lassen. Die Tochter stimmt dem Vater zu, geht aber nicht in die Falle der Bequemlichkeit, sondern ab sofort drei Jahre lang zu Fuß in die Schule, immerhin eine Dreiviertelstunde Fußweg von Bogenhausen ins elitäre Wilhelmsgymnasium. Bei Wind, Wetter und Dunkelheit. Sie ist stolz auf diesen Protest – und ich vermute, der Vater ist stolz auf diese Tochter, weil konsequent und nicht bequem. Wirft die Tochter dem Vater vor, er sei ein bequemer Linker geworden? Jedenfalls hat sie ihn mit moralischer Konsequenz links überholt. Bis heute ist sie der Auffassung, man dürfe – was der Vater tut – als Linker Schwarzarbeiter nicht beschäftigen. Die Tochter fordert von den Linken eine höhere Moral. Der Vorwurf gegen den bourgeoisen Salon-Linken nagt. Jedenfalls mag sie linke Inkonsequenz nicht. »Kuchen essen für Afrika«, erzählt sie, sei eine Aktion an ihrem Gymnasium überschrieben gewesen, initiiert von Lehrern, die im linksalternativen Milieu groß geworden sind. Was für ein Widersinn, sich »für« die hungernden Afrikaner den reichen Bauch vollzuhauen.

Auch wenn das links-alternative Leben in Deutschland sich Anfang der achtziger Jahre verflüssigte, hat es doch ganz offensichtlich eine »longue durée« in die nachfolgende Generation ausgelöst. Allerdings kehrt sich jetzt die Verpflichtung zu Spontaneität und Authentizität gegen die linksalternativen Väter, deren Söhne und Töchter ihnen in moralischem Rigorismus Verlogenheit und Doppelmoral vorwerfen. Spontaneität war ja in den Siebzigern deshalb so wichtig, weil das reale, also das falsche Leben nicht spontan, sondern als verlogen galt. Parallel dazu artikulierte sich eine Sehnsucht nach Gemeinschaft und Wärme, Ausdruck von Zugehörigkeit, welche der Kälte der kapitalistischen Welt entgegengesetzt wurde. Solidarität ist konkret, hätte man gesagt, muss fühlbar sein. Bis heute gilt der heilige Martin, der seinen Mantel teilt, als Inbegriff der Solidarität, die zu Herzen geht, während Bill Gates, der mit über 40 Milliarden Dollar die größte wohltätige Stiftung der Welt geschaffen hat, irgendwie als kalter Kapitalist suspekt bleibt und nie die Chance erhalten wird, zum heiligen Bill zu werden. Die Linke hat ihre Pathosformeln; der heilige Martin ist eine der ganz Starken. Den Liberalen fehlen die Pathosformeln. Das ist ihr Schicksal und Grund ihrer Unattraktivität.

Dass Kapitalismus und Ökonomie hart und kalt sind, ist ein Topos, der sich spätestens seit Wilhelm Hauffs Novelle »Das kalte Herz« (1827) bis in die heutige antikapitalistische Rhetorik hält. Es lohnt ein kurzer Blick auf das Schwarzwald-Märchen des schwäbischen Dichters: Der arme Kohlenbrenner Peter Munk sehnt sich nach Reichtum und Ansehen. Ein windiger Geselle, der Holländer-Michel, bietet ihm einen verführerischen Tauschhandel an. Er verspricht Munk Geld unter der Bedingung, dass er sein Herz hergibt und sich dafür ein steinernes Herz einsetzen lässt. Mit dem Herz aus Stein ist Peter unempfindlich für menschliche Regungen, verstößt seine alte Mutter und tötet im Zorn sogar seine junge Frau, weil sie einen armen alten Mann mit Essen versorgt. Niemand schafft es, das steinerne Herz zu erweichen. Weder Angst noch Schrecken, weder Mitleiden noch anderer Jammer pocht an ein solches Herz. Denn Steine sind tot und lächeln und weinen nicht. Am Ende fühlt auch der steinreiche Peter Munk sich nicht mehr wohl in seiner Haut. Es gelingt ihm mit List, ein fühlend-mitleidiges Herz zurückzubekommen. Damit findet er wieder zurück in jene Welt des Schwarzwalds, aus der er stammt, wo er weiß: »Es ist doch besser, zufrieden zu sein mit wenigem, als Gold und Güter zu haben und ein kaltes Herz.«

Hauffs Märchen wurde nicht erst von der DDR-Germanistik als Parabel auf den aufkommenden Kapitalismus im 19. Jahrhundert gelesen, auch wenn es noch ganz in einer vorindustriellen Welt von Köhlern, Holzfällern und Flößern spielt. Ohnehin ist der Topos des steinernen Herzens mindestens so alt wie die Bibel, wo es beim Propheten Ezechiel (Kapitel 11, Vers 19) heißt: »Gott spricht: Ich schenke ihnen ein anderes Herz und schenke ihnen einen neuen Geist. Ich nehme das Herz von Stein aus ihrer Brust und gebe ihnen ein Herz von Fleisch.« Immer schon war das steinerne Herz deshalb Sinnbild eines sündigen, gegen Gott verstockten Gemüts, ja einer bewussten Rebellion gegen das Privileg der göttlichen Gnade, wie der Tübinger Philosoph Manfred Frank in einer grandiosen Deutung der literarischen Kälte-Lehre zeigt. In diesem Gegensatz zwischen einem für Gott empfänglichen, fühlbaren, warmen, mitleidigen Herzen und einem sich selbst genügenden und nur der eigenen Leistung trauenden, harten, kalten Herzen mag auch die unbewusste Nahtstelle zwischen einer christlichen Bilderwelt und einem romantischen Antikapitalismus liegen, der mich in der Kindheit und Jugend geprägt hat, ohne dass ich mir dessen bewusst gewesen wäre.

Doch der Antagonismus von Geld, Ansehen und Macht – im Doppelsinn blendende Aussichten auf eine glänzende Karriere –, welche der Kälte zugeordnet werden, und Mitleid, Nächstenliebe, Armenhilfe, welche mit Wärme verbunden werden, verweist bei Hauff (und in der gesamten romantischen Mythologie, man denke nur an das »Rheingold« Richard Wagners!) auf die moderne Welt, die im frühen 19. Jahrhundert über die Menschen hereinbricht und ihnen Angst macht. »Capital« meint in einer im frühen 19. Jahrhundert gebräuchlichen Bedeutung wie auch noch heute einfach Geld, aber Geld, das sich vermehrt: »Eine Summe Geldes, die man auf Zinsen ausleiht«, welche sich deshalb auch in den Händen des Gläubigers vermehrt. Dass Geld wuchert – »Wucher« ist ein anderes Wort für Zins –, war stets Versprechen und Bedrohung zugleich. Der Holländer-Michel ist ein diabolischer Verführer, ein neuer Mephisto, der als Preis für den lockenden Reichtum die Versteinerung von Herz und Seele verlangt. Wie bei Goethe im II. Teil des »Faust« stammt auch bei Hauff das Geld selbst aus einem Pakt mit dem Teufel. Es blendet und verführt durch seinen güldenen Schein, führt aber letztlich ins Verderben.

Der Dichter Wilhelm Hauff, ein studierter Theologe, war der Meinung, dass die beginnende Industrialisierung und das

»glücksspielhafte« Prosperieren geschickter Kapitalspekulation die Gesellschaft demoralisiere, die Familienbande auflöse und »Genuss- und Trunksucht, Müßiggang und Schwindelei« fördere. Das Geld pulsiert wie das warme, pochende Herz. Doch der Puls des Geldes ist der kalte Rhythmus von Zins- und Kursgewinn, ein Prozess der Bereicherung, der abermals seit den Anfängen der christlich-jüdischen Tradition als unfruchtbare Vermehrung gilt und den Händler und Spekulanten als kalt, böse und unfruchtbar erscheinen ließ etwa im Vergleich mit dem Handwerker, der mit seiner Hände Arbeit Werte schafft. Man muss etwas von dieser mythologischen Bilderwelt erahnen (in die sich im frühen 19. Jahrhundert auch Karl Marx einordnet), um die lange Tradition der Herz-Symbolik und den seinerseits verhärteten abendländischen Antikapitalismus verstehen zu können.

Gemeinsam ist der linksalternativen, konservativen und christlichen Herzenswärme, dass sie sich aus der Bildtradition der romantischen Märchenwelt speisen, welche das Streben nach Geld als sündhafte Profitgier in das Reich anorganischer Kälte verweisen. Diese Bildlichkeit hat sich historisch als überaus stabil erwiesen. Wer für den Kapitalismus ist, der hat ein kaltes Herz, das aufgehört hat zu schlagen. Er ist quasi schon tot, obwohl er lebt. Wessen Herz aber schlägt, der wird kein Kapitalist oder Neoliberaler sein können. Noch in dem Diktum, das dem Titel dieses Buches unbewusst unterlegt ist, dass nämlich, wer mit zwanzig nicht links sei, kein Herz habe, ist die Hauff'sche Märchenwelt präsent. Jedermann wird deshalb auch im zweiten Teil des Gemeinspruchs mithören, dass, wer mit vierzig nicht mehr links sei, zwar Verstand, aber eben auch ein kaltes Herz habe. Was ist schlimmer?

Und, was kaum gesehen und gar nicht überschätzt werden kann: Natürlich konnotiert die Herzenskälte in der literarischen Tradition auch mit Frigidität und Unfruchtbarkeit, der narzisstischen Verweigerung eines Daseins in Fleisch und Blut. »Mutter, o weh! Dein hartes Herz«, klagen die Ungeborenen in Hugo von Hofmannsthals »Die Frau ohne Schatten«. Nur die keuschen Jungfrauen sind kalt. Nicht genug, dass das mit Zinsen wuchernde Kapital unfruchtbar ist; auch der Kapitalist ist quasi begriffsanalytisch frigide. Kein Wunder, dass die schöneren und begehrenswerteren Frauen in den Wohngemeinschaften der Linken zu finden waren. Leidenschaft und Kapitalismus oder Konservatismus schließen sich aus.

»Du, lass Dich nicht verhärten«, heißt der Refrain aus Wolf Biermanns berühmter »Ermutigung«, die wir uns alle zu Herzen nahmen. Der Song, der fast wie ein Choral geht, im Schicksalsjahr 1968 komponiert (das ja auch das Jahr des Prager Frühlings war), wurde so etwas wie die verbindende Leitmelodie der Generation. »Wehe dem, der aus seiner Mördergrube kein Herz macht.« In Biermanns großem Kölner Konzert 1976, welches seine Ausbürgerung zur Folge hatte, hat er die »Ermutigung« wieder gesungen: Ein Linker brauchte nicht für den bürokratisch-kleinkarierten DDR-Sozialismus zu sein; es reichte, wenn er für eine bessere Welt war, in der die Herzenskälte nicht den Sieg davonträgt. Kälte macht unfrei. Biermann, auch wenn man ihn heute hört ein großartiger Liedermacher, gewährte die Lizenz dafür, dass man das Herz am linken Fleck behalten durfte und trotzdem die DDR fürchterlich finden konnte. »Das kann doch nicht alles gewesen sein, das bisschen Sonntag und Kinderschreien, das bisschen Fußball und Führerschein«, sang Biermann. Und er sang uns aus dem Herzen.

Zuletzt hat Biermann die »Ermutigung« noch einmal gesungen im Deutschen Bundestag anlässlich des 25. Jahrestages des Mauerfalls am 9. November 2014. Was heißt gesungen, er hat sie den Parlamentariern der PDS, die zum Zuhören verdammt waren, entgegengekrächzt und -geschrien. Da hatte es der Liedermacher geschafft, sein Lied zum antisozialistischen Kampfsong umzufunktionieren. Dass er früher auch ziemlich widerliche sozialistische Kampflieder gesungen hat, muss man ihm heute nicht unbedingt zum Vorwurf machen; man sollte es aber auch nicht verdrängen: »Comandante Che Guevara« zum Beispiel, eine Hymne auf den revolutionären Helden, den er – ohne jegliche Ironie – als »Jesus Christus mit der Knarre« verherrlichte. Das Bild des Guerillaführers – schwarze Baskenmütze mit rotem Stern, lockiges Haar, schlanke Havanna-Zigarre – hing damals in vielen Studentenzimmern. Kampfeswille, Fronteinsatz (»Du bist kein Bonze geworden, kein hohes Tier«) und demonstrative Männlichkeit bildeten zusammen die Ikonographie der Revolutionsromantik, die sich in Göttingen und Tübingen weniger bedrohlich anfühlte als in Bolivien oder auf Kuba. Etwas weicher, betörender gab es den Comandante übrigens von der Sängerin Joan Baez (und von vielen anderen). Che, 1967 mit gerade 39 Jahren von der amerikanischen CIA ermordet, war der maßgebliche Heilige der damaligen Zeit. Dass er, der Ermordete, Menschen kaltblütig ermordet hat, hat man übersehen. Es war ja für die gute Sache.

Entsprechend dieser Bildtradition formulierte die Alternativbewegung herzerwärmend: »Dringend benötigen die politischen Aktivisten jenes Maß an Träumen, an Kreativität, an Herzlichkeit und Gemeinsamkeit, das den ›Wärmestrom‹ in ihnen bewahrt, sie nicht zu Technokraten werden lässt. Dringend benötigen die Träumer der neuen Spiritualität und der alternativen Lebensformen jenes politisch-ökonomische Augenmaß, das ihnen hilft, ihre Träume auf Dauer zu bauen«, schreibt der Konstanzer Historiker Sven Reichardt. Literaturkritisch müsste man solche Prosa als Kitsch analysieren, ideengeschichtlich ließe sich leicht zeigen, wie sich gerade in Deutschland aus einer rückwärtsgewandten romantischen

Zivilisations- und Fortschrittskritik die deutsche Lebensreformbewegung entwickelt hat, die das Ursprüngliche, Authentische, unmittelbar Warme als psychisches Bollwerk einer beängstigend kalt erfahrenen Moderne entgegengesetzt hat. Der Anspruch, authentisch zu sein, führte zu einer Psychologisierung des Alltagslebens. Die Psychoanalyse ist viel zu wichtig, als dass sie nur den Kranken zuteilwerden sollte, sagte der amerikanische Therapeut Irvin Yalom: Ständig musste man ehrlich, unmittelbar, authentisch sein. Und einander »Feedback« geben, ein Begriff, der schwer Mode wurde und zeigt, dass das Leben, ganz gegen die alternative Absicht, zuweilen ganz schön anstrengend werden konnte.

Entsprechend wucherte der alternative Anspruch in alle Lebensbereiche hinein. Es gab alternative Kneipen und Cafés, alternative Kinderläden, alternative Wohnformen und so weiter. Das angeklebte Wort alternativ bildete quasi das Signal der Zugehörigkeit. Eine neue Spiritualität (ein »linker Psychoboom«) und eine neue Beziehung zum Körper mit »offener« Sexualität boten Experimentierfelder für ein alternatives Leben. Das konnte sich eine Generation leisten, die die erste war, die mit der Pille aufwuchs und die Angst vor der ungewollten Schwangerschaft mehr und mehr verlor. Ausführlich und auf Dauer ermüdend lässt sich das in Sven Reichardts fleißiger Studie »Authentizität und Gemeinschaft«, dem Standardwerk über das linksalternative Leben in den siebziger und achtziger Jahren nachlesen. Und wer es lieber im O-Ton hat, der kann das Gespräch lesen, das *Spiegel*-Redakteur Cordt Schnibben zum 68er-Jubiläum 2007 mit seinen linken Bremer Freundinnen und Freunden von damals geführt hat. Das alte Selbstbewusstsein ist noch voll erhalten, die ironische Brechung hält sich in Grenzen: »Wir lebten in der Gewissheit, den Sex, das Wohnen, die Musik und die Demokratie neu erfinden zu dürfen.« Man beachte die Reihenfolge.

Der Kritik verfielen gleichermaßen das Materielle und das Bürgerliche. Kleidung durfte man nicht wichtig nehmen; sich schön zu machen oder zumindest dies zuzugeben wäre ein Beweis gewesen für die Fixierung auf Äußerliches. Die bürgerliche Kleinfamilie galt als nicht authentisch, angepasst, nicht »fortschrittlich«. Insbesondere Privateigentum und Besitz, jene würdevollen rechtsstaatlichen Errungenschaften der europäischen Aufklärung, hatten es schwer, ihr Recht anzumelden. Der Vorbehalt gegen das Privateigentum richtete sich sowohl gegen das Grundgesetz des Kapitalismus wie auch gegen die Orientierung an einer andere ausschließenden Paarbeziehung. Privateigentum hatte allemal einen schlechten Klang. Wer der »Besitzfixierung« bezichtigt wurde, der sollte sich schämen. Vor allem als Mann musste man sich vorsehen. Männer, sie hießen bald Chauvis oder Machos, galten als besonders besitzfixiert. »Ich fühlte mich damals in der Tat sexuell überfordert, und zwar durch diese Scheißtheorie, die sagte, Du darfst keine Besitzansprüche stellen. Also für mich ist diese Zeit dadurch besetzt, dass ich einerseits mich verliebte, aber andererseits aushalten sollte, diese Frau, in die ich mich verliebt habe, darf mir nicht gehören, und ich ihr auch nicht.« (Cordt Schnibben). Schon kleinste Indizien, die auf diese kulturell vermittelte Unterwerfungs- und Inbesitznahmelust schließen ließen, wurden hart geahndet. Die Alternative der Besitzansprüche war dann freilich die Austauschbarkeit und Beliebigkeit der Beziehungen. Und das wollte man dann irgendwie auch wieder nicht.

Wie beim kalten Herz steht auch hier eine lange Tradition hinter der Abwertung des »Habens«. Das »Haben« wird allemal denunziert als mindere Form der Existenz. Immer schon hatte es einen schlechten Ruf, wie der Linguist Harald Weinrich in seinem schönen Essay »Über das Haben« (2012) zeigt. Schon auf der Kategorientafel des Aristoteles (4. Jahrhundert vor Christus) brachte es das Haben lediglich auf Platz acht von zehn. Ganz oben steht dort das »Sein«. Daraus hat der Psychoanalytiker Erich Fromm (1900 bis 1980), dessen »Kunst des Liebens« damals ähnlich wie Herbert Marcuse für jedermann zur Pflichtlektüre zählte, im Jahr 1976 sein ungemein populäres Buch über »To have or to be« gemacht. Ein möglichst »Haben«-freies Leben war das Ziel. Nicht nur im Umgang mit materiellen Gütern, sondern auch, so Fromm, beim Lernen, Erinnern, Reden, Lesen, Wissen, Glauben – und natürlich beim Sex – war das Haben-Wollen verboten. Sanft, weniger revolutionär als im Marxismus, verbirgt sich dahinter eine grundsätzliche Rebellion gegen das private Eigentum: »Das Wesen des Haben-Modus der Existenz ergibt sich aus dem Wesen des Privateigentums«, sagt Fromm. Wer das Haben überwinden will, muss auch das Privateigentum abschaffen. Und er muss spätestens den Kindern, die sich im Sandkasten um die Förmchen kloppen, klarmachen, dass der Streit um »Mein« und »Dein« geradewegs in den Haben-orientierten Kapitalismus führt. Darin traf sich dann der Lebensentwurf der Linksalternativen mit der Hardcoretheorie der Marxisten. Und immer schon stand auch ein pädagogisches Programm der Umerziehung dahinter.

Will man das Lebensgefühl der damaligen Zeit heute nachempfinden, empfehle ich, einen Blick in die Tagebücher des Schriftstellers Martin Walser zu werfen. Für Walser, als Jahrgang 1927 einer ganz anderen Generation angehörend, ist das Politische nicht Hauptsache, sondern nur wichtige Nebensache. Gerade deshalb kann man bei ihm Anmutung und Wandel der kollektiven Überzeugungen und Haltungen gut nachverfolgen. Walsers Romane mögen individuell sein, seine politischen Präferenzen sind es ganz und gar nicht. Er macht jede Mode mit, immer auf Seiten der Mehrheit. Walser lebte nie die linksalternative Utopie der Wohngemeinschaftswelt, sondern ein klassisches bürgerliches Leben mit umsorgender Ehefrau, vier Töchtern und Seegrundstück am Bodensee. Aber das schlechte linke Gewissen reichte so weit, dass der Sozialist Walser, der er Anfang der siebziger Jahre war, als Ausdruck der richtigen Gesinnung gegen die Interessen des Bürgers Walser für die Sozialisierung des Seeufers plädierte: freier Blick auf den Bodensee für alle. Dann wäre der Sozialismus schon einmal ein Stück weit nach Süddeutschland gekommen. Gut für den Bürger Walser, dass seine linke Utopie am Bodensee letztlich dann doch nicht umgesetzt wurde.

In den Siebzigern spielte Walser damit, Kommunist zu sein. In den Achtzigern wandelte er sich zum Freund des Marktes. Später galt er als Deutschnationaler und wurde als Einheitsphantast verlacht. Noch später ist er fromm geworden und schreibt über die protestantische Rechtfertigungslehre. Und weil er eine Weile sogar als Antisemit verdächtig wurde, hat er sich zuletzt dann der Edition jüdischer Dichter verschrieben. Martin Walser lässt nichts aus. Wie viele hat ihn der Vietnamkrieg politisiert und anschließend das linke Klima immer stärker radikalisiert. Der Mann der Sprache eignet sich einen agitatorischen Jargon an: »Jedes Wort, das hier über Demokratie geschwätzt wird, muss gemessen werden an dem täglich stattfindenden Völkermord in Vietnam, der stattfindet mit der Zustimmung und zum Profit derer, die hier von Demokratie reden.«

Auf seine Weise kam Walser zum Kult des Authentischen. Erika Runge hieß die Heldin der Schriftsteller und der Germanistikseminare damals, deren »Bottroper Protokolle« in grüner Edition-Suhrkamp-Farbe aufzeichneten, wie die Arbeiter wirklich dachten und redeten. Das war der Traum, den damals viele träumten, dass die Intellektuellen sich mit den Arbeitern versöhnen, um denen und aller Welt zu zeigen, dass auch sie das Herz am rechten Fleck hatten und sich mit der richtigen Klasse identifizierten. Viele linke Studenten, etwa in Frankfurt Joschka Fischer & Konsorten, gingen ans Band der Autoindustrie, etwa zu Opel, um sich mit den Arbeitern zu verbrüdern, die meist von solchen Gesten nicht viel wissen wollten. Aber es dauert halt immer ein wenig, bis die Unterdrückten das richtige Klassenbewusstsein bekommen. Soweit wollte Walser nicht gehen; ans Fließband hat es ihn nicht gezogen. Doch mit großem Engagement beteiligte er sich daran, den Schriftstellern ein gewerkschaftliches Bewusstsein nahezubringen. Eine »Industriegewerkschaft Medien«, in der sich alle Kulturschaffenden vereinen, wäre sein Traum gewesen. Gewerkschaften hatten damals noch ein positives Image, für viele linke Intellektuelle waren sie ein Sehnsuchtsort des Kollektiven gegen die existentialistische Vereinzelung des Dichters und zugleich Vehikel zur realen Veränderung der Gesellschaft. Am Ende stellte sich dann freilich heraus, dass der Traum von der kollektiven Authentizität ein Wunsch blieb. Die Arbeiter wollten nicht richtig authentisch sein. Und Erika Runge musste zugeben, dass sie als Protokolle ausgegeben hatte, was in Wirklichkeit ein Patchwork, ein montiertes Mosaik der schönsten Arbeiter-Sätze war. Fiktion bleibt Fiktion.

Natürlich ignoriert auch Walser die Erfahrungen von Solschenizyn. Mehr noch, er macht sich darüber lustig, dass ein Teil der deutschen Öffentlichkeit von den Beschreibungen des Gulag schockiert wurde und nicht nur Heinrich Böll, der Solschenizyn Asyl bot, sondern auch Günter Grass sich solidarisch zeigten. Walser giftet: »Mein Vorschlag wäre: Wir lassen Tafeln herstellen, die das Bild Solschenizyns zeigen. Solche Tafeln stellen wir auf möglichst vielen öffentlichen Plätzen auf. Vielleicht können wir auch Windlichter darum herum gruppieren. Des Weiteren schlagen wir vor, dass jeder, der vorbeigeht, den Hut bzw. die Kopfbedeckung abnimmt.« So wird aus dem Dissidenten Solschenizyn der Tyrann Gessler, der von den westlichen Linken Unterwerfung fordert, zu welcher die Weicheier Böll und Grass bereit sind, der aufrechte Rebell Walser sich aber verweigert. Es erfordert schon einen Mann wie Martin Walser, der es hinbekommt, Immunisierung und Verdrängung des sowjetischen Unrechtssystems zum Ausdruck zivilen Widerstands à la Wilhelm Tell zu stilisieren, nur um das eigene Weltbild nicht ändern zu müssen.

Walser flirtete mit der DKP, beschwerte sich aber stets lautstark, wenn die Leute ihn einen Kommunisten nannten, jedenfalls dann, wenn sie diese politische Eingruppierung nutzen, um seine literarischen Produkte abzuwerten. Wenn man aber unter sich war, dann konnte Walser ziemlich vulgärmarxistisch daherkommen. Ernsthaft wähnte er die Bundesrepublik auf Kurs in den Faschismus. Das Privateigentum war auch ihm ein Gräuel, weshalb er tatkräftig an den Versuchen mitwerkelte, den Suhrkamp-Verlag zu sozialisieren. Weil Siegfried Unseld, der Suhrkamp-Verleger, zugleich der einzige Unternehmer war, den er näher kannte, durfte er zum Dank dafür in seinen Büchern auch die Rolle des Bilderbuchkapitalisten spielen. Aus dem Suhrkamp-Verlag sollte eine Art Jugoslawisches Modell des Arbeiter- und Autorensozialismus werden: »Ich möchte, dass ein Teil vom dem Teil, der Siegfried gehört, auf die Mitarbeiter verteilt wird.« In Walsers Roman »Brief an Lord Liszt« tritt der Fabrikant Arthur Thiele auf, Kapitalist reinsten Wassers, ein Ausbeuter, der alles ihn Erreichende ausbeutet und seine Abhängigen in Abhängigkeit hält. Unseld hat sich bei der Lektüre sofort darin erkannt und die Schmähung wohl duldend ertragen, zumal er sich von Walsers Büchern künftigen Profit versprach.

Drollig ist, dass Martin Walser ausgerechnet Unseld, jenen Mann, von dem er wirtschaftlich lebte – der natürlich auch von Walser – als Unternehmer schmäht. Immerhin waren die Verlage vor dem Internetzeitalter die einzigen Institutionen, die für die Verbreitung der Literatur sorgen konnten. Walser, dessen Wahlspruch lautet, nichts sei wahr ohne sein Gegenteil, ist dieser Widerspruch offensichtlich nicht aufgefallen. Sind das mehr als Klischees? Wohl kaum. Hat Walser sich ernsthaft mit dem Kapitalismus auseinandergesetzt? Wohl kaum. Ist das typisch? Ja. Der ausbeutende Kapitalist ist Staffage, Kolorit, um irgendeine Geschichte davor spielen zu lassen. Dem Sozialismus der Linken fehlte irgendwie auch der rechte Ernst.

Walser war in bester Gesellschaft. Auch Hans Magnus Enzensberger, Jahrgang 1929 und also ein bisschen jünger als Walser, hat damals nichts an Anbiederung an den Zeitgeist ausgelassen (und darüber 2014 in einem Buch mit dem Titel »Tumult« geschrieben). Enzensberger war anarchischer, unberechenbarer als Walser, bezeichnet sich selbst als »Billardkugel«. Auch er hat die Verführbarkeit ausgekostet, große Massen zu fanatisieren: »Ich habe gemerkt, wie man eine aufgeheizte Menge am Nasenring führen konnte, wenn man den richtigen Ton anschlägt.« Und der Ton, der die Musik macht, war damals eben links. Und die Amerikaner waren Schweine und Imperialisten. Peinlich ist das Enzensberger heute, sagt er. Aber wenn er sich in den hineinversetzt, der er damals war, dann kann er sich auch heute noch ereifern über die CIA und alles das.

Walser bezeichnet sich in diesen Jahren als Sozialist. Gallistl, ein Romanheld, den er damals – 1973/1974 – in seinen Tagebüchern modellierte, soll für die schöne neue Welt kämpfen. An der Notwendigkeit, die Gesellschaft für den Sozialismus zu entwickeln, sei überhaupt nicht zu zweifeln, lautet ein Eintrag vom 2. Juli 1974. Und als der Katholik Walser am 17. August 1975 in der wunderschön über dem Bodensee thronenden Rokoko-Klosterkirche Birnau am Patroziniumsfest teilnimmt, mokiert er sich über den Pater Prior und dessen Predigt aus der marxistischen Mottenkiste. Das Paradies könne auf Erden nicht eingerichtet werden, predigte der Gottesmann. Wohingegen die Gütersüchtigen und die Gerechtigkeitssüchtigen sich in der Abschaffung des Jenseits einig seien. Walser empört sich in der Rolle des Feuerbach'schen Religionskritikers, der den Christen vorwirft, die Menschen aufs Jenseits zu vertrösten und ihnen das bessere Leben hienieden zu verwehren. Ich hätte mich damals dem Dichter angeschlossen, wäre ich an jenem Sommersonntag in der Birnau in der Messe gewesen.

Walser (auch Enzensberger) lassen erahnen, warum gerade die Intellektuellen so verführbar waren (sind) von linken Ideen. Schriftsteller und Linke haben eine Art natürlicher Nähe. Wer engagierte Literatur schreibt, der will die Welt mit seiner Literatur verbessern. Wer politisch links ist, der will das auch, mit seinen Taten, wenn er gewählt wird, oder mit der Revolution, falls es der Wahl nicht bedarf. Beide Gruppen legen der Wirklichkeit ein geschichtsphilosophisches Schema unter: aus dem Jammertal ins irdische Paradies. Beide malen Bilder, wie die bessere Welt aussehen wird. Beide haben einen Plan, geben sich als Erzieher des Menschengeschlechts. Sie nehmen für sich in Anspruch, was der Liberale Friedrich A. von Hayek in polemischer Entgegnung »anmaßendes Wissen« genannt hat.

An einem Spätsommernachmitttag des Jahres 2007 sitzen wir im Garten der Walsers – der Seeweg ist immer noch nicht sozialisiert – und reden über den Kapitalismus. Es gibt den von Ehefrau Käthe gebackenen berühmten Pflaumenkuchen, Kaffee, und der Hausherr gönnt sich eine Schorle. Ja, es sei ihm im Nachhinein peinlich, was er damals so alles geschrieben und geredet habe, sagt Martin Walser. Das Schlimmste, sagt er, sei eine Konstanzer Rede gewesen über »Kapitalismus und Demokratie«; die strotze vor Floskeln und unerfahrenem Vokabular: »Was den Kapitalismus angeht, möchte ich mir den Mund zunähen, wenn ich mir das heute anschaue, was ich da geschrieben habe.« Der Schriftsteller, findet er heute, dürfe kein angelerntes Vokabular gebrauchen. Immerhin, seine Lektüre zum Kapitalismus sei im Lauf der Jahre immer seriöser geworden. Jetzt sagt er, dass der Leser in einem Roman immer wissen müsse, wo die Figuren ihr Geld verdienen, sonst sei es nicht wahrhaftig – und lobt das Geld über alles: das einzige Medium, das frei und unabhängig mache. Walser selbst spekuliert, mal mehr, mal weniger erfolgreich, mit Aktien. Sein wahrer Held ist folgerichtig heute Warren Buffett: »Geld verdienen ist für Buffett eine Kunst, die er um ihrer selbst willen betreibt.« Walser hat das warme Herz behalten und schwärmt von den kalten Kapitalisten.

Ein Schwan zieht am Seeufer vorbei. Es dämmert. Vom Kommunisten und Sozialisten zum Freund der Spekulanten und Anhänger – arg viel weiter könnte der Weg eines Intellektuellen im 20. und 21. Jahrhundert nicht gespannt sein. Früher fand er Geld »zum Kotzen«, heute sieht Walser Geld als Ausdruck der Freiheit. Walser ist ein großer Konvertit. Er spricht von seiner Bekehrung. Viele Intellektuelle haben im Lauf der Jahre eine ähnliche Entwicklung wie Walser durchgemacht. Aber nur wenige haben so offen darüber geredet. Bekehrt zum Kapitalismus habe ihn der deutsche Ökonom Herbert Giersch, vor allem dessen Buch »Abschied von der Nationalökonomie« sagt Walser. Das Buch ist im Jahr 2001 erschienen. Beides habe ich mit Walser gemein: die Begegnung mit Giersch und die späte Bekehrung. Ich werde darauf zurückkommen.

Was lasen wir? Wie kann es passieren, dass in ganzen Milieus, universitären immerhin, Teile der intellektuellen Weltkarte einfach fehlen? Von den Büchertischen, die in den siebziger Jahren in der Tübinger Mensa aufgebaut waren, ist mir der Name Isaac Deutscher erinnerlich. Bei den Trotzkisten, die, weil Minderheit, irgendwie sympathisch waren, lag seine dreibändige Trotzki-Biographie aus. Deutscher, ein seit 1939 in England lebender polnischer Jude, dessen Familie von den Nazis ermordet wurde, war damals einer der Helden der »Neuen Linken«. 1967 ist er im Alter von gerade sechzig Jahren gestorben: Ein Intellektueller, der nie eine dauerhafte akademische Anstellung fand. Er war Marxist und Antistalinist; sogar die dogmatischen Trotzkisten hatten etwas an ihm auszusetzen. Aber die Jugend in Berkeley und Oxford liebte ihn und lud ihn gerne zu den »Teach-ins« ein, wie man die Protestveranstaltungen damals nannte. Deutscher versöhnte die Beach Boys der New Left an der amerikanischen Westküste mit der Old Left der Arbeiterklasse Europas: Geboren 1907, war er quasi noch Zeuge der kommunistischen Revolution und mahnte die Hippie-Jugend, bei ihrer kulturellen Revolte die Arbeiter nicht zu vergessen, was diese sich gerne sagen ließen, ohne es sonderlich zu beherzigen.

Ich will nicht lügen. Arg viel wusste ich von Isaac Deutscher nicht; er hatte mich auch damals nicht besonders interessiert. Heute ist er gänzlich vergessen, selbst wenn seine Trotzki- und Stalin-Biographien gebraucht bei Amazon immer noch erhältlich sind. Warum erwähne ich den Mann dann hier? Weil mich die schwache Erinnerung an den Tübinger Büchertisch überkam, als 2013 bei der Yale University Press eine faszinierende Doppelbiographie von David Caute über Isaac Deutscher und seinen aufs Ganze gesehen ungleich prominenteren liberalen Gegenspieler Isaiah Berlin erschien. Es sind parallele Lebensläufe, zwei jüdische Intellektuelle,

Emigranten aus Osteuropa, die zu Kontrahenten im Kalten Krieg wurden, sich erbitterte und aufregende Auseinandersetzungen lieferten über Sozialismus versus Liberalismus und von denen der eine, Berlin, damals schon mindestens so bekannt war wie heute, aber nur der andere, Deutscher, es auf die Büchertische Tübingens geschafft hatte.

Wie geht das? Dass man auf bestimmte Denker stößt, auf andere aber nicht? Wir lasen (fast) alles von Adorno (jedenfalls viel zu viel), kannten aber Hayek nicht und verschmähten Popper. Wir lasen Marx (taten jedenfalls so) und Hegel, wären aber nie auf die Idee gekommen, Adam Smith zu lesen. Wir bekamen am Büchertisch Isaac Deutscher in die Hand, hatten aber den Namen Isaiah Berlin noch nie gehört, geschweige denn eine Ahnung von seinen »Two Concepts of Liberty«, jener Antrittsvorlesung an der Universität Oxford im Jahr 1958, in der Berlin die Unterscheidung zwischen einer »Freiheit von« und einer »Freiheit zu«, negativ oder positiv, zum Weltkulturerbe machte. Gewiss, der universal gebildete Kollege Henning Ritter, von dem ich später dann von Isaiah Berlin gehört habe, wird ihn auch schon damals gelesen haben. Und Ralf Dahrendorf, dem ich alles zutraue, wird ihn damals auch schon getroffen haben. Aber bis nach Tübingen (vermutlich auch bis nach Marburg) sind die Biographien dieser »Cold War Liberals« nicht gedrungen. Heute, natürlich, erinnert sich kaum mehr jemand an Deutscher, während es zum guten Ton gehört, zumindest so zu tun, als kenne man den Unterschied von »negativer« und »positiver« Freiheit, habe also seinen Berlin gelesen.

Klar, es gibt immer intellektuelle Moden. Dann kamen eben die französischen Strukturalisten, dann die Poststrukturalisten und so weiter. Aber hier geht es um etwas anderes: Wer nur Adorno und Deutscher kennt und nicht auch Hayek und Berlin, sieht nur die halbe Welt, kann gar nicht entscheiden, ob Adorno recht hat, einerlei auf welche Seite er sich am Ende schlägt. Es wäre doch viel klüger (und redlicher) gewesen, gleich beide Seiten der Debatte zur Kenntnis zu nehmen. Aber das ist naiv, so funktioniert intellektuelle Sozialisation offenbar nicht. Diese merkwürdige Zeitverschiebung der Beschäftigung mit Dingen, die man doch hätte zeitgleich bekommen können, scheint eine Spielart des Phänomens »was man sieht und was man nicht sieht« zu sein: »Was man liest und was man nicht liest.« Eben »man«; man weiß nicht genau, wie es kommt. Einer sagt es dem anderen. Liest man heute die Doppelbiographie »Isaac & Isaiah«, dann sieht man, dass viele Umwege und Verzögerungen des intellektuellen Reifungsprozesses hätten abgekürzt werden können. Hätte man es wirklich abkürzen können? Die Frage ist rhetorisch. Offenbar ging es im diskursoffenen England des Kalten Krieges zwischen links und liberal argumentativ viel radikaler zu als im links monopolisierten Nach-68-Deutschland, wo, so ist heute der Eindruck, sogar die Adenauerzeit ideologisch offener und debattenfreudiger war, als ihr späterer Ruf dies unterstellte.

Worum es in dieser Radikalkonfrontation der Ideen gegangen wäre: Während für Deutscher, den Marxisten, fraglos die Gleichheit das oberste Ziel darstellte, bestritt Berlin, der Liberale, dass Gleichheit selbstevident sei. Berlin behauptete, perfekte Gleichheit sei nur autoritär durchsetzbar, sie produziere mithin Ungleichheit. Während für Deutscher – wie für alle Fortschrittssozialisten – die menschliche Geschichte zielgerichtet, also deterministisch verläuft, widerspricht Berlin. Seinem Argument, dass damit die individuelle Verantwortung für menschliche Taten geleugnet würde, pariert Deutscher mit dem Einwand, Determinismus sei kein Fatalismus, andernfalls mache die Idee einer kommunistischen Revolution im deterministischen Weltgeschehen keinen Sinn. Und während Berlin die individuelle, »negative« Freiheit, nämlich tun und lassen, was man möchte, in das Zentrum seines Denkens stellt, kontert Deutscher mit dem Einwand, die negative Freiheit abstrahiere von der realen Machtverteilung: Der arme Mann könne nicht wirklich tun und lassen, was er wolle, er habe nicht wirklich die Freiheit, im Ritz zu speisen. Darauf erwidert Berlin, das habe nichts mit der Freiheit zu tun, sondern mit dem Umstand, dass der arme Mann kein Geld habe. Die Tatsache, dass er kein Geld habe, bedeute nicht, dass seine Freiheit beschränkt sei, sondern zeige lediglich, dass ihm die ökonomischen Mittel fehlten, seine Freiheit in die gewünschte Tat zu überführen. Freiheit als Einsicht in die (historisch determinierte) Notwendigkeit (Deutscher) oder Freiheit als individueller Wahlakt, größer könnten die Gegensätze nicht sein: So debatten-frisch ging es zu unter den Cold War Liberals im England der Nachkriegszeit.

Und natürlich ging es um die Rolle des Privateigentums: Ist das Privateigentum notwendige Bedingung der Freiheit? Oder ist das Privateigentum notwendige Begrenzung der Freiheit? Immerhin ist es mir verboten, im Garten meines reichen Nachbarn zu zelten, was zweifellos meine Freiheit, zu tun und lassen, was ich will, empfindlich einschränkt. Der Konflikt ist heute so aktuell wie damals. Die Linken werfen den Liberalen vor, sie verabsolutierten das Eigentum, wofür sie sogar sehenden Auges eine Einschränkung der sonst so absolut gehaltenen menschlichen Freiheit in Kauf nähmen. Eigentumsrechte, nimmt man ihnen das Pathos, sind nichts anderes als soziale und rechtliche Konventionen, die unterschiedlich gestaltet werden können. Man soll sie bloß nicht zum Fetisch machen.

Warum fand sich in Tübingen kein Lehrer oder kein »Teach-in«, das uns in diese beiden Grundpositionen – auch unabhängig von den Personen – eingeführt hätte? Es wären die Grundfragen eines guten Lebens gewesen, abgeleitet aus der Ideengeschichte, die auch heute noch mindestens so aktuell sind wie damals. Es hätte dazu beigetragen, die linke Position einer Auffassung der Gerechtigkeit als Gleichheit zu stärken und nicht zu schwächen. Im persönlichen Verhältnis zwischen Berlin und Deutscher macht im Übrigen der Liberale keine gute Figur: Berlin hat nicht nur erfolgreich intrigierend verhindert, dass sein Gegenspieler Deutscher eine akademische Position erhielt, sondern er hat seine Intrige später gegenüber Deutschers Witwe auch noch dreist geleugnet. Berlin war also intrigant und feige. Es war der Liberale Ralf Dahrendorf, der darauf hingewiesen hat, dass Mut nicht zu den hervorstechenden liberalen Tugenden zählt, Feigheit aber häufig zu deren Untugenden.

Zurück ins Achsenjahr 1973. Mit dem Putsch in Chile hat der Neoliberalismus angefangen. Jedenfalls für mich. Das Land war wirtschaftlich buchstäblich am Ende, bankrott, bettelarm. Seine Lage verbesserte sich erst, als der diktatorische Machthaber General Augusto Pinochet Hilfe holte bei marktliberalen Ökonomen der Universität Chicago, die dem Land einen wirtschaftlichen Reformkurs verordneten: radikale Privatisierung, Förderung des Unternehmertums, Abbau der Zölle, Öffnung der Märkte. Man muss sich das ungefähr so vorstellen wie im China Deng Xiao Peng nach dem 11. Parteitag 1978 – nur dass es in Südamerika kein kommunistisches oder maoistisches Regime war, das den Markt entfesselte, sondern eine autoritäre Militärjunta.

Milton Friedman, Ökonomienobelpreisträger aus Chicago, rechtfertigte seine Rolle als Berater und Handlanger Pinochets in einem *Newsweek*-Artikel vom 14. Juni 1976: »Trotz meiner tiefen Ablehnung des autoritären politischen Systems in Chile betrachte ich es nicht als böse für einen Ökonomen, der chilenischen Regierung technischen wirtschaftlichen Rat zu geben. Gleichermaßen würde ich es auch nicht als verwerflich erachten, wenn Ärzte dem Regime medizinischen Rat zuteilwerden ließen, wenn es gälte, in Chile eine Krankheitswelle zu beenden.« Richtig überzeugend ist diese Apologie nicht. Friedman hatte in seiner berühmten Schrift »Capitalism and Freedom« von 1962 selbst die Auffassung von der Einheit von wirtschaftlicher und politischer Freiheit vertreten. Wenn er sich jetzt als wirtschaftspolitischer Arzt aus der Verantwortung für die brutale Unterdrückung der politischen Freiheit stiehlt, dann tönt das alles andere als glaubwürdig.

Chile war der erste Praxistext für das, was damals und heute noch »Neoliberalismus« genannt wird. Es war eine Revolution der Ideen, welche die Welt im 20. Jahrhundert wie kaum eine andere Revolution veränderten. Lange vor der Thatcher-Revolution (1979) in Großbritannien und dem Regierungsantritt Roland Reagans (1981) hatten die »Marktradikalen« in Chile die Macht übernommen. Es war *der* Exportschlager der Chicago-Ökonomie nach Südamerika. Wie im Labor sollte mit dem nachrevolutionären Chile ein radikalliberales wirtschaftspolitisches Experiment gestartet werden.

In den auf 1973 folgenden Jahren kam der Begriff Neoliberalismus auch in Deutschland in Umlauf. Ich las davon in der *Zeit*, die ich, wie viele Kommilitonen, schon seit Schülertagen abonniert hatte. Von Anfang an war mir klar, was ich davon zu halten hatte, nämlich nichts. Weil die Chicago-Boys, wie sie damals hießen, die Unteilbarkeit der Freiheit nicht deutlich machen konnten, kam der von ihnen vertretene »Marktradikalismus« in Verruf, noch bevor er überhaupt die Chance hatte, für sich zu werben. Denn es musste so aussehen, als ob der kalte »Neoliberalismus« eine Nähe zu autoritären, reaktionären, rechten Regimen hätte. Kein Wunder, dass wir Linken in ihm nur eine besonders böse Spielart des US-amerikanischen Imperialismus sehen wollten und konnten. Wir ignorierten – oder haben nicht gesehen –, dass die Menschen in Chile dank der Marktwirtschaft vor dauerhafter Armut bewahrt wurden. Bescheidener Wohlstand wurde ihnen zugestanden, Würde und Freiheit wurden ihnen indessen von den Liberalen verwehrt. Letztlich war das eine Niederlage für die Liberalen, noch bevor sie richtig siegen konnten.

Der schwere Stand, den der Neoliberalismus bis heute in Deutschland hat, hängt eng mit dem politischen Eintritt dieser Idee in die Weltgeschichte im Jahr 1973 in Chile zusammen. Die semantische Rekonstruktion des Begriffs Neoliberalismus ist aufregend und bedrückend zugleich. Denn ursprünglich war der Begriff hierzulande durchaus positiv besetzt, mit ihm wurde die Soziale Marktwirtschaft Ludwig Erhards assoziiert und die Freiburger Schule von Walter Eucken und Wilhelm Röpke, für die Wachstum und Wettbewerb einen starken Staat brauchen, der Monopole und Kartelle verbietet und wirtschaftliche Machtzusammenballungen untersagt. So wurde der Begriff auch noch in der Wirtschaftspublizistik Chiles in den sechziger und frühen siebziger Jahren verwendet. Der Umschlag von der positiven zur negativen Bedeutung lässt sich tatsächlich in zählgenauen Inhaltsanalysen auf die Mitte der siebziger Jahre datieren. Man könnte auch sagen: Die blutige Revolution Pinochets in Chile hat auch dem Liberalismus den entscheidenden Schlag versetzt, von dem er sich weltweit (aber vor allem auf dem europäischen Kontinent) bis heute nicht erholt hat.

Warum, so schallt den Liberalen von den Linken entgegen, »should the left love liberalism«, wenn dieser Liberalismus bereit ist, über Leichen zu gehen, nur um die Reichen reich zu machen? Da hilft es auch nicht viel, wenn hierzulande wackere Liberale darauf hinweisen, dass die Schule der sozialen Marktwirtschaft und ihrer Freiburger Gründerväter mit »Neoliberalismus« den sozial bezähmten, durch staatlich vorgegebene Regeln geordneten Markt bezeichneten, also gerade keinen Turbokapitalismus. Aber in Chile waren bekanntlich nicht die deutschen Ordoliberalen an die Macht gelangt, sondern autoritäre Generäle und ihre ökonomischen Berater von der Universität Chicago. Nachträgliche Begriffskorrekturen von Apologeten, selbst wenn sie sich auf die historisch korrekte Verwendung des Begriffs berufen können, haben noch nie viel genützt. Wir hatten damals in den siebziger Jahren in der *Zeit* gelesen, dass der Neoliberalismus böse und schädlich sei. Und wenn wir Väter oder Lehrer oder beides wurden, haben wir das unseren Töchtern, Söhnen und Schülern weitererzählt.

Deutschland war im Jahr 1973 vom Neoliberalismus Lichtjahre entfernt. Wir erlebten das (bislang) einzige sozialliberale Jahrzehnt. Doch auch hierzulande, wie gesagt, markiert das Jahr 1973 die entscheidende Zäsur, das Achsenjahr der Nachkriegsgeschichte. Man muss sich den Schock des Sommers 1973 mindestens so gewaltig und unerwartet vorstellen wie den Zusammenbruch des Finanzsystems im Sommer 2008. Mit der Geborgenheit im gesicherten Fortschritt der Wirtschaftswunderjahre war es plötzlich vorbei. Dauerhafte Stabilität zu suggerieren, ist offenbar die größte Illusion, die der Kapitalismus von Zeit zu Zeit verbreitet.

Skepsis und Sorge waren die intellektuellen Reaktionen auf die Erfahrung (oder Ahnung) des historischen Einschnitts. Diese Skepsis trat in zwei grundverschiedenen Varianten in Erscheinung:

– in einer romantischen, mithin grün-linken
– und in einer neoliberalen Haltung.

Beide Haltungen bestimmen unsere Deutungsmuster bis heute. Die Linke, nicht sehr verwunderlich aufgrund ihrer romantischen Tradition zwischen Karl Marx und Wilhelm Hauff, ging auf Distanz zum Liberalismus, mit dem sie im 19. Jahrhundert einmal den Fortschrittsoptimismus gemein hatte, der ihr aber nie ganz geheuer wurde. Die Farbe dieser romantischen Skepsis wurde in Deutschland und später auch in anderen Regionen der Welt das satte Grün. Links und grün haben sich fortan vermischt, nicht gleich, aber je länger, um so mehr.

1973 war das erste Jahr einer intensiven Debatte über Sinn und Unsinn des Wirtschaftswachstums. Damals fand unter Intellektuellen eine Kehrtwende statt, die auch Politiker beeindruckte: »Wirtschaftliches Wachstum, bis dahin Gegenstand des Stolzes und Garant der politischen Stabilität, geriet in die Schusslinie«, so der Doyen der deutschen Wirtschaftsgeschichte, Knut Borchardt. Ausgehend vom Bericht des Club of Rome über »Die Grenzen des Wachstums«, 1972 erschienen, stellte die fortschrittsskeptisch-romantische Reaktion das überkommene Wirtschaftswachstumsmodell grundsätzlich infrage.

Die ökonomische Krise wurde umgedeutet in einen Segen für die Menschheit, da nun die zerstörerischen Wirkungen der Naturbeherrschung und -ausbeutung, auf der das Wachstumsmodell beruhe, offenkundig geworden seien. Das ist der über Jahrzehnte dominante Sinngebungsrahmen geblieben, der sich zur grünen Bewegung weitete und dem sich schließlich auch Linke nicht entziehen wollten, zumal den Wachstumskritikern die Kunst gelang, die Kritik am Wachstumskonzept scheinbar mühelos mit egalitären Gerechtigkeitsmodellen zu vereinen.

Zeitlich in denselben Kontext gehört die Entstehung der ökologischen Bewegung, deren Auslöser Historiker wie Heinrich August Winkler ausgerechnet in Amerika sehen wollen, im »National Environmental Policy Act«, einem Gesetz der Ära Nixon 1970: Seither wird jährlich der »Earth Day« gefeiert. Die Angst kam in die Welt, die Sorge vor einem »ökologischen Hiroshima« ging um. Am 19. Juli 1973 wurde im Radio verkündet, dass der für ein neues Atomkraftwerk ursprünglich geplante Standort Breisach aufgegeben werde und das Kraftwerk in Wyhl am Kaiserstuhl gebaut werden sollte. Wenige Tage nach der Ankündigung begannen 27 Bauern aus dem Kaiserstuhl gegen den Bau zu protestieren. Es war die Initialzündung für die AKW-Bewegung, die letztlich siegreich mit der Energiewende der Großen Koalition nach Fukushima endete. »Atomkraft Nein Danke« war der breite Schlachtruf, der sich auf den gelben Buttons allenthalben verbreitete. Vor Wyhl, das erinnert heute kaum mehr einer, hatte die Atomkraft gerade bei den Linken einen guten Klang. Unter dem Label der »friedlichen Nutzung der Kernenergie« sah man darin einen großen und sauberen industriellen Fortschritt. Woher der plötzliche Sinneswandel kam, hat noch keiner richtig erklären können. Er lag einfach in der Luft. Weil Angst und Sorge in der Luft lagen.

Es war ebenfalls im Achsenjahr 1973, dass der amerikanische Soziologe Daniel Bell das Schlagwort von der »postindustriellen Gesellschaft« prägte. Der Trend gehe weg von der Herstellung von Gütern und hin zu einer Bereitstellung von Dienstleistungen. Bell beschrieb den Strukturwandel, erkannte das Bröckeln des »Fordismus«, der arbeitsteiligen Massenproduktion der Industrieprodukte durch Fließbandarbeiter. Bells akademischer Kollege, der Soziologe Ronald Inglehart, flankierte wenig später dessen Diagnose in seinem Bestseller »The Silent Revolution« durch die Verkündigung einer »postmateriellen Generation«, die einen Wertewandel durchmache, weniger an materiellem Wohlbefinden und körperlicher Sicherheit als an der »Qualität des Lebens« interessiert sei. »Die industrielle Ära war eine Zeit der Entwicklung der großen Mittel. Die postindustrielle Gesellschaft könnte eine Zeit herbeiführen, in der diese Mittel zur Erreichung großer Zwecke eingesetzt werde«, so lautete Bells Utopie.

Wer damals Mitte oder Ende der siebziger Jahre links wurde, der schloss sich der grünen Bewegung an. Und wer Sozialdemokrat war und nicht gestrig wirken wollte, der musste sich ebenfalls eine grüne Grundhaltung zulegen. Lebensqualität sei mehr als Lebensstandard oder Mehrproduktion, sagte Kanzler Willy Brandt schon 1973 in einer Regierungserklärung, ganz im Sinne der postmaterialistischen Losung. Aus dieser Beobachtung wurde rasch eine Dichotomie zwischen Glück und Wohlstand und ein spiritueller Antikapitalismus, der die Ethik des Verzichts als Glücksbringer und Naturerlöser propagiert. Die alten Technokraten des Keynesianismus wurden von neuen Ingenieuren der Weltuntergangsvermeidung abgelöst. Alles war plötzlich »post«, postmodern, postindustriell, postmaterialistisch.

Wie ist es dazu gekommen? In Übertragung eines berühmten ökonomischen Theorems sagt der Philosoph Hermann Lübbe, auch beim Fortschritt nehme der Grenznutzen ab. Das heißt: Eine durch Fortschritt zu Wohlstand gekommene Gesellschaft bekommt immer weniger den Nutzen dieses Fortschritts in den Blick, der sie reich und frei gemacht hat. Dafür ahnt sie aber immer mehr, dass der Fortschritt einen Preis haben könnte, weil nichts umsonst ist auf dieser Welt, und dass wir mit dem Wohlstand womöglich die Grundlagen unserer Existenz gefährden könnten. Es kommt einem von heute aus gesehen so vor, als ob die Sorge der unbewusste und irgendwie doch korrekte Reflex sei, den jene Zäsur des Jahres 1973 darstellt. Seit 1973 lässt diese Gesellschaft die Angst nicht mehr los.

Gleichwohl ist nicht zu übersehen, dass die wachstumskritische neue Bescheidenheit (noch) nicht im offiziellen Staatshandeln der sozialliberalen Regierung Helmut Schmidts angekommen war. So sehr grüne Demut und Schöpfungsreligiosität unbeabsichtigt das ideologische Pendant zum Ende des großen Booms darstellen, so hat sich doch der Sozialstaat um diesen Einschnitt wenig geschert. Dass sich die Wachstumskrise in den dramatisch zurückgehenden Steuereinnahmen spiegelte, wurde nicht als Warnsignal verstanden. Man wich einfach in den Schuldenstaat aus. Was die aktuellen Steuereinnahmen nicht hergaben, bekamen ungefragt künftige Generationen auf die Rechnung. Noch Mitte der siebziger Jahre lag die Staatsverschuldung hierzulande bei 20 Prozent der Wirtschaftsleistung (Bruttoinlandsprodukt); zehn Jahre später hatte der Anteil sich auf 40 Prozent verdoppelt. Die zweite Hälfte der siebziger Jahre verzeichnet die größte Zunahme der Staatsverschuldung in Deutschland bis zur Wiedervereinigung. An beidem hat das Land immer noch zu knabbern.

Seit Mitte der Siebziger nimmt auch die gesellschaftliche Ungleichheit zu. Die Vermögen der obersten zehn Prozent, ganz besonders des obersten einen Prozents, wachsen seither schneller als die Wirtschaft selbst. Das heißt: Man kann nun als Kapitalist schneller reich werden als ein Arbeiter – und muss sich dazu, anders als der Arbeitnehmer, noch nicht einmal besonders anstrengen. Wie sagt man, vor allem die erste Million ist schwierig. Ein Risiko bleibt indessen: Wer auf die falschen Aktien setzt, kann sein Geld auch komplett verlieren. Doch über alle und alles führt kein Weg an der Aussage vorbei: Die Nachkriegsjahre (pikanterweise auch die Kriegsjahre und die davor liegende Zeit der großen Depression) waren Zeiten einer relativ egalitären Gesellschaft. Seit Mitte der siebziger Jahre driftet die Gesellschaft auseinander, was in dem Maße als ungerecht wahrgenommen wurde, in dem die Vermögen selbst sich immer weniger aus Arbeitseinkommen speisen, sondern weitergegeben werden durch das Erbe in der Nachkriegszeit reich gewordener Eltern- und Großelterngenerationen. Woran diese Umkehrung des Nachkriegstrends liegt, ist bis heute nicht vollständig erforscht. Klar ist nur: Das knappe Kapital erzielte plötzlich in einer Welt globaler Anlagechancen auf lange Fristen bessere Renditen, während die – in Zeiten hoher Arbeitslosigkeit und dadurch geschwächter Gewerkschaften – weniger knappen Arbeitnehmer sich mit mageren Einkommensverbesserungen zufriedengeben mussten. An dem Befund ist nicht zu rütteln. Die Frage ist bloß, ob das schlimm ist.

Für die Linke von heute ist es schlimm. Jene Linke, die in der Nach-Achtundsechziger-Zeit kein gutes Haar an der verknöcherten Adenauerära ließ, verklärt heute die Jahre vor 1973 als goldene Jahre. Starke Gewerkschaften, hohe Lohnzuwächse für die Arbeiter, Vollbeschäftigung und ein erträglicher sozialer Einkommensabstand zwischen den oberen und unteren Rändern der Gesellschaft gelten jetzt als Ausweis eines Staates, der Maß und Mitte noch kannte. Es ist vertrackt: Jene Linke, die 1973 eine andere Gesellschaft wollte, weil sie die aktuelle Gegenwart des damals herrschenden real existierenden Kapitalismus in ihrem universalen Verblendungszusammenhang nicht ertragen wollte, träumt sich heute zurück in jene behaglich egalitäre Welt, wie es sie bis 1973 in Deutschland gegeben habe. Soll man daraus schließen, dass die Linke in den Jahren ihres kulturellen Siegs (allein aufgrund der großen Zahl) nach 1973 politökonomisch ihre entscheidende Niederlage erlebt hat? Es sieht fast danach aus.

Skepsis allerorten, nicht nur bei den wachstumskritischen Grünen. Auch bei den Liberalen gehört die Skepsis zum Habitus. Doch liberale und grün-alternative Skepsis sind Lichtjahre voneinander entfernt: Liberale Skepsis warnt vor übersteigerter Hoffnung auf die Machbarkeit einer besseren Welt und fürchtet nichts so sehr wie die Arroganz des Wissens und menschliche Hybris. Grüne Skepsis setzt gerade alle Hoffnung auf die Machbarkeit einer besseren Welt, propagiert

Klimaprogramme, Ökokonzepte und Emissionsverbote, damit die Schöpfung vor ihrem Untergang gerettet werde. »Es ist fünf vor Zwölf«, lautet das grüne Mantra.

»Anmaßung des Wissens«, so heißt der provokante Gegenentwurf Friedrich August von Hayeks. Er bringt die Kritik am Selbstverständnis der Intellektuellen auf den Punkt. Er meint, die Intellektuellen überschätzen sich, wenn sie meinen, den Stein der Weisen gefunden zu haben, der den Weg zur Gestaltung einer besseren Welt weist. Das Wissen überschätzt sich notorisch. Das ist in nuce das Programm der Abdankung der Experten und all ihrer Ansprüche auf Machbarkeit und Planungslust. Die Intellektuellen selbst würden nicht von Anmaßung reden, sondern von gesellschaftlicher Verantwortung und daraus ein moralisches Programm zur Gestaltung von Welt und Umwelt ableiten. Sie beschreiben ihre paternalistische Praxis als moralischen Auftrag.

Hier ist die ideologische Scheidelinie. Liberale Skepsis formuliert ein Programm der Selbstentmachtung der öffentlichen Mandarine. Und das hat etwas Kränkendes und zugleich etwas Befreiendes. Es ist ein entscheidender Teil meiner Antwort auf die Frage, warum ich zum Liberalen wurde, alle Gewissensbisse der Trennung hintanstellend.

Tatsächlich waren die mittleren siebziger Jahre jene Brutzeit einer liberalen Revolution der Marktwirtschaft, die sich 1973 in Chile ein erstes Mal Raum verschaffte und 1979 mit dem Wahlsieg von Margaret Thatcher in Großbritannien zur Macht gelangte. Um die Zäsur zu verstehen, muss man sich die ideologischen Plausibilitäten der Nachkriegszeit vergegenwärtigen. Nach der Weltwirtschaftskrise hatte der Staat einen umfassenden Auftrag beansprucht, um Vollbeschäftigung zu schaffen, Wirtschaftskrisen zu beseitigen und die Konjunktur zu beeinflussen. Der Kapitalismus war diskreditiert, an den freien Markt glaubte kaum mehr einer. »Gemischte Wirtschaft« lautete das Zauberwort, womit nicht nur eine starke staatliche Regulierung gemeint war, sondern auch eine »Verstaatlichung« wichtiger Schlüsselindustrien. In den siebziger Jahren arbeiteten 20 Prozent der britischen Arbeitnehmer in der Staatswirtschaft.

Was man sich heute nicht mehr vorstellen kann: Die Sowjetunion genoss seit den dreißiger Jahren in wirtschaftlicher Hinsicht im Westen großes Prestige. »Ihr Fünfjahresplan zur Entwicklung der Industrie, ihre Kontroll- und Kommando-Wirtschaft, ihr Anspruch auf Vollbeschäftigung: All das führte dazu, dass sie als Gegengift gegen die Arbeitslosigkeit und das Scheitern des Kapitalismus wahrgenommen wurden«, schreiben die Ökonomen Daniel Yergin und Joseph Stanislaw in ihrem Standardwerk »Staat oder Markt« über den liberalen Paradigmenwechsel und den Aufstieg Maggie Thatchers. Nicht Friedrich August von Hayek, sondern John Maynard Keynes (1883 bis 1946) war der Held jener Zeit vor der liberalen Revolte. Demnach soll der Staat mittels der Fiskalpolitik die krisenhaften Ausschläge der Wirtschaftsentwicklung und des Konjunkturzyklus dämpfen. »Der Staat ist weise und der Markt ist dumm«, wie der Keynes-Biograph Robert Skidelsky bündig erklärt. Bis weit hinein in die konservativen Kreise galt diese Auffassung als Selbstverständlichkeit.

Allein, dieser »Mixed Economy« mangelte es mehr und mehr an Erfolgen. Die Krise 1973 hatte auch Großbritannien in die »Stagflation« (kein Wachstum, hohe Teuerung) geschickt. Mitte der siebziger Jahre betrug die Inflation in England 24 Prozent. Die Spitzensteuersätze lagen bei 98 Prozent, ständige Streiks lähmten die Wirtschaft. Großbritannien war auf dem besten Weg, die DDR der westlichen Welt zu werden. Bergarbeiterstreiks gefährdeten die Energieversorgung für Unternehmen und Privathaushalte: Geistliche diskutierten in der BBC, ob Familien ihr warmes Badewasser teilen sollten, um Energie zu sparen. Ein Minister trat im Fernsehen auf, um den Männern zu erklären, wie man sich im Dunkeln rasiert. Der konservative Premierminister Edward Heath (er regierte von 1970 bis 1974) war der desolaten Situation hilflos ausgeliefert und musste die Macht an Labour-Mann Harold Wilson abgeben.

Dies war die Zeit, in der die liberale Revolte Thatchers ihre Inkubationszeit durchlebte. Ihre wichtigsten Ideengeber hießen Keith Joseph (1918 bis 1994) und Alfred Sherman (1919 bis 2006), die ihrerseits treue Schüler Hayeks waren oder geworden sind. Joseph, Spross einer frommen aschkenasisch-jüdischen Unternehmerfamilie (sein Vater, ein Bauunternehmer, war eine Zeit lang Oberbürgermeister von London) war besessen von einer Mission: »Ich will die Konservativen bekehren.« Freunde und Feinde nannten ihn einen »verrückten Mönch«. Er selbst bezeichnete sich als »bequemen Verrückten«. Sherman, geboren im Londoner East End als Kind jüdischer Emigranten aus Russland, war lange Jahre ein strammer Marxist, kämpfte im Spanischen Bürgerkrieg, bekehrte sich aber spätestens nach der Enttäuschung über das Scheitern des jugoslawischen Modells. Sherman, unberechenbar wie Joseph, blieb Zeit seines Lebens ein Eiferer. Er ist einer der prominentesten Konvertiten zum Liberalismus im 20. Jahrhundert. Selten wurde eine politische Revolution so »von oben« vorbereitet wie der Thatcherismus. Man muss das noch einmal hier nacherzählen.

Joseph und Sherman verkörpern beide den Typus des nur in Großbritannien vorkommenden scharf argumentierenden jüdischen Intellektuellen mit dem unbedingten Willen, ihre Ideen in praktische Politik zu übersetzen. Das Bindeglied dazu ist der »Think Tank«, die Denkfabrik, in der geistig hungrige junge Leute die Blaupausen und die akademischen Begründungen für die politische Utopie und ihre strategische Realisierung liefern. Für die Thatcher-Revolution waren das das »Center for Policy Studies«, das Sherman auf Geheiß von Joseph leitete, und außerdem das bis heute wichtige »Institute of Economic Affairs«. Heute würde man Leute wie Joseph und Sherman »Spindoktoren« nennen. Doch schon der inzwischen abgegriffene Begriff macht deutlich, dass die heutigen Spindoktoren mit dem Format der beiden Berater Thatchers nicht zu vergleichen sind. In Deutschland mag man an den SPD-Politiker Peter Glotz denken oder an den Liberalen Ralf Dahrendorf, der sich nicht zufällig bald in Großbritannien wohler gefühlt hat als in Deutschland.

Im Epochenjahr 1973 trafen sich Joseph, Sherman und Thatcher und erträumten eine neue Wirtschaft. 1974 zogen Keith Joseph und Alfred »Alfie« Sherman durchs Land und hielten Reden über die ökonomischen Prinzipien, die in der konservativen Partei künftig gelten sollten. »Wir haben zu viel Regierung, zu viele Ausgaben, zu viele Schulden und zu viel Personal.« Ändere sich dies nicht, werde Großbritannien am Ende immer weiter in Armut und Elend fallen. Ziel müsse es sein, die »Angebotsseite« der Wirtschaft zu stärken. »Was Großbritannien braucht, sind mehr Millionäre und mehr Bankrotteure«. Größere Risiken und höhere Belohnungen, insgesamt mehr kreative Dynamik, seien nötig, um Unternehmertum zu fördern und wieder Wohlstand in England zu schaffen.

Als Schlüsselereignis gilt eine Rede vom 22. Juni 1974 in Upminister, verfasst als Gemeinschaftswerk von Sherman und Joseph, vorgetragen von Joseph, in dem vor allem mit der bisherigen Politik der konservativen Tories abgerechnet wird, die vollständig vor dem Sozialismus kapituliert habe: »This is not the time to be mealy-mouthed«. Die Zeit der Leisetreterei sei vorbei, so beginnen sie die Philippika mit dem Schlachtruf, es gebe zu viel Sozialismus und zu wenig Freiheit in Großbritannien. Man habe die Wirtschaft überfordert, der private Sektor ächze unter der Last der Besteuerung, man habe die Macht der Regierungen überschätzt, in der falschen Annahme, sie könnten immer mehr und mehr tun für die Menschen. »We have tried to take short-cuts to utopia«; wir wollten auf dem kürzesten Weg ins Paradies, so kennzeichnen sie den illusionären Größenwahn. Stattdessen habe man Sozialismus und die militantesten Gewerkschaften in Europa bekommen, die alles dazu taten, den Wohlstand des Landes zu verhindern. Kurzum: Wer ein frühes und knappes Dokument des neuen Liberalismus im 20. Jahrhundert sucht, der muss diese große politische Rede aus dem Jahr 1974 lesen. Es ist eine Wende-Rede.

Es wird kaum nur ein Zufall sein, dass einer der beiden Chefideologen der Thatcher-Revolte ein ehemals linientreuer Marxist war: »Alfie« Sherman ist gewiss nicht nur einer der prominentesten, sondern auch wirkmächtigsten politischen Konvertiten des 20. Jahrhunderts. In seinen autobiographischen Erinnerungen »Paradoxes of Power« mit dem Untertitel »Reflexionen über das Thatcher-Zwischenspiel«, 2005 erschienen, gibt er über seine Bekehrung aufschlussreiche Einblicke. Der Untertitel »Zwischenspiel« soll andeuten, dass Sherman das liberale Regime bloß als Episode ansieht, nach der man auch in Großbritannien wieder in die alte wohlfahrtsstaatliche Welt zurückgekehrt sei.

Shermans aufregende Biographie verdient es, hier kurz erinnert zu werden: Schon als Teenager trat er in den frühen dreißiger Jahren der Kommunistischen Partei bei, spottete später, in London habe es damals mehr überzeugte Marxisten gegeben als in Moskau. Seine Faszination an der radikalen Linken erklärte er mit seinem Judentum. »Als Jude war man in den dreißiger Jahren in England entfremdet. Das Weltproletariat bot uns eine Heimstatt.« Die Juden seien in ihrer 3000-jährigen Geschichte säkularisiert worden. Doch gerade weil dem jüdischen Atheismus, den er für selbstverständlich nimmt, sein ursprüngliches Ziel, der Gottesglaube, verloren gegangen sei, habe der Marxismus seine Chance bekommen, diese Lücke zu füllen. »Nachdem wir Gott in die Wüste geschickt hatten, mussten wir uns nach fremden Göttern umsehen, von denen der Sozialismus in seinen vielfältigen Formen besonders gut gepasst hat.«

Sherman spricht fließend Spanisch und Russisch. Allein das schon prädestiniert ihn, mit 17 Jahren auf Seiten der Internationalen Brigaden in den Spanischen Bürgerkrieg zu ziehen. »17 ist ein gutes Alter für Soldaten«, schreibt er mit britischer Ironie: »Wir fühlten unser Privileg, am Scheideweg der Geschichte zu leben.« Viel später erst sei ihm aufgegangen, dass Stalin ihn und seine Generation betrogen habe, benutzt als Verhandlungsmasse im Kampf mit Hitler. Sherman braucht lange, bis er sich vom Kommunismus trennt, viel länger als etwa der ungarische Intellektuelle und weltberühmte Konvertit Arthur Koestler (»Darkness at Noon«, 1940), der sich nach den stalinistischen Schauprozessen abwendet. Im Zweiten Weltkrieg diente Sherman, der auch Arabisch und Hebräisch spricht, im Mittleren Osten der britischen Armee. Im Sommer 1948 hat man ihn wegen titoistischer Umtriebe aus der Kommunistischen Partei ausgeschlossen. Konsequenterweise ging er dann als Freiwilliger in einer internationalen Jugendbrigade nach Jugoslawien (auch des Serbokroatischen war er mächtig).

Das müssen wohl die Jahre gewesen sein, in denen er sich allmählich vom Kommunismus lossagte. Ein Schlüsselerlebnis, ein exaktes Datum, nennt Sherman in seiner Autobiographie nicht. Sherman arbeitet als Journalist, schreibt für den *Observer* und andere britische Blätter, aber auch für die israelische Zeitung *Haaretz*. »Schließlich erreichte auch mich die Ent-Kommunistisierung«, witzelt er, »wie sie die meisten

Gläubigen früher oder später ereilt.« Der Grund: Der Kommunismus sei ein Programm der Selbsttäuschung. Und die Welt habe sich relativ unbeeindruckt gezeigt von den Verbesserungsversuchen, welche die Kommunisten ihr angetan haben. Anders gesagt: Die Evolution ist auch von Kommunisten nicht aufhaltbar.

Tatsächlich ist der Weg dann nicht mehr weit zu Friedrich A. von Hayek und seiner Lehre, der Prozess der sozialen Evolution könne und dürfe nicht mit anmaßendem Wissen und planwirtschaftlicher Hybris umgepflügt werden. Sherman nennt Ideen als Gründe für seine Konversion, nicht etwa die verbrecherische Praxis des Stalinismus in der Sowjetunion oder den eklatanten Widerspruch zwischen utopischem Anspruch und Realität in den Staaten des real existierenden Sozialismus. Nicht ungeschickt billigt er seinem früheren marxistischen Glauben einen Nutzen für sein späteres Wirken zu. Den Kommunismus sieht er konsequent als Religionssurrogat an, dessen Überzeugung, dass es in der Zukunft eine bessere Welt geben müsse, den Bruch mit dem Marxismus überlebt habe. Die Konvertiten hätten in Thatchers Revolution Kampfesgeist, Elemente des Messianismus und eine Kosmologie eingebracht, die Raum lasse für das Wirken von Ideen.

Das ist interessant, klingt es doch fast so, als halte Sherman Kommunismus und Liberalismus für konkurrierende Heilslehren. Doch der Konvertit wehrt sich zugleich gegen den Vorwurf, er habe die Marx'sche Utopie des Sozialismus mit der Anbetung des Marktes im Liberalismus getauscht. Die ideologische Verknüpfung biographischer Kontinuität hat für ihn lediglich die Funktion, sein früheres Leben nicht völlig verwerfen zu müssen – eine von Konvertiten nicht selten genutzte Brücke der psychischen Identitätsstiftung.

Im Jahr 1979 hatten die Liberalen dann endlich den Sieg

errungen. Margaret Thatcher steht für das »British Miracle«. Der Jubel der Menschen über den Befreiungsakt hielt sich in Grenzen. Das Land ist seither gespalten. Bis heute ist die Zäsur des Jahres 1979 für viele Briten das prägende Trauma ihrer persönlichen Geschichtserfahrung. Bis heute gibt es einen großen Hass auf Margaret Thatcher. Selbst nach ihrem Tod im Frühjahr 2013 werden literarische Mordphantasien gegen sie veröffentlicht wie im Herbst 2014 in einer Erzählung der von den deutschen Feuilletons gefeierten Hilary Mantel.

Eines wird dabei klar: Der Liberalismus hat sich nicht als spontane Marktentwicklung der sozialen Evolution durchgesetzt, sondern sich zu seinem Sieg der Hilfe der politischen Macht bedient. Man darf es nicht leugnen: Der Wiedereintritt des Liberalismus in die Weltgeschichte in der zweiten Hälfte des 20. Jahrhunderts – nach seiner großen Zeit im 19. Jahrhundert – hatte etwas Gewaltsames. Und zwar beide Male – beim Pilotprojekt in Chile 1973 und beim Durchbruch 1979 in Großbritannien. Die Deregulierung entspringt einem initialen Akt planwirtschaftlicher Politik, ist also selbst eine Art der politischen Regulierung, freilich mit dem Ziel, den spontanen Marktkräften fürderhin ausreichend Raum zu lassen. Die große Premierministerin Margret Thatcher habe die Gewerkschaften als »Feind im Inneren« ausgerufen und sie auch so behandelt, schreibt Jens Bisky, linksliberaler Korrespondent der *Süddeutschen Zeitung* und Sohn des Intellektuellen Lothar Bisky: »Berittene Polizei, zehn Tote, Tausende Verletzte – all das zeichnete den Kampf zur Durchsetzung der neoliberalen Agenda aus. Diese besaß auch etwas Verführerisches, war erfolgreich aber, weil zur ihrer Exekution staatliche Gewaltmittel genutzt wurden.« Bisky schließt: »Wer darüber nicht reden will, soll vom Neoliberalismus schweigen.«

Bisky hat recht. Auch die liberale Revolte hat gerade da, wo sie wie in Chile oder Großbritannien erfolgreich war, sich mit staatlicher Macht und Gewalt zum Erfolg verholfen, in Großbritannien freilich anders als in Chile demokratisch legitim. Gewiss, man sollte die Kirche im Dorf lassen: Im Vergleich mit der Wucht kommunistischer oder faschistischer Gewalt und ihren Verbrechen im 20. Jahrhundert könnte man die politische Gewalt der Liberalen im machiavellistischen Sinn als »Quantité négligeable« abtun, zumal spätere liberale Politikwechsel (etwa in Polen, den Baltischen Staaten nach 1989, in Indien oder in China!) sanft über die Bühne gingen. Aber es nützt alles nichts: Dass ein guter Endzweck einer freiheitlichen Gesellschaft problematische politische Mittel heiligt, diese unselige Legitimationsformel benutzten auch die Liberalen auf ihrem Weg an die Macht. Es ist ein historischer Fluch des 20. Jahrhunderts.

Als ich anfing, mich dem Liberalismus anzunähern, war der Neoliberalismus längst da. Ein Frühmerker bin ich nicht, eher ein Spätzünder. Lady Thatcher war schon entmachtet, Ronald Reagan abgewählt, und in Deutschland war Helmut Kohl zwar 1982 angetreten, die »geistig-moralische Wende« zu bringen, die aber mit Freiheit, gar wirtschaftlicher Freiheit, wenig zu tun hatte. Auch wenn Kohl den Marktgrafen Otto Graf Lambsdorff von der FDP in der Regierung hatte. Dass das schwarz-gelbe Projekt auf Neoliberalismus hinauslaufen müsse, war zwar eine Furcht, welche die SPD stets schürte. Dass es dazu aber nie kommen sollte, dafür bürgte Arbeitsminister Norbert Blüm, quasi die Inkarnation des Herz-Jesu-Sozialismus in der Regierung Kohl, der die gesamte schwarz-gelbe Zeit bis 1998 im Kabinett als Arbeits- und Sozialminister saß und die Gewähr dafür bot, dass nirgendwo neoliberales Gedanken- oder gar Gesetzesgut Einzug fand. Später fand Kohl zwar, es sei ein Fehler gewesen, Blüm die ganze Zeit im Amt zu lassen. Aber da war es zu spät, und man weiß auch nicht genau, was Kohl zu dieser späten Meinung getrieben hat.

Blüm war der letzte große Architekt des üppigen Sozialstaates. Renten- und Gesundheitsausgaben stiegen stetig; Arbeitgeber klagten über zu hohe »Lohnnebenkosten« (das Wort ist irgendwie aus dem Sprachgebrauch verschwunden). Das System der Bismarck'schen Sozialversicherungen wurde um die verpflichtende Pflegeversicherung erweitert, die Blüm als naturgegebene Ergänzung und Vollendung des vorsorgenden Staates pries. Schwarz-Gelb, jene langen Jahre von 1982 bis 1998, war ein Versuch, die alte gute Welt der Nachkriegszeit, deren Stärke die Provinz – Kohls Basis – war, noch einmal wieder zu erwecken. Auch der Wiedervereinigung lag dieses Modell zugrunde. Es liegt auf der Hand, dass dies ein Anachronismus war.

Wenn es in Deutschland überhaupt einmal Neoliberalismus gegeben haben sollte, so ist, kurz nach der Jahrtausendwende, das »Hartz« genannte Reformpaket des Sozialdemokraten Gerhard Schröder der Kandidat dafür. Unter dem Eindruck einer gravierenden Wachstumsschwäche, hoher und verfestigter Arbeitslosigkeit und wachsender Staatsverschuldung – und natürlich unter der Androhung des politischen Untergangs – appellierte Schröder an die Eigenverantwortung der Bürger, ließ den vorsorgenden Staat per Gesetz begrenzen und erfand die Formel des »Forderns und Förderns«, welche ausufernde Sozialstaatsansprüche zurücknahm und Stütze an die nachgewiesene Bereitschaft zur Arbeit koppelte. Dass das Programm neoliberal verstanden wurde, dafür spricht die Abspaltung der Linken von der SPD unter der Führung von Oskar Lafontaine und wichtiger IG Metall-Kader, ein Trauma, das die Partei bis heute nicht verarbeitet hat.

Dieser gemäßigte Neoliberalismus deutscher Spielart ist tatsächlich über ein paar Umwege von Margaret Thatcher zu

Gerhard Schröder gekommen: Thatchers gelehrigster Schüler in Großbritannien war der Labour-Mann Tony Blair, der die politische Mitte mit dem Versprechen eines »dritten Weges« umwarb – als Korrektur zu den Programmen der herkömmlichen egalisierenden Linken, deren Verständnis vom Wohlfahrtsstaat für erfolgreiche Mittelschichten vor allem in der Bedrohung stetig wachsenden Steuerlast bestand. Schröder selbst ist bekanntlich nicht der Mann großer theoretischer Entwürfe; ihm genügten »Bild, Bams und Glotze«. Es waren Schröders junge und ambitionierte Bewunderer Bodo Hombach und Frank-Walter Steinmeier, die in der Londoner City in die liberale Schule gingen, um daraus ein politisches Konzept für eine moderne Sozialdemokratie in Deutschland zu zimmern. Neben den Reformen des Arbeitsmarktes (»Hartz«) muss man – häufig vergessen – vor allem die radikale Senkung der Spitzensätze der Einkommensteuer und die komplette Abschaffung der Steuer auf Veräußerungsgewinne durch Schröders Finanzminister Hans Eichel nennen, die aus einem liberalen Gedanken stammen könnten: Steuern dürfen nicht konfiskatorisch sein, weil das dem Recht der Menschen auf ihr Eigentum widerspricht und der Freiheit, damit machen zu dürfen, was sie wollen – und nicht, was der Staat will. Eichel wusste, dass Steuersätze und Steueraufkommen nicht dasselbe sind, dass womöglich tiefere Sätze mehr Geld in die Staatskasse bringen, weil dadurch die Wirtschaftsbürger sich zu mehr Leistung angespornt fühlen.

Als Schröder nach der Jahrtausendwende seine Reformen auf den Weg brachte, war ich schon ein Liberaler geworden. Im Herbst 1988 kam ich als Wirtschaftsredakteur zur FAZ. Die Jahre davor seit der Promotion 1983 hatte ich als Referent beim Cusanuswerk gearbeitet, einem katholischen Begabtenförderungswerk, das Studenten mit Geld und Gedankenaustausch förderte. Wenn ich ehrlich bin, war mir die

Frage, ob ich links bin, in den achtziger Jahren nicht mehr so wichtig. Meine engagierten Freunde hätten mich als »unpolitisch« bezeichnet und mir ein schlechtes Gewissen bereitet.

Eher, so erinnere ich mich heute, waren das Zeiten des intellektuell orientierungslosen Vagabundierens. Nietzsche war, schon zu Studienzeiten, mein eigentlicher Held geworden, der emphatisch die Standpunktlosigkeit zum Standpunkt erhoben hatte und nichts mehr hasste als das unaufgeklärte Moralisieren, welches die Linken so gerne betreiben, die sich im Genuss ihrer guten Absichten begnügen. Aus Kierkegaards »Entweder/Oder« wusste ich, dass es gut sei, wenn man irgendwann einmal von der ästhetischen zur ethischen Existenz komme, wolle man nicht in der schlechten Unendlichkeit eines Don Juan sein Leben verspielen. Linke Autoren las ich lange schon nicht mehr. Peter Weiss' »Ästhetik des Widerstands« war, glaube ich, der letzte Klassiker aus dieser Abteilung. Für Wirtschaft interessierte ich mich weiterhin wenig. Ein Standpunkt, eine Weltanschauung, fehlte. Das engagiert Politische verlor mein Interesse. Das Katholische verblasste.

So brachte dann der Zufall ein »Window of Opportunity«, einen dringend notwendigen Ortswechsel, und der angehende Redakteur in der Wirtschaftsredaktion der FAZ wurde im schon fortgesetzten Alter zum Sprung ins kalte ökonomische Wasser veranlasst. Die Debatten in den Zeitungskonferenzen, abendliches Spicken in ein Standardlehrbuch und, Mitte der neunziger Jahre, ein längeres Sabbatical am MIT waren meine Nachhilfelehrer.

Man hatte mir aufgetragen, es ist 25 Jahre her, mich um den deutschen Arbeitsmarkt zu kümmern, die Akteure in den Tarifkonflikten um die Lohnfindung zu beobachten. Das interessierte mich, weil es nicht nur rein ökonomisch war. Es ging um Gewerkschaften (die damals noch mächtig waren), die 35-Stunden-Woche, um Manager, Politik. Auch um Wirtschaft.

Ein Wirtschaftsjournalist braucht nicht zwangsläufig eine Wirtschaftstheorie. Ich kenne viele Kollegen, die sind sogar stolz darauf, ohne theoretischen Rahmen auszukommen. Sie halten das für die notwendige Bedingung ihrer Unabhängigkeit. Sie würden sagen, dass sie vorurteilslos auf die Dinge in der Welt zugehen können. Die Wirtschaftsredaktion der FAZ hat eine liberale Tradition. Das prägt. Es wäre naiv zu sagen, ich hätte im luftleeren Raum zum Liberalismus gefunden. Im Gegenteil, darüber schreibe ich hier: Wertentscheidungen gibt es nur in sozialen Milieus. Aber die liberale Tradition der FAZ war damals schon, ist heute erst recht, plural zersplittert. Klarer gesagt: Marktliberale Positionen sind auch in der FAZ, vielleicht, anders als man denken kann, Minderheit. Ich würde es mir zu leicht machen, den Weg zum Liberalen als Entwicklungsroman der reinen Vernunft zu erzählen. Aber all jene, die die Erweckung dem Gang des reinen Opportunismus zuschreiben, liegen ebenfalls falsch.

Um es nicht zu lang zu machen: Mein liberales Erweckungserlebnis ereignete sich nicht in der Redaktion der FAZ, sondern, Anfang der neunziger Jahre, bei einer eher unspektakulären internationalen Konferenz über die »Zukunft der Arbeit«. Es war die Begegnung mit dem damals schon emeritierten Chef des Kieler Instituts für Weltwirtschaft, Herbert Giersch. Es ist derselbe – heute auch fast schon vergessene – Mann, der den Dichter Martin Walser mit dem Kapitalismus versöhnt hat. Giersch war ein Lehrer der alten Schule, nicht zu viele professorale Allüren, kein Einschüchterer, der mit zu viel Mathematik seine Zuhörer erschreckt. An sich, seine Schüler und Gesprächspartner stellte er den Anspruch, alles müsse klar und verständlich sein und, wenn nötig, auch ganz knapp gesagt werden können. Seither habe ich keinem Autor (und erst recht keinem Journalisten) abgenommen, der insistierte, um diesen oder jenen Sachverhalt angemessen zu schildern, brauche es mindestens 250 Zeilen.

Giersch ist selbst Konvertit. Lang war er Keynesianer, beriet sozialdemokratische Regierungen und erfand die sogenannte »Globalsteuerung«. Interessant daran ist, wie der Name sagt, die Auffassung, Politiker könnten Wirtschaft zum Guten steuern – mit Fiskal-, Geld- oder eben Arbeitsmarktpolitik. Diese Auffassung war seit 1973 in die Krise geraten, und Ökonomen und Wirtschaftspolitiker waren zur Revision genötigt, weil ihre keynesianischen Instrumente der wirtschaftlichen Feinsteuerung keine Wirkung mehr zeigten: Immer weniger Menschen fanden Beschäftigung, die Inflation blieb hoch, das Wachstum war schwach. So früh wie wenige andere hat Giersch die Zäsur des Jahre 1973 erkannt und die Schocks benannt, die die Wirtschaft beutelten. Nicht genug, dass die Ölschocks die Kosten für die Unternehmen erhöhten, erschwerten ihnen auch Lohninflation und expansive Sozialpolitik das Wirtschaften. »The fading miracle« lautete Gierschs Formel für die strangulierende Wirkung, die der Wohlfahrtsstaat auf Wachstum und Wohlstand ausübte.

Giersch war in Deutschland einer der ersten unter den Ökonomen, der die Notwendigkeit erkannte, die Kommandohügel im Machtkampf zwischen Markt und Staat neu zu besetzen. Er wurde zum führenden Vertreter einer Angebotspolitik. Im Gegensatz zur Nachfragepolitik, die in wirtschaftlichen Krisen den Staat nötigt, mit Geld die Nachfrage zu stimulieren, damit Arbeitsplätze entstehen, will Angebotspolitik den Unternehmen die Bedingungen des Wirtschaftens attraktiv machen: Ein Ordnungsrahmen (deshalb auch »Ordnungspolitik«), in dem Steuern nur maßvoll erhoben, Löhne und Sozialabgaben die Firmen nicht überfordern und die staatlichen Regulierungen – von der Umwelt- über die Energie- bis zur Familienpolitik – die Möglichkeiten des Wirtschaftens nicht erdrosseln. Der Staat hat, anders als bei der Nachfragepolitik, die Aufgabe, sich aus dem wirtschaftlichen Geschehen herauszuhalten, nicht zu intervenieren, sondern sich auf die Architektur des Ordnungsrahmens zu konzentrieren. Ein Nachtwächterstaat im besten Sinn des Wortes. Wenn die Rahmenbedingungen gut sind, dann werden die Unternehmen produzieren und investieren – und das Angebot schafft sich seine Nachfrage. Lässt man den Unternehmen die Möglichkeit, Gewinne zu machen, dann werden sie diese Gewinne nicht verprassen, sondern das Geld wieder investieren – zum Wohle ihrer Kunden und ihrer Arbeiter. So ungefähr gingen diese Ideen, die Giersch und andere damals, eben in den achtziger Jahren, propagierten, mit denen er alle Sozialdemokraten erschreckte und auch bei Schwarz-Gelb wenig Freunde fand, sieht man einmal von Otto Graf Lambsdorff ab, den indessen die Flick-Spendenaffäre aus dem Zentrum der Macht geschleudert hatte.

In meiner ersten Begegnung mit Herbert Giersch ging es »nur« um den Arbeitsmarkt. Es waren bedrohliche Zeiten in jenen frühen neunziger Jahren, in denen Deutschland vier Millionen Arbeitslose befürchtete und schon – wirtschaftlich wie politisch – Szenarien wie in den dreißiger Jahren die Runde machten. »Geht den Deutschen die Arbeit aus?«, so lauteten die Titel der Talkrunden in Fernsehen und Evangelischen Akademien. Die tonangebenden Kreise plädierten dafür, als Akt der Solidarität müsse die Arbeit unter allen umverteilt werden. Weil die Gesellschaft durch die Krise des Kapitalismus in Outsider und Insider – Arbeitsplatzbesitzer und Arbeitslose – gespalten werde, sei es nur fair, alle zum solidarischen Verzicht zu bewegen: Eine radikale Verkürzung der Wochenarbeitszeit und der Lebensarbeitszeit war für Linke und Gewerkschaften die erlösende Konsequenz. Zudem müsse der Staat Arbeit schaffen, den öffentlichen Dienst ausbauen und mit arbeitsmarktpolitischen Maßnahmen die Unternehmen subventionieren. So hörte man es allenthalben. Und es leuchtete auch mir irgendwie ein.

Giersch widersprach dieser »Kuchentheorie« der Arbeit. Sie sieht die Anzahl der zu leistenden Stunden als fix und vorgegeben an: Schrumpft der Kuchen, weil die Unternehmer Menschen durch Maschinen ersetzen oder weil der Markt gesättigt ist (so haben viele damals geredet), alle wichtigen Bedürfnisse inzwischen befriedigt sind und es weniger Nachfrage gibt, dann gibt es eben auch weniger für die Arbeiter zu tun. Die Arbeit muss dann proportional gekürzt werden. Alle arbeiten weniger, damit alle Arbeit haben. Das nannte die gewerkschaftliche Linke Solidarität und hoffte darauf, dass die Einkommen trotz kürzerer Arbeitszeiten stabil bleiben könnten.

Angebotspolitik, wie Giersch sie wollte, war dazu das genaue Gegenteil. Giersch wollte die Arbeit nicht statisch, sondern dynamisch betrachten. Wenn es viele Arbeitslose gibt, dann liegt das (auch) daran, dass der Preis für Arbeit (die Löhne und Gehälter derer, die Arbeit anbieten) zu hoch ist. Statt Arbeit umzuverteilen, müsste Arbeit billiger werden, fand Giersch. Dann finden die Arbeiter auch wieder ihren Markt. Die Insider-Outsider-Spaltung ist keine Frage der Verteilung, sondern eine Frage der Macht: Die Insider verwehren den Outsidern den Zugang zu den Fleischtöpfen, um ihre von den starken Gewerkschaften durchgesetzten privilegierten Löhne zu konservieren. Diese Macht muss gebrochen werden. Arbeiter müssen frei sein, mit den Arbeitgebern Verträge zu schließen, ungegängelt von Gesetzgeber oder Gewerkschaften. Es gibt kein Gesetz, das festlegt, dass uns die Arbeit ausgeht. Die statische Kuchentheorie, mag sie noch so solidarisch daherkommen, führt nicht in die Solidarität, sondern ins Verderben. Am Ende arbeiten alle immer weniger, wissen nicht wohin mit ihrer vielen erzwungenen Freizeit und haben zudem kein auskömmliches Einkommen. Was soll daran gerecht sein?

Für einen im linken Milieu groß gewordenen wie mich war das starker Tobak. Eine Riesenprovokation. Denn der Ökonom behauptete, dass der Arbeitsmarkt ein Markt wie jeder andere sei und nach nämlichen Gesetzen funktioniere. Hatten wir nicht, links und katholisch, gesagt, das dürfe nicht sein, dass Arbeit eine Ware sei wie jede andere, dass Menschen als »Humankapital« angesehen würden und damit auf ihren ökonomischen Nutzen reduziert würden? Giersch konterte: Wenn gut meinende Linke die Arbeit nicht als Markt behandeln, sie schützen und regulieren mit Kündigungsverboten, Lohn- und Arbeitszeitvorschriften, verhindern sie nicht Arbeitslosigkeit, sondern schaffen sie – noch dazu in einer besonders ungerechten Form: Die einen sind glückliche Arbeitsplatzbesitzer, die anderen müssen aufs Arbeitsamt.

Was mir zu denken gab: So unverschämt ich diesen alten Ökonomen fand, so hatte ich doch seinen Argumenten nichts entgegenzusetzen. Mein Herz rebellierte, aber mein Verstand fand an der Klarheit der Gedanken nichts auszusetzen, sogar klammheimlich Gefallen. Wenn das Herz gegen den Verstand rebelliert, wer ist dann der Richter? Das ist eine alte, einfache Frage, zu der es viele komplizierte Antworten gibt. Ich jedenfalls konnte bald auch eine Art emotionalen Eifer in mir entdecken, leidenschaftlich für die Argumente des Verstandes zu werben. Es machte mich zunehmend ungeduldig, dass der Mainstream meiner Kollegen und viele Freunde dem mir mehr und mehr naiv erscheinenden Herzen den Vorzug gaben. Wer wäre nicht für Solidarität? Wer plädiert schon statt für höhere für niedrigere Löhne? Es ist so einfach, gut zu sein – solange man sich weigert, die ungeliebten Konsequenzen einer Moral des warmen Herzens zur Kenntnis zu nehmen. Im Grunde nahm Giersch die Linken bei ihrem eigenen Anspruch: Kann es sein, dass eine Gruppe der Privilegierten einer anderen Gruppe der nicht Privilegierten den Zugang zur Arbeit streitig macht? Das ist pure Macht und das Gegenteil von Solidarität. Könnte es sein, dass die Linken auf der falschen Seite stehen? Sie meinen häufig, sich mit den Entrechteten zu solidarisieren, und stützen doch in Wirklichkeit nur die Privilegierten.

Die Erweckung dem Zusammentreffen mit Herbert Giersch zuzuschreiben, ist eine Erklärung von später. Aber so geht es doch häufig. Den Moment selbst erlebt man nicht als Fügung und Wende. Aber im Nachhinein weiß man: Da hat es sich gedreht. Natürlich war es nicht dieser eine Tag, diese eine Konferenz. Natürlich war es nicht nur der (aus der heutigen Rückschau nicht mehr ganz so bedeutende) Ökonom Herbert Giersch. Als in der Theorie viel wichtiger und dauerhaft prägender würde ich heute Friedrich August von Hayek nennen. Praktisch und in der täglichen Arbeit wichtig war für mich auch Hans D. Barbier, damals Chefideologe des *FAZ*-Wirtschaftsressorts und Schüler Herbert Gierschs.

So also war aus dem Linken ein Liberaler geworden. Fortan musste er mit dem Vorwurf der Kälte leben. Es fehlt das Herz, sagen die anderen. Es ist vor allem *ein* ungünstiger Umstand, der es dem Liberalismus so schwer macht, emotionale Zustimmung zu finden. Man sieht immer nur die Hälfte des Sachverhalts. Man sieht die Hartherzigkeit, die fordert, der Arbeiter müsse einen marktgerechten Lohn (das muss nicht, kann aber heißen: einen geringeren Lohn) akzeptieren. Was man nicht sieht: Die linke Solidarität könnte dazu führen, dass einer, der bislang Arbeit hat, seine Arbeit verliert. Soll das das Ergebnis unserer Solidarität sein? Man sieht den Ausbeiner im Schlachthof, der dort für 4 Euro 50 arbeitet. Und das Herz jedes empfindsamen Menschen sagt, das mag weder ich, noch darf eine Gesellschaft ihm das antun. Sein Arbeitgeber wird ihm doch wohl 8 Euro 50 bezahlen können. Was man nicht sieht: Selbst wenn die Schlachterei ihren Ausbeiner auch bei 8 Euro 50 im Schlachthof behält, weil die Auftragslage gut ist – womöglich hätte sie in dieser guten konjunkturellen Situation sogar noch mehr Ausbeiner angestellt, wäre sie nicht an den überteuerten Mindestlohn gebunden. Will sagen: Auch wenn der Mindestlohn nicht zwangsläufig Arbeitslosigkeit schafft, kann er gleichwohl Schaden anrichten – denn er verhindert, dass mehr Menschen zusätzlich in Lohn und Brot kommen. Wer wollte diesen Zusammenhang beweisen. Wird ein Arbeiter entlassen, werden die Linken nie zugeben, dass das auch an den zu hohen, weil nicht an der Produktivität orientierten Löhnen liegen könnte. Sie werden sagen, der Fabrikant entlasse Leute, weil er eine billigere Maschine gefunden habe oder weil er mehr Gewinn machen wolle. Man kann nicht den Beweis führen, dass etwas nicht eintritt, was andernfalls eingetreten wäre.

Deshalb hat es der Verstand so schwer, gegen das Herz anzukommen. Das Herz kennt nicht nur Gefühle, die dem Verstand abgehen. Das Herz hat immer konkrete, lebendige Bilder zur Hilfe, die als anschauliche Beispiele ihre Wirkung nicht verfehlen: den schwitzenden Ausbeiner in Mecklenburg, die ausgemergelte Näherin in Bangladesch, die zu jämmerlichen Löhnen und unzumutbaren Bedingungen zu arbeiten gezwungen ist. Die sieht man und meint verstanden zu haben. Der Verstand dagegen hantiert mit abstrakten Konsequenzen, mit unerwünschten Folgen und fragt: Wärt ihr auch bereit, die Arbeitslosigkeit der Näherin zu akzeptieren, die ihr droht, wenn ihr ihr den Mindestlohn erhöht? Womöglich müsste sie zurück in ihre Familie, die sie ausgeschickt hat, Geld zu verdienen. Womöglich wird sie dann als Prostituierte Geld verdienen. Das erscheint vielen nicht nur als eine abstrakte Wenn-dann-Beziehung, sondern sogar als demagogische, interessengeleitete Drohung des Kapitals. Man kann jeden schlechten Zustand rechtfertigen, wenn man ihn mit einem noch schlechteren Zustand vergleicht, sagen sie dann. Stimmt. Aber ökonomisches Denken ist Denken in Alternativen. Der linke Moralismus hat Alternativen nicht nötig. Dafür hat er seine wirkmächtigen Pathosformeln.

Das Herz hat die Bilder. Der Verstand hat sie nicht. Und die Bilder suggerieren, dass sie und nur sie die Wahrheit aussprechen. Das erinnert an eine Figur aus George Bernhard Shaws »Die heilige Johanna der Schlachthöfe«, die, als sie von der Theorie hört, dass die Erde rund sei und sich um die Sonne drehe, ausruft: »Was für ein Narr! Hat er denn keine Augen im Kopf?« Nicht anders argumentieren die linken Freunde der Sichtbarkeit, wenn sie sagen: Ihr Kaltherzigen. Seht ihr nicht, wie schlecht es dem Ausbeiner geht! Wollt ihr ihm den Anspruch auf einen Mindestlohn wirklich verwehren und euch an ihm versündigen?

So bin ich dann ein Liberaler geworden. Einer, der sich immer mehr radikalisierte. Ich rannte an gegen die trügerischen Bilder des Herzens, suchte sie in die Aporie zu zwingen, wurde zunehmend kämpferisch – und ließ vor allem einen Anspruch fortan nicht zu: das Monopol der Linken auf die Gerechtigkeit. Das ist ein historisch folgenreicher Sieg der Linken, den Eindruck zu erwecken, dass sie Moral und die Gerechtigkeit gepachtet hätten. Respekt, dass dieser semantische Sieg gelungen ist! Den Liberalen (gar den Rechten) unterstellen sie dagegen stets mindere, egoistische Motive und natürlich ein parteiliches Engagement für die Unternehmer, die Reichen, die Herrschenden oder schlicht für sich selbst, die eigenen Privilegien. In der gängigen Weltkarte sieht die

Welt so aus: Hier die Linke, die dem Gemeinwohl verpflichtet ist, die Armen und Schwachen im Blick hat, die an der wachsenden Ungleichheit der Gesellschaft leidet und um der Gerechtigkeit willen diesen unzumutbaren Zustand durch politische Maßnahmen verändern und verbessern will. Auf der anderen Seite die Liberalen und Konservativen. Sie leiden nicht am Status quo, denn dieser nützt ja den Privilegierten. Die liberalen Intellektuellen sind die Steigbügelhalter des Kapitals, rechtfertigen die ungleiche Gesellschaft, preisen den individualisierten Egoismus. Und so weiter. Gute gegen Böse. Eine gnostische Weltsicht, in der klar ist, wo gut, wo böse, wo Licht und wo Dunkelheit ist. Universale Interessen versus Partikularinteressen. Allgemeinwohl versus das Wohl der Herrschenden. Der semantische Sieg gehört der Linken. Ich habe diese semantische Arroganz Jahrzehnte lang geteilt.

Jetzt nicht mehr. Ich hatte mir vorgenommen, den Alleinvertretungsanspruch der Linken auf Gerechtigkeit künftig streitig zu machen. Der Liberalismus ist gegen Monopole als ungerechtfertigte Zentren privater Macht. Auch das linke Monopol ist so ein Machtzentrum. Man kann es schleifen, ohne damit einen neuen Alleinvertretungsanspruch für sich selbst zu behaupten. Man kann es auch anders sagen: Ich hatte mir vorgenommen, das Ziel einer gerechten Gesellschaft aus dem »alten Glauben« mitzunehmen und mir die Ernsthaftigkeit dieses bleibenden Auftrags von den Linken nicht absprechen zu lassen.

III. Warum Freiheit schwer zu ertragen ist und Platos Höhle ein Sehnsuchtsort bleibt. Warum Konvertiten (keine) Verräter sind und was die Kerzenindustrie an der Sonne auszusetzen hat.

Dass Wertenscheidungen immer etwas von einem religiösen Akt an sich haben, kann man bei William James nachlesen: Man springt in sie hinein und probiert aus, ob und wie weit sie tragen. Diese Beschreibung ist nicht unerheblich, benennt sie doch eine die Rationalität umkehrende Reihenfolge. Nicht, dass wir zuerst ins Theorieseminar des Lebens gingen, um herauszubekommen, was für ein Mensch wir sein wollten und welche Einstellungen, Präferenzen und Werte dazu gehören, und anschließend unser linkes Mitgliedsbuch beantragen. Es läuft anders herum: Wir haben uns einfach ins Milieu hineinbegeben, wo dann die Übernahme des dort geltenden Wertehimmels – nicht ganz starr, aber auch nicht einfach frei gestaltbar – im Eintrittspreis enthalten ist, oder, besser, von den anderen Mitgliedern erwartet wird. Die Übernahme von politischen oder moralischen Werten hat damit immer etwas von einem Glaubensakt. Es ist ein quasi natürliches Gerufensein.

Links zu sein, wäre so gesehen immer auch der Eintritt in eine Glaubensgemeinschaft. Das war mir durch meine Prägung in einer katholischen Kirchengemeinde nicht fremd. Christ wird man ja auch nicht durch einen Akt der Entscheidung, auch wenn die Taufe das so darstellt. Den Willensakt übernehmen die Paten und die Eltern, während der unmündige Täufling schläft, quiekt und alles über sich ergehen lässt. Und wenn er aufwacht, findet er sich als Mitglied der Gemeinde vor. William James' »Will to believe« folgt dem lateinischen Spruch: *primum vivere, deinde philosophari.* Erst kommt das Leben, dann kann man sich dran machen, es zu verstehen. Man lebt nach vorne und versteht – hoffentlich – im Blick zurück einiges davon. Begännen wir mit der Reflexion, kämen wir nie zum Leben, ähnlich jenem Tausendfüßler, der anfing, seine Beine zu zählen und immer auf der Stelle trat.

Das hat Konsequenzen. Man kommt zwar leicht in die Glaubensgemeinschaft hinein, aber nur schwer wieder aus ihr raus. Genau dieses aber wissen wir beim Eintritt noch nicht, der sich ja im Raum vorreflexiver Willenstendenzen ereignet. Da sind wir mit dem Gedanken an den Eintritt beschäftigt; es wäre widersinnig, an Austritt zu denken, wenn wir uns gerade erst mit der Haltung, den Pflichten und Belohnungen des Eintritts innerlich herumschlagen. Die Zugehörigkeit schafft Bindung und verlangt Loyalität. Zum Dank gibt es jene Wärme, die sich die Gemeinschaft ins alternative Programm geschrieben hat. Man spricht eine gemeinsame Sprache, teilt gemeinsame Überzeugungen, hat gemeinsame Gegner, bewundert die tonangebenden Peers. Kurzum: Der Zustand der Zugehörigkeit, einmal angekommen, erscheint, gewiss nicht wie das Paradies, kommt aber doch in einer gewissen Endgültigkeit daher. Fortan heißt die Devise, frei nach Rudolf Augstein: »Im Zweifel links«.

Diese Bindung und Zugehörigkeit macht den Austritt schwer. Wer sich irgendwann dazu entscheidet, die Glaubensgemeinschaft zu verlassen, muss sich angesichts seiner »Entbindung« den Vorwurf der Illoyalität gefallen lassen, um das Mindeste zu sagen. Und zwar nicht nur vor und von den anderen, sondern, meist noch viel schmerzhafter, von und vor sich selbst. Diese strenge Gewissensprüfung akzeptiert die Rechtfertigung nicht, man sei beim Eintritt in das Wertemilieu ja noch jung gewesen, habe die moralische oder philosophische Implikation seiner vorreflexiven Willensentscheidung noch gar nicht übersehen, habe im tätigen Ausprobieren des linken Lebensentwurfes gemerkt, dass er doch nicht zu einem passe, dass man sich in der Zwischenzeit weiterentwickelt habe, man gereift sei und so weiter. All diese Begründungen, die um Zustimmung zum Austritt betteln, werden einem als billige Rationalisierungen um die Ohren gehauen: Glaube ja nicht, dass sie dein schlechtes Gewissen erleichtern könnten, auch wenn du dir das davon erhoffst! Martin Walser nannte im Rückblick seine radikal-linke Zeit »die zweite religiöse Erfahrung seines Lebens nach dem Katholizismus«.

Warum verlässt einer seine Werteüberzeugungen, wenn sie ihm doch bisher Orientierung und Halt im Leben gegeben haben? Und da es, wie wir gesehen und erfahren haben, nicht (oder wahrscheinlich nur im geringeren Umfang, als man denkt) um kognitive Haltungen geht, sondern um ganzheitliche Lebensformen, die eine irgendwie geartete Zugehörigkeit zu einer Gemeinde voraussetzen, macht das den Austritt noch schwieriger. Aber, so viel ist schon klar, allemal wird der Übergang, die Passage, mit einer Krise verbunden sein.

Ich kann die Frage freilich auch ganz anders stellen: Woher kommt eigentlich dieses so erstaunlich festsitzende schlechte Gewissen, das den Abschied vom alten Glauben begleitet? Woher die Haftkräfte an eine Prägung, die doch verdammt lang her ist und je länger je deutlicher ihre Täuschungen, intellektuellen Schwachstellen und Verzerrungen nicht verbergen konnte? Woher die ganze Seelenpein, die mit dem Beginn des autonomen Denkens verbunden war, dass es jetzt sogar auch noch dieses Buches als Akt der Bearbeitung bedarf? Es ist ja offenbar nicht so einfach, die biographische Entwicklung als normalen Reifungsprozess zu erzählen, der mich aus der Welt der romantischen Mythologie der wärmenden Herzen in die reale Welt geführt hat, die kalt nur denen erscheint, die bis heute ihre romantische Behaglichkeit nicht aufgeben wollen. So geht doch Erwachsenwerden, oder? Ist die gewissensgebissene Reaktion nicht mindestens so erstaunlich, die von mir verlangt, ständig dem alten Umfeld beweisen zu wollen, *kein* anderer geworden zu sein, immer noch an den Idealen der Gerechtigkeit festzuhalten – nur jetzt im neuen theoretischen Gewand der liberalen Tradition? Merkwürdig.

Vielleicht helfen die Frauen weiter – waren wir doch früher schon auf den merkwürdigen polit-erotischen Zusammenhang gestoßen, zwischen früher linker Wertebindung und ersten Bindungen an einen Liebespartner. Ich fahre zu Anna nach Stuttgart. Mit Anna und ihrem heutigen Freund Thomas (sie kannten sich schon in der Tübinger WG vor vierzig Jahren, sind seit zwanzig Jahren ein Paar, leben an unterschiedlichen Orten in Deutschland, nennen sich liebevoll »I Sposi«, die Verlobten) verbindet mich eine langjährige Bekanntschaft. Thomas ist ein alter treuer Freund aus der *Kuckucksei*-Zeit, der Kontakt ist in all den Jahren nie abgebrochen. Thomas hat sich nie zu meiner Werte-Wende geäußert. Ich weiß im Grunde nicht, was er dazu denkt. Einerseits ist ihm das Politische wohl heute nicht mehr so wichtig wie damals. Gleichwohl bin ich mir sicher, würde er meine heutige Weltanschauung auf keinen Fall teilen, hat aber keine große Lust auf den Konflikt (hatte er noch nie). Er nimmt zur Kenntnis, was ich denke und schreibe, liest natürlich die *FAZ*. Aber er schweigt.

Bei Anna ist das anders. Für Anna bin ich seit Jahren, politisch intellektuell gesehen, ein permanentes Ärgernis. Kaum sind wir zusammen, eröffnet sie eine mich konfrontierende Debatte, die rasch in eine Art höflicher Streiterei ausartet. Dass ich den Markt völlig überschätze, ja überhöhe, findet sie. Dass der Staat durchaus seine Berechtigung habe als Ausdruck des Bürgerwillens und der politischen Gestaltung und dass ich dafür keinen Blick habe. Sie findet, der Konsum stehe heute überall im Vordergrund, und dass man es damit übertreibe, wenn der Konsum zum Lebenszweck werde. Das sei in den siebziger Jahren anders gewesen.

Für sie sei auffallend, sagt Anna, dass in den Siebzigern und unter den damals Linken die intellektuelle Auseinandersetzung, die Meinungen, Ideen, Ideologien, Ansichten wichtiger waren als die materiellen Dinge, während es heute umgekehrt sei. Es gibt nur wenig Interesse an Diskussionen und kritischen Betrachtungen, dafür spielen die materiellen Güter eine große Rolle. »Dass ich auch gerne ›konsumiere‹, etwas kaufe, kann ich nicht abstreiten.« Wenn Menschen ganz auf »Konsumenten«, Verbraucher oder Nutzer reduziert würden, bekomme es etwas Passives, Abbauendes, Zerstörendes, Kopfloses.

Anna ist ein, zwei Jahre älter als ich, Biochemikerin. Interessant, dass sie, die sie ein »materialistisches« Studienfach gewählt hat, sich doch mit großem bohrendem Ernst zum »Geistigen« hingezogen fühlte. Sie habe Biochemie studiert, weil sie in der damaligen Zeit, in der alles kritisch werden musste, alles bei theoretischer Betrachtung ins Wanken geraten sei, keine Orientierung, keinen Halt oder Wertmaßstab finden konnte. »Wonach sollte ich urteilen, werten?«, fragt sie. Damals schien ihr der Rückgriff auf etwas »Materielles«, auf Substanz, die vielleicht leichter zu verstehen ist, ein Ausweg. Zu wissen, wie der Geist funktioniert, wie das menschliche Gehirn tickt, hätte vielleicht helfen können. Das habe sich natürlich schnell als Trugschluss gezeigt.

In Tübingen damals in den Wohngemeinschaften habe ich Anna nicht wahrgenommen. Aber über ein paar Ecken ist der Kontakt in all den Jahren immer geblieben. Anna war damals eben schon links, was bei Naturwissenschaftlern weniger selbstverständlich war.

»Es ging uns damals gegen das Geldorientierte, Gewinnorientierte, den Konsum. Es ging uns um den Geist. Jeder von uns wollte Forscher und Wissenschaftler werden. Das Schlimmste, was uns beruflich hätte passieren können, wäre Pharmavertreter gewesen.« Pharmavertreterin ist sie deshalb natürlich nicht geworden. Forscherin wollte sie auch nicht werden. Es kam eine Ehe, eine Tochter. Seit vielen Jahren arbeitet sie nun schon als Lektorin bei einem Stuttgarter Verlag. Ein paar Jahre war sie im Betriebsrat, hat familienfreundliche Arbeitszeitmodelle verhandelt. Ab und zu lässt sie sich auch in einer politischen Gruppe blicken, die konkrete kommunale Arbeit macht, wo man aber auch über die Gefahren diskutiert, die vom Freihandelsabkommen TTIP ausgehen.

Ich besuche Anna an einem ruhigen Spätsommertag 2014 in ihrer schönen Dreizimmerwohnung in einem Hinterhaus im Stuttgarter Osten. Früher war das ein Arbeiterbezirk. In den achtziger Jahren sind dann Jüngere dorthin gezogen, haben das Viertel aufgefrischt. Gentrifiziert wurde diese Gegend nicht, anders als der Stuttgarter Süden und Westen. Anna hat die Wohnung irgendwann gekauft. Sie wird hier nicht weggehen wollen, auch wenn sie bald pensioniert wird und dann mit Thomas zusammenziehen könnte. Es gibt Käse aus dem Ökoladen. »Das Kritische war damals links«, sagt sie, »ich habe das übernommen. Es war gewissermaßen das Milieu, in das ich hineingewachsen war und das mir auch sympathisch, nah war.« Richtig aktiv sei sie nicht gewesen, »dazu war ich zu zweifelnd, unsicher.« Die Anführer, Männer, habe sie bewundert, ein wenig, aber vor allem sich gewundert, wie man sich so sicher sein könne. »Wenn ich mir vorstelle, dass ich in der Nazizeit aufgewachsen wäre, hätte es Kraft gekostet, nicht mitzumachen.« Ein bisschen erschrecken wir beide bei diesen Sätzen, nehmen sie dann aber nicht zurück.

Nein, natürlich war es nicht »alternativlos«, in den siebziger Jahren ein Linker zu werden. Aber man muss sich doch zuerst irgendwo geistig einrichten, bevor man es infrage stellt. Und die Alternativen, wo man sich auch hätte einrichten können, waren blass oder verbrannt. Es hätte jedenfalls gehörig Kraft gekostet, damals nicht links zu werden. Wir verübeln uns das auch gar nicht. Aber Anna verübelt mir die Wende zum Liberalismus, meine heutige Weltsicht. Anna sagt, irgendwie sei sie heute immer noch links und dass ihr das auch wichtig sei.

Tags darauf schickt Anna mir eine Mail. Nach unserem Gespräch sei sie sich plötzlich auch nicht mehr so sicher gewesen, worin eigentlich ihr heutiges Linkssein bestünde. »Heute wird links ja stark sozial, im Sinne von helfend interpretiert«, schreibt sie, »Begriffe wie Selbstbestimmung, Emanzipation etc. spielen kaum noch eine Rolle. Na ja, es wäre noch einiges zu diskutieren.«

»Verräter.« Stets höre ich in all den Debatten diesen Vorwurf. Bei Anna am stärksten. Bei Karin auch, einer Freundin aus der Berliner Szene. Der Vorwurf des Verrats kommt von den Frauen (andere Wendemänner berichten mir das auch). Darin schwingt mit: Opportunist, Karrierist. Was ist ein Verräter? Ein schwerer Vertrauensbruch. Brechts Galileo Galilei, ein Held, ist ein typischer intellektueller Verräter. Er verrät Wahrheit und Wissenschaft, wenn er sich aus Angst der päpstlichen Autorität beugt. Er ist darin, bei Brecht, Vorläufer jenes kommunistischen Helden, der zum Verräter wird, wenn er aus »materialistischen« Motiven das utopische Ideal leugnet. Es sich bequem macht. Seine Überzeugungen hinter sich lässt.

»Mach halblang«, sagt Anna. Es geht auch drei Nummern kleiner. Verrat wäre ihr viel zu heroisch. »Verrat ist für mich schon gar keine Kategorie«, sagt sie. »Was du als Vorwurf von mir empfindest, geht im Grund von dir aus«, wirft sie mir entgegen. Es sei mein schlechtes Gewissen, mich vom Linkssein abgewandt zu haben, mit dem ich mich in die Rechtfertigungshaltung bringe. Anna hat recht.

Immer wieder kommt sie darauf, dass sich die Welt vom

Idealistischen zum Materialistischen und Egoistischen hin entwickelt habe. Marken, Statussymbole, der schöne tätowierte Körper, all diese Äußerlichkeiten spielen aus ihrer Sicht heute eine viel zu bedeutende Rolle. »Wenn du nicht durchtrainiert bist, hast du keine Chance.« Und dass ich den Egoismus auch noch gut finde, das kann sie nicht verstehen. »Für mich gab es immer schon einen Widerspruch zwischen deiner Art – menschenfreundlich, zuvorkommend, zugewandt, von der ich glaube, dass sie deine grundsätzliche Haltung ausdrückt – und deiner politischen Meinung, die mir, grob gesagt, eher berechnend, egoistisch, eben nicht menschenfreundlich erscheint.«

Da haben wir es! Annas Schmeicheleien (»menschenfreundlich«) machen die Sache nur noch unerträglicher. Wer menschenfreundlich ist, der darf kein Liberaler sein. Es ist mir in all unseren vielen Gesprächen der vergangenen Jahre offenbar nicht gelungen, ihr gegenüber den menschenfreundlichen Kern des Liberalismus verständlich zu machen. Bei ihr ist die Sache umso schlimmer, weil sie mir im Prinzip gewogen ist. Das Urteil – egoistisch, berechnend – hält sich hartnäckig. Es ist mir auch nicht gelungen, das Menschlich-Allzumenschliche der Kosten-Nutzen-Wägung rüberzubringen: Nicht nur, dass wir, wenn wir ehrlich sind, alle ständig Kosten-Nutzenerwägungen (»Denken in Alternativen«) anstellen – wie viel will ich »investieren«, mich einem neuen Partner zu nähern? Was bringt der Wechsel zu einer neuen Arbeitsstelle? Was gebe ich auf? Was soll überhaupt verwerflich daran sein, einander (auf dem Markt, in der Liebe) offen und ehrlich zu sagen, was man von einander erwartet, und nicht zu verschweigen, dass es einen Preis hat, wenn man sich aufeinander einlässt (auf dem Markt, in der Liebe)? Man lügt sich andernfalls doch in die Tasche. Gerade in der Liebe, erwidert Anna noch einmal, dürfe es kein Aufrechnen geben, das sei etwas Unbedingtes.

Da hilft nur: Noch einmal von vorne anfangen, möglichst voraussetzungslos das liberale Bekenntnis durchbuchstabieren. Eine Apologie des Liberalismus ist nicht gerade das, was der Zeitgeist derzeit auf dem Schirm hat. Umso nötiger ist es.

Am Anfang steht das Individuum. Und sonst gar nichts. Wenn man zu viel Freiheit in den Hals kriegt, kann einem übel werden. Einem deutschen liberalen Philosophen, Wolfgang Kersting heißt der Mann, ist es so ergangen. Heute, bald siebzig Jahre alt und nach einem erfüllten Leben im Kampf für die Freiheit, sagt er: »Ich leide seit einiger Zeit an etwas, das man als publizistischen Überdruss bezeichnen kann. Um eine magnetistische Metapher zu gebrauchen: Freiheit, Gerechtigkeit – all diese moralischen Großworte unserer politisch-kulturellen Selbstverständigung ziehen mich nicht mehr an, sondern stoßen mich wirkungsvoll ab. Ich habe daher – wie sage ich es am besten? – meine Mitwirkung am politischen Diskurs eingestellt.« So kann es gehen. Freiheit ist unteilbar, sagt man gerne. Aber wer von ihr redet, muss auf die Dosierung achten.

Mit der Freiheit verhält es sich nämlich ein bisschen so wie mit George Bernhard Shaws Erde, die sich um die Sonne dreht. Die Idee mag ja richtig sein, man sieht es nur leider nicht und hat deshalb Mühe, an die Theorie zu glauben. Das Gegenteil, dass nämlich die Sonne sich um die Erde dreht, ist viel näher liegend. Man kann es jeden Tag mit eigenen Augen erleben.

Freiheit sei eines jener Gefühle, die man schnell vergisst und die einen überraschen, wenn sie wiederkehren, heißt es in einem Roman von Bodo Kirchhoff. Man kann sich so sehr daran gewöhnen, dass man sie gar nicht mehr wahrnimmt. Dabei brauchen wir sie doch stets, vor allem als Voraussetzung der Selbstverwirklichung. Wie könnte sich das Selbst verwirklichen, wäre es nicht frei? Man sollte die Freiheit deshalb auch begrifflich nicht begrenzen, ihr vorschreiben, was sie darf und was sie nicht darf. Das wäre ein Selbstwiderspruch im Begriff. Freiheit ist Freiheit, nicht Gleichheit oder Fairness oder Gerechtigkeit oder Kultur, oder menschliches Glück oder ein ruhiges Gewissen, schreibt Ralf Dahrendorf. Freiheit folgt einem anarchischen Impuls, mutet mangelhaft und seltsam unausgefüllt an. Man kann die Freiheit auch missbrauchen, keine Frage, aber das ist kein Einwand gegen die Freiheit, sondern eine Frage an die Moral unseres Handelns.

Ich will es nicht überinterpretieren, will die Kontinuität nicht überdehnen. Doch zwischen Marcuses »Versuch über die Befreiung«, meinen Schwärmereien für die »Theologie der Befreiung«, und der Rede des Liberalen heute über die Freiheit gibt es nicht nur Brüche, sondern auch innere Verbindungen. Aus dem tastenden Flirt mit der Befreiungsbewegung ist das Bekenntnis zur Freiheit geworden. Wahrscheinlich sind viele Überzeugungen, die wir im Leben uns angeeignet haben, Früchte eines solchen Prozesses.

Aber Freiheit ist nicht Befreiung. Es ist sogar der größte Gegensatz zwischen beiden, es sei denn man nennt Freiheit auch Selbstbefreiung. Andernfalls aber setzt Befreiung einen Befreier voraus, der weiß, wo es langgeht. Und die anderen folgen ihm. Alle Befreiungsbewegungen brauchen einen Führer. Das ist ihr Unglück. Befreiung hat ein Kollektiv, Freiheit ist individuell. Befreiung ist autoritär, Freiheit ist antiautoritär, zuweilen sogar anarchisch.

In einer Rede zur Annahme des Ehrendoktors der Universität Toronto im November 1994, die er sein »short credo« nannte, warnte Isaiah Berlin, damals bereits in biblischem Alter, man dürfe die Gefährlichkeit der Ideen solcher Führer nicht unterschätzen. Der Befreier ist davon überzeugt, dass es eine ideale und gute Gesellschaft gibt und dass er den Weg dorthin kennt. Nur die Dummen und Böswilligen, denen Vernunft oder guter Wille fehlt, können sich dem widersetzen. Die, die sich widersetzen, müssen überzeugt werden. Lassen sie sich nicht überzeugen, müssen sie durch Gesetze gezwungen werden, äußerstenfalls verbunden mit Gewalt. Alles in bester Absicht zum Zwecke der Durchsetzung des guten Ziels. So geht die Logik der Befreiung. Freiheit versteht sich hier als Einsicht in die Notwendigkeit. Die Logik der Befreiung ist aus Sicht Berlins das Drama des 20. Jahrhunderts. Berlin hofft, das 21. Jahrhundert werde sich dieser Logik nicht unterwerfen.

Freiheit hat keinen Befreier, außer dem Selbst. Wozu sich das Selbst bestimmt, ist seine und nur seine Sache. Freiheit ist darin wirklich radikal negativ, sie lässt sich ihre Ziele von niemandem vorgeben, setzt sie sich selbst. Deshalb ist Freiheit eine anstrengende Angelegenheit. Niemand wusste darüber besser Bescheid als die französischen Existentialisten, Jean-Paul Sartre und seine Freunde. Freiheit lässt sich nicht lehren. Man muss sie sich nehmen. »Ich bin so frei«, sagt der Kaufmann im Schwäbischen und nimmt sich das Geld, das ihm für seine Ware zusteht. Aber über Freiheit lässt sich natürlich reden; das ist die Philosophie des Liberalismus. Und auch der Liberalismus, sagt Isaiah Berlin, muss sich der Gefahr aller Heilslehren bewusst sein. Liberalismus muss den anderen die Freiheit lassen, sich dem Liberalismus nicht anzuschließen. Alles andere wäre Verrat an der Idee.

Die Freiheit sieht man nicht. Die Ungleichheit spürt man sofort. Sie ist konkret. Dass mein Nachbar mehr verdient als ich, ist kein Geheimnis, auch wenn man in Deutschland über Einkommen und Gehalt nicht spricht: Ich muss mir nur seinen SUV anschauen, dann weiß ich alles (selbst wenn es nicht stimmt). Deshalb glauben mehr Menschen an die Gleichheit als an die Freiheit, weil Ungleichheit schwer zu ertragen ist.

Zwischen Freiheit und Gleichheit ist keine vollkommene Vermittlung denkbar. Wer vollkommene Gleichheit will, muss die Freiheit der Menschen einschränken, damit die Begabtesten oder die vom Glück besonders Privilegierten nicht den Verlierern davonlaufen. Viele Menschen finden diese Beschränkung der Freiheit richtig. Ich nicht.

Freiheit ist ebenfalls schwer zu ertragen. Ein bisschen Unterstützung, Bindung, Hilfe, Paternalismus wollen wir doch alle. Das ist unser gutes Recht. Die Deutschen wollen sogar, dass der Verkauf von Weihnachtsmännern in den Sommermonaten verboten wird. Als ob sie ihrer eigenen Verführbarkeit, sie könnten mitten im August zum Nikolaus greifen, einen staatlichen Riegel vorschieben müssten. Niemand will die Unfreiheit wählen. Aber viele ahnen, dass allzu viel Freiheit sie überfordert. Das ist der Fluch der Verantwortung. Deshalb ist die Freiheit das Stiefkind der bürgerlichen Aufklärung, während die Geschwister Brüderlichkeit und Gleichheit die Lieblinge der Familie sind. Um Gleichheit und Gerechtigkeit geht es im politischen Alltagshandeln. Freiheit ist den Ausnahmetagen vorbehalten. Regelmäßig tritt sie auf bei Fest- oder Trauerreden. Danach kommt sie wieder in den Fundus. Bis zum nächsten Gedenktag.

Liberalismus ist mehr als Wirtschaftsliberalismus. Auch wenn viele das nicht glauben. Zunächst nämlich beschreibt er ein Lebensgefühl, eine Weltanschauung. Wer es braucht, der kann den Liberalismus auch mit viel Philosophie untermauern, vorzugsweise aus dem Jahrhundert der Aufklärung und vorzugsweise aus Schottland.

Ich denke mir die Welt vom Individuum her. Von meinem eigenen Ich. Neugierig, wie ich bin, bin ich nicht nur an mir, sondern auch am anderen interessiert, beziehe ich mich auf andere. Ich wäge meine Interessen und Bedürfnisse, erhoffe mir von den anderen Hilfe und einen Nutzen. Das muss man nicht denunzieren: Es kann durchaus in meinem Interesse sein, anderen zu helfen, mich gar für sie aufzuopfern. Ist das dann Altruismus? Oder immer noch Egoismus? Es ist jedenfalls falsch, Kampfstrategie der Gegner, Egoismus und Altruismus gegeneinander auszuspielen. Adam Smiths Bäcker und Metzger sind der lebendige Gegenbeweis. Sie backen und wursten aus egoistischem Interesse und befriedigen doch die Bedürfnisse der Menschheit. Was gibt es Altruistischeres?

Aus der Beziehung von Ich und Du entsteht Gesellschaft. Menschen haben Ideen, wie sie leben wollen, setzten sich Ziele, überlegen, was sie erstreben wollen, und tauschen sich darüber aus. Alles kann man nicht haben. Denn alles ist knapp. Knapp ist vor allem die Zeit. Lebenszeit und Weltzeit klaffen auseinander. Wer eine Bali-Reise macht, kann nicht zugleich eine Florida-Reise machen. Wer Journalist wird, kann nicht Architekt werden. Jede Entscheidung impliziert einen Verzicht. So definieren sich die Kosten des Lebens – durch den Wert dessen, worauf man zu verzichten genötigt ist. Das ist ein Naturgesetz, man spricht von Opportunitätskosten. Wer es anders will, der will das Schlaraffenland.

Wenn ich und du untereinander etwas tauschen – Murmeln, Panzer, Bücher – dann entsteht ein Markt, also Wirtschaft. Dafür, dass es ein quantitatives Maß für den Wert von Tauschgegenständen gibt, haben die Menschen das Geld erfunden. Das macht die Dinge einfacher.

Einen Staat braucht es dafür erst einmal nicht. Eine Gesellschaft ohne Staat wäre denkbar. Robinson und Freitag kamen ohne ihn aus. Aber wenn Gesellschaften größer werden, haben sich Staaten als ganz praktisch erwiesen. Es sind freiwillige Verträge, die die Bürger miteinander schließen. Unter dem Schleier des Nichtwissens, wie günstig oder ungünstig das Schicksal mit ihnen später umgehen wird, machen sie Gesetze, vor denen alle Menschen gleich sind. Wollen sie es demokratisch haben, wählen sie sich aus ihrer Mitte heraus eine Vertretung. Dieser Staat garantiert den Bürgern Sicherheit nach außen und innen. Dafür zahlen die Bürger einen Preis, den wir Steuern nennen. Der Staat ist nicht um seiner selbst willen da. Er bezieht seine Legitimation einzig daraus, dass er die Freiheit der Bürger garantiert.

Das ist der liberale Staat. Ihn als Minimalstaat zu denunzieren, ist nicht in Ordnung und leicht zu durchschauen als Propaganda jener, die einen Maximalstaat wollen. Das können Politiker sein, die vom Staat leben. Es können Bürger sein, die über den Staat ihren Mitbürgern Geld aus der Tasche ziehen wollen. Solche Bürger finden sich unter den Unternehmern besonders häufig: Sie spekulieren auf Subventionen, deren Rechtfertigung sie daraus beziehen, dass sie doch Arbeitsplätze schüfen und Gutes für die Umwelt täten. Besonders erfolgreich war die deutsche Wind- und Solarindustrie. Die Politiker machen das mit, nicht weil sie den Unternehmen Geld schenken wollen, sondern weil sie sich Stimmen bei der nächsten Wahl erhoffen.

Der Liberalismus begegnet dem Staat und den Unternehmern gleichermaßen mit Skepsis. Skepsis ist ohnehin ein Grundzug des Liberalismus. Skepsis ist eine Haltung, zu der man etwas älter werden muss. Skepsis kann in Misstrauen umschlagen. Dieses ist womöglich Staat und Wirtschaft gegenüber auch angebracht. Trotzdem mag man misstrauische Menschen nicht, es sind Misanthropen. Misstrauen sollte deshalb nicht zum tragenden Charakterzug von Liberalen werden. Dagegen hilft das Wort des großen liberalen Philosophen Karl Popper: »Optimismus ist Pflicht.« Liberale sind Menschenfreunde, skeptisch, aber keine Misanthropen.

Die Staatskepsis des Liberalismus ist bekannt. Sie ist berechtigt, auch wenn sie häufig in der Kritik steht. Aber wir wissen ja, dass auch demokratische Regime keine »benevolenten Diktaturen« sind, die nur das Wohl des Bürgers im Blick haben, sondern sehr viele partikuläre Interessen verfolgen. Weniger bekannt ist die Skepsis gegenüber den Unternehmen, weil es das verbreitete Missverständnis gibt, die Liberalen seien von einem naiven Vertrauen in den Kapitalismus beseelt. Das ist falsch. Liberale sehen Macht skeptisch, einerlei ob sie vom Staat oder den Unternehmen ausgeht. Das ist der kritische Grundansatz des Liberalismus. Das ist der linke Kern des Liberalismus.

Das meiste Vertrauen, die wenigste Skepsis, haben die Liberalen in den Markt. Das muss man sagen, bevor liberale Weicheier opportunistisch säuseln, dass Liberale auch Marktversagen anerkennen. Mag sein. Aber wahr ist auch: Der Markt als spontanes Arrangement zwischen Wirtschaftsakteuren hat bei Liberalen den größten Vorschuss. Und zwar aus empirischen wie aus theoretischen Gründen. Er ist der Freiheit am nächsten. Er verspricht am ehesten, dass die Menschen ihre Freiheit verwirklichen können und ihren Lebensraum und Wohlstand erweitern dadurch, dass sie die Arbeit mit andern teilen.

Märkte sind spontane Ordnungen. Wir kennen den Autor nicht, der die Ordnung entwarf, den Roman des Weltgeschehens erdacht hat. So etwas kommt in der Welt häufiger vor. Die menschlichen Sprachen (wer hätte es je geschafft, das Deutsche oder das Latein zu erfinden?) oder – in der Welt der Natur – die Kristalle, das sind auch spontane Ordnungen, die man nicht vorher planen kann. (Esperanto als Kunstsprache ist die Ausnahme, hat sich aber nicht durchgesetzt.) Das Universum selbst, sagen viele Naturwissenschaftler, ist Ergebnis einer solchen spontanen Ordnung. Die Idee der spontanen Ordnung zu denken, macht uns große Schwierigkeiten, weil es per definitionem kein Subjekt als Gründungsakteur gibt. Die grammatische Struktur der Sprache setzt aber immer ein Subjekt voraus, dessen Aktionen das Prädikat beschreibt. Oder anders gesagt: Wo es ein Prädikat gibt (einen Prozess, eine Aktion, ein Ergebnis, einen Markt), da setzt die Grammatik automatisch ein Subjekt ein, das die Verantwortung trägt (im Guten wie im Schlechten). Ist solch ein Subjekt nicht auszumachen, behilft die Sprache sich mit einem hilflosen »es«. Weil wir nicht genau wissen, wer für den Regen zuständig ist, sagen wir: »Es regnet.« Dass aber das Universum selbst Ergebnis einer spontanen Ordnung sein soll (wobei das Wort »spontan« ebenfalls ein bisschen hilflos klingt, wo wir die Regeln der Spontaneität nicht kennen), dies zu glauben, fällt uns schwer. Lieber schreiben wir die Welt einem göttlichen Schöpfer zu, der, quasi wie der erste und letzte zentrale Planwirtschaftler des Universums, sich das alles ausgedacht und umgesetzt hat. Abermals sehen wir hier eine Nähe zwischen theologischem und linkem Denken. Niemand hat den Subjekt-Zwang, der von der Grammatik ausgeht, so klar beschrieben wie Friedrich Nietzsche in seiner »Götzen-Dämmerung«: »Ich fürchte, wir werden Gott nicht los, weil wir noch an die Grammatik glauben.« Anders gesagt: In der Grammatik sind spontane Ordnungen nicht vorgesehen. Weil aber die Grammatik unser Denken prägt, hat es der Liberalismus so schwer. In Abwandlung des Nietzsche-Wortes ließe sich sagen: Ich fürchte, wir werden die Linken nicht los, solange wir noch an die Grammatik glauben. Denn wie die Grammatik setzten auch die Linken immer ein zentral planendes »Es« voraus. Spontane Ordnungen sind ihnen nicht geheuer.

Wenn Liberale sagen, Märkte seien spontane Ordnungen, dann behaupten sie damit nicht, dass Märkte quasi vom Himmel fielen. Märkte brauchen ein institutionelles Regelwerk, damit sich der spontane Prozess erst entfalten kann. Zu den wichtigsten dieser Regeln zählen Eigentumsrechte und Rechtsregeln, die Vertragsbeziehungen zwischen den Marktteilnehmern definieren. Die Spontaneität des Marktes könnte sonst auch dazu führen, dass mein Tauschpartner mich übers Ohr haut, mir eine Dienstleistung verspricht, sie aber nicht liefert. Das brächte alles zum Erliegen. Menschen würden es unterlassen, in ein Unternehmen oder auch nur in eine private Immobile zu investieren, wenn sie nicht davon ausgehen dürften, ihr Eigentum sei geschützt, dürfte nicht beliebig entwendet werden.

Garant dieser institutionellen Ordnung ist der Staat. Er schützt Eigentum, regelt Vertragsbeziehungen und hat durch sein Gewaltmonopol die Macht, die Einhaltung der Regeln durchzusetzen und Regelverletzungen im Zivil- und Strafrecht zu ahnden. Wer also behauptet, Liberale bräuchten keinen Staat, der irrt. Liberale wollen nur klar definieren, wo der Staat gefordert ist und wo er nichts zu suchen hat. Er ist sogar als starker Staat gefragt, wenn es darum geht, die Rechtsordnung als Ermöglichungsbedingung von Märkten zu installieren. Er soll sich heraushalten, wenn Marktakteure im Vertrauen auf diese Rechtssicherheit miteinander Geschäfte machen. Das Regelsystem und die Überzeugung von der überragenden Bedeutung von Eigentum und Vertragsfreiheit wurden nicht am Reißbrett entworfen, sie sind selbst Ergebnis einer spontanen Ordnung, hervorgegangen aus einem langen historischen Prozess, der anfing im römischen Recht und über die europäische Aufklärung bis heute seine Ordnungen weiterentwickelt hat. Es war der französische Philosoph Michel Foucault, der diese Dialektik zwischen Wirtschaft und Staat als Ureinsicht des Liberalismus präzise benannt hat: Der Staat gründet seine Legitimität auf die garantierte Ausübung einer wirtschaftlichen Freiheit. »Die Wirtschaft erzeugt Legitimität für den Staat, der ihr Garant ist.«

Liberale denken in Alternativen, blicken nicht nur auf die Absichten, sondern haben auch die Wirkungen im Blick.

Mein Reifungsprozess vom Linken zum Liberalen nimmt genau diesen Zugewinn an Weitsicht für sich in Anspruch. Ich habe gelernt, bei der Beurteilung des Welt- und Marktgeschehens auf die Folgen zu achten, die man nicht sieht. Meine Kriterien der Gerechtigkeit sind dieselben geblieben. Aber sie beziehen die unsichtbaren Konsequenzen ein. Deshalb komme ich so häufig zu anderen Schlüssen als die Linken.

Hören wir, als einfaches und unideologisches Beispiel, das Märchen vom »Unsichtbaren Dritten«.

Können Sie die Wut des Bürgers Hans Maier verstehen, dessen missratener Sohn gerade eine teure Scheibe in dessen neuem Häuschen zerschlagen hat? Maiers Freunde versuchen, den Mann zu trösten und sagen, jedes Unglück sei zu etwas nutze. Immerhin bekomme jetzt die Glasindustrie wieder Aufträge, ein Handwerker freue sich und mit ihm dessen Angestellten. Maier (oder seine Versicherung) gibt Geld aus und kurbelt dadurch die Wirtschaft an. Dem Bruttoinlandsprodukt, in dessen Statistik die Einnahme des Glasermeisters eingeht, ist es egal, ob das Geld von neuen oder zerbrochenen Scheiben kommt.

Diese Rechnung ist korrekt, blickt man auf den Glaser. Sie ist aber nur halb korrekt, wenn man auf Hans Maier blickt. Denn da zeigt sich: Hätte Maiers missratener Sohn die Scheibe nicht zerdeppert, hätte Maier das Geld, das er nun dem Glaser zahlen musste, anderweitig ausgeben können. Er hätte sich oder seinem Sohn etwas zum Anziehen kaufen können, das Geld für den nächsten Urlaub zurücklegen oder sein Haus auf andere Weise verschönern können. Man sage nicht, das sei egal, ob Maier nun die Scheibe bezahlt oder ein paar Anzüge kauft. Denn hätte der Sohn das Unglück nicht bewirkt, hätte Maier am Ende die Scheibe *und* ein paar Anzüge gehabt – also mehr als im Fall der zerbrochenen Scheibe.

Wenn zwei miteinander etwas zu tun haben, Herr Maier

und der Glaser, gibt es dahinter immer den unsichtbaren Dritten, jener Kleiderhändler, der Geld verdient hätte, wäre das Fenster des Herrn Maier heil geblieben. Dieser Dritte, der sich beständig im Schatten hält, ist der große Verlierer unserer kleinen Geschichte.

Was will ich damit sagen? Das Märchen ist weltberühmt, stammt von dem französischen Ökonomen Frédéric Bastiat (1801 bis 1850) und findet sich gleich zu Beginn in dessen Schrift »Was man sieht und was man nicht sieht.« Bastiat ist mir ein Vorbild in Sachen Klarheit. Joseph Schumpeter nennt ihn »den brillantesten Wirtschaftsjournalisten, der je gelebt hat«.

Deshalb gleich noch eine zweite Fabel aus der Feder von Bastiat: die Petition der Kerzenmacher gegen die Sonne. Die Kerzenmacher appellieren an die Abgeordneten des französischen Nationalparlaments: »Wir fordern, Sie mögen ein Gesetz erlassen, das das Schließen aller Fenster, Bodenluken, Dachfenster, Fensterläden, Läden, Vorhänge, Schiebefenster, Bullaugen, Markisen vorschreibt – mit einem Wort, aller Öffnungen, Löcher, Spalten und Ritzen, durch die das Licht der Sonne üblicherweise in die Häuser dringt, zum Nachteil der schönen Industrien, mit denen wir uns schmeicheln, das Land beschenkt zu haben, das doch undankbar wäre, wenn es uns heute in einem so ungleichen Kampf im Stich lassen wollte.« Denn, so die Fabrikanten von Kerzen, Lampen, Kerzenständern, Straßenlaternen, Lichtputzscheren, Kerzenlöschern und von Talg-, Öl-, Harz-, Alkoholprodukten sowie allgemein von allem, was der Beleuchtung dient: Die Sonne bereite ihrer Branche einen unfairen Wettbewerb. Und der Staat sei schließlich dazu da, gleiche Wettbewerbsbedingungen für alle durchzusetzen. Die Sonne ist ein schlechter, ein unfairer Wettbewerber – aus Sicht der Beleuchtungsindustrie.

Die Industrie trumpft mit guten (und uns nicht unbekannten) Argumenten auf, um den Vorschlag der staatlich verordneten Verdunkelungspflicht zu begründen. Es ist ein grandioses Programm zur Ankurbelung der gesellschaftlichen Nachfrage: »Zunächst, wenn Sie soweit möglich dem natürlichen Licht allen Zugang verschließen, wenn Sie so Bedarf an künstlichem Licht erzeugen, welche Industrie Frankreichs würde nicht nach und nach davon profitieren? Wenn mehr Talg verbraucht wird, braucht man mehr Rinder und Schafe, und folglich wird man Weiden, Fleisch, Wolle und vor allem Getreide, Basis allen landwirtschaftlichen Reichtums, wachsen sehen.« So geht das weiter und mündet am Ende in die Forderung nach einem wohl begründeten Protektionismus, weil es schließlich auch unfair wäre, Orangen aus Portugal zu importieren, welche die dortigen Produzenten nur deshalb billiger anbieten können, weil dort die Sonne häufiger scheint und wärmer ist.

Das ist das Argument aller Gleichheitslinken. Der Wettbewerb braucht gleiche Bedingungen. Die Spieße müssten gleich lang sein, heißt es häufig. Die Sonne bringt viel Ungleichheit in die Welt. Sie scheint am Bodensee häufiger als in Hamburg. Sie lässt auf Sizilien Mandeln reifen, aber nicht in Oberbayern. Kein Wunder, das berichtet Friedrich August von Hayek in einem Vorwort zur amerikanischen Ausgabe von Bastiats Schriften, gab es in den dreißiger Jahren ein berühmtes französisches ökonomisches Lehrbuch, das in allem Ernst schrieb, angesichts der aktuellen Unterbeschäftigung und in Einklang mit der Keynes'schen Theorie, wonach Staatseingriffe vielfältige Arbeitsplätze schafften (»Multiplikator«), seien die Argumente der Kerzenmacher völlig korrekt. Bastiats Geschichte der Petition der Kerzenmacher möchte ich allen Gleichheitslinken widmen, sozusagen mit besten Grüßen und Wünschen.

Woher nehmen die Liberalen die Gewähr, dass es auf den Märkten fair zugeht? Sie sagen, es seien die Preise, die den

Markt fair machen. Gut hundert Jahre nach Frédéric Bastiat, im Jahr 1946, hat der amerikanische Journalist Henry Hazlitt den Versuch unternommen, die liberale Auffassung in einem Kapitel unterzubringen. »Economics in one Lesson« lautet treffend der Titel seines schmalen Buches. Die *eine* Lektion, in welche alles passt, lautet: Lass die Märkte nur machen! Lass sie vor allem die Preise machen. Sagen Sie das mal heute auf einer Podiumsdiskussion, egal bei welchem Veranstalter. Danach ist wirklich der Teufel los.

Also folgen jetzt ein paar Absätze zum Lob der Preise. Halten wir uns an Henry Hazlitt. Preise werden bestimmt durch das Verhältnis von Angebot und Nachfrage. Wenn jemand mehr von einem Produkt haben will, bietet er mehr Geld dafür. Der Preis steigt. Das erhöht die Gewinne der Produzenten, die dieses Gut herstellen. Daraus wird dann ein Signal für andere Unternehmer, auch in dieser Branche tätig zu werden, weil es dort ja höhere Preise zu erzielen gibt. Das Gegenteil wird passieren. Weil sich mit mehr Anbietern nun auch das Angebot erhöht als Folge der gestiegenen Nachfrage, werden Preise und Gewinne sinken, bis sie wieder beim allgemeinen Gewinnniveau liegen.

Was die Menschen nachfragen, wissen wir im Voraus nicht. Es ist Ausdruck ihrer Freiheit. Nicht hilfreich ist es zu sagen, es gehe um die Befriedigung von (Grund-)Bedürfnissen. Viele Jugendliche würden heute sagen, der Besitz eines iPhones sei ein Grundbedürfnis (wenn nicht sogar ein Grundrecht); ihre Eltern werden häufig ganz anderer Meinung sein. Man sollte sich deshalb nicht daran machen, Grundbedürfnisse von Luxusbedürfnissen, notwendige von nicht notwendigen Bedürfnissen zu scheiden. Man wird notwendigerweise daran scheitern, weil Bedürfnisse und Präferenzen subjektiv sind, sich im Lauf der Geschichte und von Gesellschaft zu Gesellschaft ändern und ihrerseits auf neue Angebote und Erfindungen reagieren. Vor der Erfindung des iPhone hätten wir nicht gewusst, dass wir das Bedürfnis nach einem iPhone haben. Erst seit das iPhone auf der Welt ist, gibt es auch den Wunsch nach einem iPhone. In meiner linken Vergangenheit hätte ich gesagt, die Konsumindustrie produziert mittels Werbung erst jene Bedürfnisse, die sie hinterher profitabel befriedigt. So könnte ich das auch heute noch sagen; bloß, dass ich das nicht mehr schlimm finde. Weil ich es heute als extrem anmaßend empfände, zwischen wahren und falschen Bedürfnissen zu unterscheiden. Heute spreche ich lieber von »adaptiven Präferenzen« statt von manipulierten Bedürfnissen. Im Ausprobieren des Neuen entdecke ich, was ich wollen will. Das kann man als Kompliment lesen an jene, die das Neue in die Welt bringen. Es sind die Unternehmer, Steve Jobs und seine Kollegen.

Mehr noch: Das Preissystem ist nicht nur ein Geld- und Bezahlsystem, sondern auch ein ganz wichtiges Informationssystem. Es sendet Signale aus. Steigt der Preis, können wir auf höhere Nachfrage und dahinter stehende Vorlieben der Menschen schließen. Daraus wird ein Signal für Unternehmer und solche, die es werden wollen, dass es sich lohnt, in dieser Branche oder bei diesen Produkten oder Diensten tätig zu werden und zu investieren. Die Sache ist aber riskant: Wenn das viele machen, wird es sich bald nicht mehr lohnen, weil die Preise fallen. Zuletzt konnte man das in Deutschland an dem neu entstandenen Markt der Fernbusse sehen. Die waren bis 2013 verboten, weil die staatliche Bahn sich die Konkurrenz auf der Straße vom Hals halten wollte. Mit einem Schlag entstanden nach dem Fall des Verbots viele neuen Busunternehmen, boten Strecken von Aachen nach München und von Berlin nach Freiburg an und unterboten einander bei den Preisen. Bis die ersten Anbieter den Markt verließen, weil sie zu solch niedrigen Kosten die Fahrt nicht mehr leisten konnten. Die »Grenzproduzenten« werden vom Markt verdrängt, sagen die Ökonomen und meinen damit, wer ineffizient wirtschaftet oder die höchsten Produktionskosten hat, verschwindet vom Markt.

Preise sind wirklich eine tolle Angelegenheit. Denn anders als viele meinen, richten sie sich nicht nach den Kosten. Sie richten sich nach der Zahlungsbereitschaft der Kunden, nach der Nachfrage. Anbieter von Markenklamotten, heißen sie Adidas oder Tommy Hilfiger, können hohe Preise durchsetzen, nicht, weil sie so teuer produzieren – sie produzieren ja in denselben Fabriken in China oder Bangladesch wie die Billiganbieter –, sondern weil die Kunden bereit sind, für die Marke mehr zu bezahlen. Mit der Marke kann man sich schmücken, das putzt. Da ist man schon bereit, etwas mehr hinzulegen.

Natürlich haben die Preise am Ende doch etwas mit den Kosten zu tun, wie unser Beispiel des Busunternehmens zeigt. Aber umgekehrt wird ein Schuh daraus: Wenn die Kunden nicht mehr als 15 Euro für die Strecke Berlin-München bezahlen, müssen die Firmen ihre Kostenstruktur anpassen durch Rationalisierung und Effizienzmaßnahmen. Die, die das hinbekommen, bleiben im Markt. Die anderen scheiden aus. Unternehmen müssen ihre Kosten den Preisen anpassen. Nur ARD und ZDF könnten ihre Preise den Kosten anpassen. Warum? Weil ARD und ZDF ihre Preise nicht am Markt durchsetzen müssen, sondern das Recht haben, Zwangsgebühren zu vereinnahmen. Zwangsgebühren sind aber nur ein anderer Name für eine Steuer – in diesem Fall für eine zweckgebundene Steuer. Aber selbst der Staat kann seine Preise nicht beliebig festsetzen – die Zahlungsbereitschaft spiegelt sich hier im Wahlverhalten der Bürger wieder. Darauf müssen Politiker achtgeben.

Akzeptiert man den Preismechanismus als faires Verteilungsprinzip, sind alle Versuche sinnlos, die Menschen auffordern, sie dürften nicht billig kaufen, weil sonst die Arbeiter, die die Produkte herstellen, schlechte Löhne erhielten. Dem Preis eines Produktes, den der Verbraucher bezahlt, kann man überhaupt nicht ansehen, ob die Arbeiter gut oder schlecht behandelt werden. Man kann verlangen, dass Arbeiter gut bezahlt werden – das tue ich auch, würde aber hinzufügen: Gut heißt, in Höhe der Produktivität. Indes lässt sich kein moralisches Argument machen aus der Differenz zwischen Endpreis und darin enthaltenen Arbeitskosten, erst recht nicht mit dem antisemitischen Argument, nur die Arbeitskosten seien »wahre«, akzeptable Kosten, der Rest des Geldes lande bei Zwischenhändlern oder gewinnsüchtigen Kapitalisten. Warum antisemitisch? Weil es eine alte, perfide Unterscheidung bedient (nicht erst seit den Nazis), die zwischen dem »schaffenden« und dem »raffenden« Kapital unterscheidet. Raffend ist der Jude, der Händler, der Spekulant, der dem »Wert« des Gutes nichts Substantielles hinzufügt.

Eingriffe des Staates sind (fast) immer Eingriffe in den Preismechanismus. Statt Gerechtigkeit herzustellen, was ihre meist gute Absicht ist, produzieren sie Ungerechtigkeit. Auch wenn sie Jobs schaffen (die man sieht), verhindern sie in vielen Fällen, dass ohne diese Eingriffe noch viel mehr Jobs entstanden wären (was man nicht sieht).

Statt Wohnungen erschwinglich zu machen, machen Politiker das Wohnen teurer. Die neuerdings wieder in Mode gekommene »Mietpreisbremse« (welch schönes Wort) zeigt das. Wohnungen sind Eigentum wie jedes andere private Eigentum – Autos, iPhones, Musikstücke. Der Eigentümer hat das Recht, mit seinem Eigentum zu machen, was er will. Überlässt er es anderen zur Nutzung, darf er dafür einen Zins (den »Mietzins«) verlangen, als ob er ihnen sein Geld als Darlehen überließe.

Nun ist vielen Mietern die Miete (oder die Geschwindigkeit der Mietsteigerung) zu hoch. Das kann man gut verstehen. Meistens ist dem Nachfrager der Preis zu hoch: Das ist beim Bierpreis auf dem Oktoberfest nicht anders. Gleichwohl würde niemand eine Bierpreisbremse fordern (stimmt nicht ganz: Der Brotpreis war lange Zeit in vielen Ländern staatlich gedeckelt). Das Gefühl und die Wirklichkeit kommen dabei nicht zur Deckung: Auf die Fläche gesehen sind die Mieten hierzulande gar nicht stärker gestiegen als die Inflation, im Schnitt der letzten 15 Jahre sogar ein bisschen weniger. Der Anteil des Nettoeinkommens, der für Mieten ausgegeben wird, liegt seit 30 Jahren bei rund 23 Prozent. Qualität und Größe der Wohnungen sind aber besser geworden. Mit anderen Worten – Mieten ist in Deutschland nicht überproportional teuer; aber die Wohnungen sind schöner geworden. Deutlich gestiegen sind die Mieten in einigen großen Städten – Berlin, Hamburg, München, Frankfurt. Was würde die Preistheorie sagen? Das ist nur gerecht, zeigt der Preis doch, dass viele Leute es offenbar besonders attraktiv finden, in diesen Städten zu wohnen. Wenn das so sehr ihren Präferenzen entspricht, müssen sie auch bereit sein, das Geld dafür aufzubringen – das Leben scheint schließlich für viele am Prenzlauer Berg lebenswerter zu sein als in der Uckermark.

So zu argumentieren, finden viele Menschen zynisch. Sie sagen, die Frage, wo man wohnen möchte, sei nicht zu vergleichen mit der Entscheidung, welches Auto man fährt oder wohin man die nächste Urlaubsreise unternimmt. Und sie fügen hinzu, Wohnraum sei nicht beliebig vermehrbar wie die Zahl der Autos, die BMW produziert.

Da verbirgt sich ein fundamentaler Einwand. Man wirft den Liberalen vor, sie überschätzten die Freiheit. Und zwar ganz konkret. Wo ich wohne, wie ich arbeite, das alles seien Entscheidungen, über die viele Menschen nicht völlig frei entscheiden können. Der Markt setzt in seinem Ideal immer freie

Akteure voraus. Sie reagieren mit Widerspruch oder Flucht, »voice« oder »exit«: Ist mir der Preis zu hoch, fange ich an zu handeln wie ein orientalischer Teppichhändler. Kommt mir der andere immer noch nicht ausreichend entgegen, gehe ich meiner Wege und lasse den guten Mann stehen. Leben wir so in unserem Alltag? Nein. Das muss ich zugeben.

Ich halte trotzdem dagegen: In einer mobilen Gesellschaft wie der unseren sind die Entscheidungen der Lebensgestaltung nicht mehr so starr vorgegeben wie noch vor 50 Jahren. Selbst der Arbeitgeber bestimmt nicht mehr zwangsläufig den Wohnort. Ich kenne viele Menschen, die in Frankfurt arbeiten und in Köln leben (der ICE macht es möglich!) – weniger wegen den Preisen, als weil sie es am Rhein schöner finden oder der Partner dort lebt, oder? Niemand ist gezwungen, in Schwabing zu leben, noch nicht einmal der viel zitierte Briefträger.

Gleichwohl ist am Argument etwas dran, man wechsle seine Wohnungen nicht so rasch wie seine Hemden. Nach der Gerechtigkeitstheorie der Preise müssen die Preise ja auch in Stuttgart und München nicht immer so hoch bleiben. Denn auch die Hausbesitzer investieren lieber in Hamburg oder in München anstatt in der Uckermark oder in Kaiserslautern. Wenn die städtische Bürokratie mitmacht und den Bau neuer Häuser zulässt, wird auch das Angebot an Wohnungen in den schicken Orten zunehmen, was zwingend Auswirkungen auf den Preis hat. Man sage nicht, es gäbe keinen Platz mehr für neuen Wohnraum in Berlin oder Hamburg. Verglichen mit 14 700 Menschen auf einem Quadratkilometer Fläche in Tokio ist in Berlin – im wahrsten Sinne – noch Platz nach oben. Dort leben heute 3700 Bürger auf einem Quadratkilometer Stadt. Aber keine Frage: Es ist zu vermuten, dass Wohnungen in Berlin gleichwohl auf mittlere Sicht teurer bleiben als in Kaiserslautern. Wie gesagt: Dafür lebt es sich in Berlin auch deutlich angenehmer als hinter dem Pfälzer Wald.

Der Markt wird es also schon richten? Ja, in der Tat, so ist es. Zumindest richtet er es besser als der Staat, der der Petition der Kerzenmacher nachgibt. Der Satz, der Markt werde es schon richten, ist so sehr zum Gespött geworden, dass man ihn nur noch verteidigen kann.

Die Spötter müssen sich die Frage gefallen lassen, wer es sonst denn richten wird? Denn im Gespött ist stets ein autoritärer Gestus verborgen. Nicht der Markt, sondern die Intellektuellen oder die Regierung oder die Regierung, beraten von den besten Intellektuellen. Es ist die Anmaßung des Wissens durch die Linken, der mein tiefes Misstrauen gilt. Der Staat will durch die Deckelung der Miete die Mieter vor Wucher und Ausbeutung schützen. In Wirklichkeit beschützt er lediglich eine privilegierte Gruppe von Mietern – jene, die schon eine Wohnung haben, deren Mieten jetzt nur noch um einen bestimmten Prozentsatz erhöht werden dürfen. Neue Wohnungen sollen von der Deckelung ausgenommen werden, da der Staat Angst hat, die Bremse könnte den Bau neuer Wohnungen verhindern. Beim Neubau werden dann Marktpreise verlangt werden. Die Folge ist eine tiefe Spaltung der Mieterschaft. Der gut verdienende »altlinke« Rechtsanwalt, zur Miete im Frankfurter Nordend, wird vor Preiserhöhungen geschützt. Die junge Familie, die eine größere neue Wohnung im neu gebauten Frankfurter Europaviertel findet, zahlt saftige Mieten. Schlimmer noch: Im Nordend ist es viel schöner, gibt es viel mehr gewachsene Wohnqualität als im Europaviertel. Je länger die Bremse in Kraft ist, umso schlimmer werden die spaltenden Auswirkungen. Hätte man es besser den Preis regeln lassen! Der Markt hat seine eigene Moral, den Preis.

What's left? Lange dachte ich, ich könne mich um eine Definition drücken. Denn Begriffsdefinitionen sind in aller Regel wenig ergiebig. Zumal wenn, wie in der gebräuchlichen politischen Dreiecksbeziehung, eine Abgrenzung zwischen links, rechts und liberal schon so oft versucht wurde und jedes Mal neuer Originalitätsdruck entsteht. Ist ein russischer Kommunist, der im Jahr 1988 alles daransetzt, die Sowjetunion zu erhalten, links, weil er Kommunist ist oder konservativ, gar restaurativ, weil er ein altes System stützt, dessen Apokalypse kurz bevorsteht? Schnell landet man bei Giuseppe Tomasi di Lampedusas Diktum aus dem »Leopard«: »Wenn alles bleiben soll, wie es ist, muss alles sich ändern.« Oder man hält es gleich mit Ernst Jandls »lichtung«: »manche meinen lechts und rinks kann man nicht velwechsern. Werch ein illtum.«

Die Verwirrung wird perfekt, denkt man daran, dass in den USA »liberal« stets »links« meint, weil die Linken – das sind in Amerika die Demokraten – den Begriff »liberal« erfolgreich erobert haben. Dagegen heißen die Liberalen in den USA »libertarians«, ein Begriff, der seine Künstlichkeit nie ablegen konnte und hierzulande zu stark anarchisch klingt, mit einem Schuss ins Verantwortungslose. Hatte »liberal« auch in den USA einstmals bürgerliche Unabhängigkeit und individuelle Freiräume bedeutet, so konnten die »Progressiven« den Begriff innzwischen radikal umdeuten. Im 20. Jahrhundert, so schrieb der Philosoph John Dewey am Anfang des 20. Jahrhunderts, seien die freiheitlichen Ziele des Liberalismus nicht mehr mit dem Vertrauen auf Selbstkoordinierung der Märkte zu erreichen, sondern nur durch das Gegenteil der Mittel, denen der frühe Liberalismus sich verpflichtet fühlte, nämlich durch »organisierte soziale Planung«.

Längst wurden alle Dialektiken schon gespielt, dass der wahre Linke konservativ sein müsse und so weiter – ich selbst habe hier ja Ähnliches vor, wenn ich sage, dass die Ziele der Linken bei den Liberalen besser aufgehoben sind als bei den Linken selbst. So kommen wir nicht weiter.

Eines ist freilich für mich klar. Der verbreiteten Meinung, die Unterscheidung zwischen links, rechts und liberal sei obsolet geworden, schließe ich mich nicht an. Sie kommt abgeklärt daher, ist aber häufig dann doch nur Ausdruck von Bequemlichkeit, Denkfaulheit, Scheu, Konflikte auszuhalten – oder allem zusammen. Ich halte an der Scheidung der Geister fest. Hier kommt deshalb eine grobe Landschaftsbeschreibung.

(1) Liberal ist nicht konservativ und schon gar nicht rechts. Für viele Menschen ist das heute alles eins. Ein Liberaler sei irgendwie auch rechts, meinen sie. Weil er für die Wirtschaft ist. Denn wer für die Wirtschaft ist, ist rechts. Das ist falsch: Ein Liberaler ist für den Markt, aber nicht für die Wirtschaft. Das wird ihm merkwürdigerweise sogar von den Linken übel genommen. Wenn der Markt funktioniert und der technische Fortschritt und der Strukturwandel wirken, kann es zum Beispiel sein, dass der stationäre Buchhandel (ein wichtiger Wirtschaftszweig) aus der Welt verschwindet. Für Liberale ist das – bei aller Nostalgie und allem Mitleid mit den Beschäftigten – nicht schlimm. Deshalb gelten sie als herzlos.

Aber es muss doch auch einer ein Herz haben für das Neue: Die neuen Unternehmer, die neuen Arbeitsplätze, die entstehen können, wenn das Alte verschwindet. Es ist »kreative Zerstörung«, die am Ende allen Vorteilen bringt. So geht Marktwirtschaft. Linke sind hier meist im Bündnis mit den Konservativen, verlangen, dass man Amazon verbietet, den Buchhandel subventioniert und ähnliche Maßnahmen. Die Konservativen schlagen sich mehr auf die Seite der Buchhändler, der Unternehmer, die Linken mehr auf die Seite der Beschäftigten und der Autoren. Aber gemeinsam sind sie für die Wirtschaft – und gegen den Markt.

Konservative sind, nach einem schönen Wort des englischen Philosophen R. G. Collingwood, eine »Bremse am Fahrzeug des Fortschritts«. Linke tuten häufig auch in dieses Horn. Liberale fühlen sich dem Auftrag »Saving Capitalism from the Capitalists« verpflichtet: Sie wissen, dass die Kapitalisten stets sich Marktmacht und Privilegien anmaßen, die sich gegen die Interessen der Allgemeinheit (der Konsumenten) richten, und dass das nicht fair ist, auch weil es Newcomern von den Platzhirschen schwer gemacht wird, eine Chance auf dem Markt zu haben. Liberale nehmen im Zweifel eher für den neuen Taxidienst »Uber« Stellung und entlarven die Machtanmaßung der alten Taxikartelle. Konservative und Linke leiden eher mit den alten Taxiunternehmen.

Liberale sind für die neuen Anbieter, nicht, weil sie besser sind, sondern weil sie wollen, dass es auf dem Markt fair zugeht. Und das heißt: Neue, junge Unternehmen sollen ihre Chance erhalten und nicht von der Macht der Alten abgeschmettert werden. Der Wettbewerb ist das beste Entmachtungsinstrument. Und wenn Entmachtung kein linkes Ziel ist – ja, dann weiß ich auch nicht mehr!

(2) »Why the left should learn to love liberalism.« Mein Lieblingszitat stammt von dem Italiener Alberto Alesina, einem in Harvard lehrenden Ökonomen. Der Gedanke geht so: Die Linken wollen Ungleichheit beseitigen und befürworten doch zugleich starke Marktregulierungen, die Ungleichheit erst schaffen. Wer, voller bester Absichten, für starken Kündigungsschutz ist, erschwert es Arbeitslosen, einen Job zu bekommen. Denn der Unternehmer wird es sich in unsicheren Zeiten zweimal überlegen, ob er einen Arbeitslosen einstellt, wenn er ihn hinterher nicht mehr loswird. Sage niemand, dass das kein triftiges Argument ist: Es ist einer der wichtigsten Gründe für die hohe Arbeitslosigkeit in Spanien.

Die Linken schaffen mit ihren gut gemeinten Interventionen stets Insider und Outsider, also Ungleichheit. Belohnt werden nicht die wirklich Armen, sondern jene gesellschaftlichen Gruppen, die die stärkste Lobby haben (Gewerkschaften, Rentner, die Solarwirtschaft). Die Konservativen machen es nicht anders, weswegen in modernen Gesellschaften die Unterschiede zwischen links und rechts immer mehr verwischen und große Koalitionen so gut funktionieren.

Bildung und Kulturindustrie sind das beste Beispiel dafür, wie Linke Ungleichheit schaffen. An den Schulen und Universitäten wird Wettbewerb verhindert, weil es keine echten Studiengebühren (mehr) gibt. Das verhindert, dass sich Universitäten über den Preis untereinander differenzieren, der die gebotene Unterrichtsqualität wertet. Gäbe es den Wettbewerb, müssten sich Lehrer und Professoren anstrengen, für die Schüler und Studenten Gutes zu liefern. So aber fördert man im Namen der Meritokratie die Mediokrität, das seichte Mittelmaß. Reiche Eltern schicken ihre Kinder für teures Geld auf Privatschulen und an private Universitäten nach England und Amerika. Im Namen der Egalität haben die Linken auf diese Weise eine harte Klassengesellschaft geschaffen. Und das soll gerecht sein? Die Linken sagen, man könne den Kindern armer Eltern Schulgeld und Studiengebühren nicht zumuten; Bildung müsse für alle »kostenlos« sein. Einverstanden, dann sollen sie jenen Kindern doch Stipendien geben, die sie für begabt und bedürftig halten.

Im Kulturbetrieb geht es nicht anders zu. Da werden hohe Subventionen an staatliche Bühnen, an den deutschen Film, an die Off-Szene oder für die Literaturförderung gezahlt, mit dem Argument, der Markt werde solch kulturell wichtige und kreative Produkte von alleine nicht bereitstellen. Aber schon entstehen neue Ungerechtigkeiten: Es werden nicht die besten Künstler gefördert, sondern jene, die am besten darin sind, öffentliches Geld abzugreifen, wie geschickt auch immer sie ihre

Netze pflegen. Und: Woher weiß der Linke, dass »Tosca« an der Staatsbühne nicht von alleine aufgeführt würde und die Bürger bereit wären, dafür den Marktpreis zu bezahlen? Dass aber ein Pop-Festival immer von alleine entsteht und deshalb kein öffentliches Geld bekommt. Vielleicht haben wir zu wenige Pop-Festivals und sollten mit Steuergeld mehr Pop-Festivals machen. Wer weiß!

Um ein Missverständnis auszuräumen: Die meisten Liberalen sind – anders als die Linken – nicht gegen Ungleichheit (ich komme darauf am Ende des Buches zu sprechen). Ungleichheiten schaffen der Markt, die Gene, das ererbte Eigentum und vieles mehr. Ungleichheit ist das Salz in der Suppe des Lebens. Liberale sind lediglich gegen Ungleichheiten, die sich aus Privilegien speisen, die von linken oder konservativen Regierungen politisch zugeteilt werden. Noch einmal: Wenn also die Linken wirklich ernst machen mit ihrem Ziel einer Gesellschaft der Gleichen, dann müssen sie sich von der Strategie der Intervention verabschieden, denn damit erreichen sie nur das Gegenteil: ungerechte Ungleichheit.

(3) Wo sich links und liberal auf Dauer unterscheiden werden. Linken fehlt (nach einem Wort Hayeks) im Blick auf die Zukunft das Vertrauen auf die spontanen Kräfte der Anpassung, mit dem die Liberalen ohne Besorgnis Veränderungen gutheißen, obwohl auch sie nicht wissen, wie die notwendigen Anpassungen zustandekommen. Dieses Unwissen mögen Linke nicht aushalten. Lieber vertrauen sie auf den vorausschauenden Planer, der die Zukunft gestaltet und die Menschen zu ihrem Glück erzieht.

Es ist diese »Anmaßung des Wissens«, über die ich schon gesprochen habe, die Linke und Liberale immer voneinander scheiden wird. Für Liberale entspringt jeder politische und wirtschaftliche Paternalismus anmaßendem Wissen. Die Linken werden sagen, dass dies gerade der Gestaltungsauftrag ist, den Regierungen in Demokratien von ihren Wählern erhalten haben.

Dahinter steckt der Glaube der Linken an die Verbesserungsfähigkeit der Menschen durch gute Politik, ihr anthropologischer Optimismus. Liberale sind hier skeptisch, wenngleich nicht pessimistisch. Es sind zwei unterschiedliche Hinterlassenschaften der Aufklärung: Der Glaube an die Machbarkeit einer guten Welt und die Skepsis gegenüber menschlicher Selbstüberschätzung.

Liberale sagen, der Blick zurück in die Geschichte liefere keine Anhaltspunkte für den Glauben an die moralische Meliorisierung der Menschen im Lauf der Zeiten. Liberale bescheiden sich: Statt moralischer Bevormundung der Mitmenschen (und sei es in bester Absicht) beschränken sie sich auf die Einrichtung einer (institutionellen) Ordnung »under which bad men can do least harm« (Adam Ferguson). Wir werden das Böse nicht ausrotten. Es wäre schon viel gewonnen, die Welt wäre so eingerichtet, dass die Bösen nichts wirklich Schlimmes anstellen können.

Linke nehmen gerne den Mund moralisch ziemlich voll, sie neigen zum Moralisieren, wähnen sich selbstbewusst auf der Seite der Guten, eine Haltung, die stets in Gefahr ist, in Gesinnungsterror umzuschlagen und auf das Gewissen zu drücken. Das mag rechtlich ja in Ordnung sein, aber moralisch ist es zweifelhaft, hört man sie gerne sagen. Die Liberalen halten es eher mit dem Recht, trauen der Moral weniger – nicht, weil sie weniger gute Menschen wären, sondern weil sie der argumentativen Indienstnahme der Moral für die linke Mehrheitsmeinung misstrauen.

Die moralische Bescheidung der Liberalen sagt: Selbst wenn wir die Menschheit nicht verbessern können, wollen wir in einer Welt leben, in der wir uns nicht fürchten müssen.

Der Staat sorgt für Recht und innere Sicherheit. Der Markt sorgt für Gleichheit der Bedingungen, solange Eigentum respektiert wird und Verträge gelten, und bringt den Völkern Wohlstand. Mit welcher inneren Einstellung die Menschen miteinander Geschäfte machen, welche guten Absichten sie damit verbinden, ob sie sich egoistisch oder altruistisch dabei fühlen, all das ist einerlei, muss mich nicht kümmern.

Freilich kommen auch die Liberalen am Ende aus einem logischen Widerspruch nicht heraus. Sie wenden sich entschieden gegen jegliche Anmaßung von Wissen, müssen aber doch daran glauben und dafür einstehen, dass ihre Weltanschauung den rivalisierenden Glaubensrichtungen überlegen sei. Diesen Widerspruch hat niemand besser auf den Begriff gebracht als der katholische Philosoph Lord Acton, ein maßgeblicher liberaler Intellektueller des Viktorianismus: »Mein Liberalismus lässt jedem das Recht seiner eigenen Meinung und gibt mir die Pflicht, ihn die Wahrheit zu lehren.«

Es sind unterschiedliche philosophische Traditionen, die den Gegensatz erklären. Die Linken, ganz grob angedeutet, stehen auf französische Aufklärung (Montesquieu), den deutschen Philosophen Georg Wilhelm Friedrich Hegel, Friedrich Schiller, die ganze Tradition des Idealismus und natürlich, in Fortsetzung, Karl Marx: Die Weltgeschichte hat ein Ziel. Eine moralische oder ästhetische Erziehung des Menschen ist nicht nur nötig, sondern auch möglich. Die Liberalen lesen die schottischen Aufklärer, David Hume und Adam Smith zuallererst, und natürlich in Fortsetzung Karl Popper und Friedrich August von Hayek. Wir kennen das Ziel der Evolution nicht. Erst recht hat ein Einzelner nicht das objektive Wissen. Big Data ist verteilt auf viele Gehirne und neuerdings auch auf viele Computer. Eine moralische Verbesserung der Menschen, so schön der Gedanke ist, ist ein aussichtsloses Unterfangen. Lass uns gute Institutionen bauen, die den Menschen die Möglichkeit geben, nach ihrer Façon selig zu werden und wo die Bösen wenig Böses anstellen können. Meine aufmerksamen Kritiker merken es sofort: Von alleine geht auch das nicht. Es braucht Pläne von guten Institutionen und Leute, Politiker, die das durchsetzen. Ja. So ist es. Dafür braucht der Liberalismus den demokratischen Staat, was viele nicht glauben wollen.

Der britische Ideenhistoriker Edmund Fawcett macht einen bedenkenswerten Vierklang aus als pragmatische Kurzformel für das, was liberal ist: Konflikt, Machtaversion, Fortschritt und Respekt. Die Hochachtung vor dem Konflikt baut darauf, dass Wettbewerb ein kreatives Entdeckungsverfahren ist. Der Widerstand gegen jegliche Macht stellt alle angeblich natürlichen Hierarchien infrage. Der Glaube an den Fortschritt kennt zwar kein geschichtsphilosophisches Ziel, versinkt gleichwohl nicht in Fatalismus. Und der Respekt vor den anderen gesteht jedermann zu, sein Glück zu wählen.

Wer seine Weltanschauung wechselt, den nennen wir einen Konvertiten. Ich bin also auch ein Konvertit geworden. Der Begriff stammt aus dem religiösen Kontext. Paulus, Augustinus, Kaiser Konstantin oder Franz von Assisi sind die Protagonisten, die von Ungläubigen (oder Falschgläubigen) zu Gläubigen wurden. Immer gibt es ein Vorher und ein Nachher. Konvertiten, die sich zum christlichen Glauben bekehren, sind positive Figuren in der vom Christentum dominierten Geschichtsschreibung. Vorher führten sie ein Lotterleben, hängen dem Konsum, dem Sex oder sonstigen irdischen Genüssen an und haben die Christen verfolgt. Jetzt aber haben sie den wahren Gott gefunden und führen daher auch ein gottgefälliges Leben.

Meist kommt der Auslöser zur Bekehrung von außen: Als

Kind von seiner Mutter im christlichen Glauben erzogen, wandte Augustinus sich später von diesem ab und strebte nach weltlichem Erfolg, der ihm als gewandtem Rhetor im Übermaß zuteilwurde. In ihm blieb jedoch eine Leere, die er durch die Hinwendung zur Philosophie und dann zu einer orientalischen Sekte zu füllen suchte. Schließlich fand er jedoch zum christlichen Glauben zurück, wobei die Lektüre des heiligen Paulus eine entscheidende Rolle spielte. In ihm wuchs der Wunsch nach einem enthaltsamen Leben im Dienst Gottes; er konnte diesen Wunsch jedoch nicht aus eigener Kraft verwirklichen. Da hörte er von Ferne eine Stimme, die sagte: »Nimm und lies.« Augustinus schlug den Römerbrief auf und las: »… ohne maßloses Essen und Trinken, ohne Unzucht und Ausschweifung, ohne Streit und Eifersucht. Legt (als neues Gewand) den Herrn Jesus Christus an, und sorgt nicht so für euren Leib, dass die Begierden erwachen« (Römerbrief 13,13).

Konvertiten beschreiben ihre Bekehrung nicht als eigene Erkenntnistat. Sie legen Wert darauf, dass ein Höherer, Gott oder Jesus, sie in den Glauben berufen habe. Die Bescheidenheit hat auch eine den Bekehrungsakt beglaubigende Funktion. Die Wende ist nicht einfach eine subjektive Willensentscheidung, die womöglich von einer nächsten Willensentscheidung abgelöst wird und damit den Ruch des Beliebigen bekäme. Die Glaubensentscheidung ist definitiv (soll es jedenfalls sein), was schon dadurch zu sehen ist, das sie von Gott selbst bewirkt wurde. Auch wenn der Weg zum wahren Glauben in Stufen verlief, im Nachhinein wird er häufig als Einbruch der Plötzlichkeit beschrieben. Konversion und Epiphanie haben eine innere Nähe zueinander. Es ist die Einsicht in das Wahre – und das, was früher falsch war – im Nu. Es wird als Glück beschrieben.

Nicht immer, vermutlich eher selten, ist die Konversion ein

Akt der Plötzlichkeit. Meist geht es um einen längeren Prozess. Geradezu klassisch lässt sich das nachlesen in der Rede, die der peruanische Schriftsteller Mario Vargas Llosa bei der Entgegennahme des Literaturnobelpreises im Dezember 2010 in Stockholm gehalten hat. »In meiner Jugend war ich, wie viele Schriftsteller meiner Generation, Marxist, und ich glaubte daran, dass der Sozialismus das Heilmittel für die Ausbeutung und sozialen Ungerechtigkeiten wäre.« Vargas Llosa ordnet sich ein in den Glauben seiner Generation, zumal in Lateinamerika, wo es, ähnlich wie in Russland, kaum Spuren einer individualistischen Tradition gibt. Dann erzählt er von seiner Bekehrung – »ein langer und schwieriger Prozess« –, spricht von der Enttäuschung über den Glauben an »Staatsherrschaft und Kollektivismus« und nennt zum Beleg historische Erfahrungen: »(1) die Umwandlung der Kubanischen Revolution, die mich anfangs begeistert hatte, in das autoritäre, hierarchische Modell der Sowjetunion, (2) das Zeugnis der Dissidenten, das durch die Stacheldrahtumzäunungen des Gulag zu uns gelangte, (3) den Einmarsch der Truppen des Warschauer Pakts in die Tschechoslowakei«.

Das Eingeständnis, einem falschen Glauben angehangen zu haben, ist immer peinlich, häufig mit Scham verbunden. Umso verständlicher, dass der Konvertit seinen Irrtum abzumildern sucht und um Verständnis für sich wirbt. Die Kubanische Revolution, so Vargas Llosa, habe ursprünglich große Hoffnungen geweckt, bevor sie im Sowjetismus erstarrt sei. Und schließlich, halten zu Gnaden, habe er, früher als andere, dem Marxismus abgeschworen und sei zum Liberaldemokraten konvertiert, »in einer Zeit, in der die westliche Intelligenzija, aus Frivolität oder Opportunismus, ganz offenbar im Bann des Sowjetsozialismus oder, schlimmer noch, des blutrünstigen Hexensabbats der chinesischen Kulturrevolution stand.« Frivol und opportunistisch ist nun nicht der Konvertit, sondern sind es jene alten Glaubensgenossen, die aus eigennützigen Interessen der Wahrheit nicht ins Auge zu schauen sich trauten. Tatsächlich ist eine Abkehr vom Marxismus unter Intellektuellen des 20. Jahrhunderts keine Besonderheit. Eine Bekehrung zum radikalen Liberalismus ist es aber schon, erst recht in Lateinamerika, wo der Neoliberalismus seit Chile und Pinochets Putsch als Ideologie der Gringos gilt. Am Ende steht bei Vargas Llosa die Verneigung vor seinen »Lehrmeistern«, die ihn zu dieser seiner Lebenswende gebracht hätten. Stets und also auch in der Nobelpreisrede nennt er Karl Popper, Friedrich August von Hayek und Isaiah Berlin. Über Berlin hat er einen seiner wichtigsten Essays unter dem Titel »A Hero of Our Time« verfasst.

William James, den man nicht genug ins Spiel bringen kann, erlebt die Konversion als die Erfahrung der Vereinigung des Selbst, weil sie den unerträglich gewordenen Riss durch die Bildung einer höheren Einheit überwindet. In diesem »Sinneswandel« erlangen wir Gewissheit (plötzlich oder schrittweise), »durch den ein bisher gespaltenes und unglücklich fühlendes Selbst seine Ganzheit erlangt und sich jetzt gut überlegen und glücklich fühlt«. Dass vorher ein Riss da war, merkt man erst peu à peu, manchmal sogar erst im Nachhinein, wenn die Bekehrung schon hinter einem liegt. Der Bekehrung geht eine Zeit der Inkubation voraus, in der unbewusste Motive reifen, die ein Niederschlagen der Lebenserfahrung sind. »Wenn die Zeit reif ist, schlüpfen die Ergebnisse aus oder stehen plötzlich in Blüte.«

Das Entscheidende an der neuen Erfahrung ist gerade nicht, dass *ein* Glaube durch den anderen ausgetauscht, ein Wertesystem durch das andere ersetzt würde. Vielmehr steht die ganze Person auf dem Spiel, wenn sie sich entscheiden muss, welche Wertungen nun eigentlich die ihren sind. Wurden wir in den ersten Glauben, nennen wir ihn Kinderglauben, hineingeworfen, so geht es jetzt um den Akt der existentiellen Aneignung: eine Kollision im Individuum, das sich zu einer neuen Gestalt hin verändert, in der die alte Zerrissenheit nicht mehr existiert, sagt der Soziologie Hans Joas. Kein Wunder, dass Bekehrungserfahrungen Ähnlichkeit mit der Adoleszenz haben, dem Übergang von der beschränkten Welt des Kindes zum erweiterten intellektuellen Dasein der Reifezeit.

Politische Konvertiten allerdings sind nicht so gut angesehen wie religiöse Konvertiten. Sie gelten häufig als Opportunisten. Man nimmt ihnen die Bekehrung nicht ab, sucht nach Indizien, die beweisen, dass sie ihr Fähnlein in den Wind halten, um sich irgendwelche Vorteile zu verschaffen.

Umso spannender ist zu sehen, wie die Konvertiten diesen Vorwurf des Opportunismus, die Schmähung als Verräter parieren. Wir haben das Thema bei Vargas Llosa, und früher schon, bei Martin Walser gestreift. Walser greift nicht zur Abspaltung (»Wahn«), was viele Hardcore-Linke machen, die ihre damaligen Überzeugungen psychiatrisieren. Walser, der Ex-Revolutionär, spricht zwar auch von Scham, wenn er sich an seine revolutionären Reden erinnert. Walser, der Literat, wählt indes lieber das Muster des Entwicklungsromans, attestiert sich selbst eine späte ökonomische Reifung. Und Walser rekurriert auf die Sprache. Den damaligen Kult der Authentizität bezeichnet er heute als Griff zu den Floskeln – das wäre das Gegenteil von Authentizität, es wäre die Konventionalität, die Oberfläche, das Abgegriffene. Jetzt, behauptet Walser von sich, sei er zur authentischen Sprache gekommen.

Viel wissen wir nicht über die Konvertiten außerhalb der religiösen Tradition. Es scheint auch unter den Wissenschaftlern eine Scheu zu geben, sich mit solchen Brüchen auseinanderzusetzen. Wir wollen unser Leben in einen geordneten Zusammenhang bringen. Ja keine Brüche. Lieber erzählen wir uns eine Geschichte, selbst wenn wir dabei in Kauf nehmen, in unterschiedlichen Zeiten unseres Lebens, verschiedene, sich widersprechende Geschichten zu erzählen. Geschichten konstituieren Zusammenhänge, sie verschweigen Brüche nicht, aber bringen sie in eine Ordnung. Geschichten haben zudem legitimierende Funktion, sind strategische Instrumente, mit denen wir bei den Zuhörern im Nachhinein um Verständnis werben. Bei Aristoteles lesen wir, dass eine Geschichte eine simple Angelegenheit ist, die es aber in sich hat: Sie hat einen Anfang, eine Mitte und ein Ende. Ist das Ende immer gerade heute? Damit befriedigen wir den Wunsch, das Leben rund und in eine irgendwie vernünftige Abfolge zu kriegen.

»Storytelling« ist kein Privileg von Dichtern. Zugegeben, deren Erzählungen sind meist aufregender als die Legitimationserzählungen aus unserem brüchigen Leben. Wenn wir erzählen (oder erzählen lassen), dann geht es nicht um Literatur. Wir wollen uns vor allem vor uns und anderen ins rechte Licht stellen. Diesem Ziel hat sich die Erzählung unterzuordnen. Sie ist eine strategische Erzählung.

Strategische Erzählungen sind so alt wie die Menschheit. Berühmt geworden sind Forschungen, welche die amerikanische Ethnologin Ruth Benedict in den dreißiger Jahren bei den Zuni-Indianern in Neu-Mexiko unternommen hat. Da kann man sehen, wie derselbe Sachverhalt gänzlich entgegengesetzte Erzählungen ermöglicht. Eindrucksvoll ist die Geschichte von der »verlassenen Ehefrau«, sozusagen der Klassiker der Konversionserfahrung im wahren Sinn des Wortes. Der Mann erzählt, dass seine Frau ihm untreu geworden sei und einen anderen Mann genommen habe, obwohl er selbst doch immer treu gewesen sei. Dieses ungebührliche Betragen bringe nicht nur ihn, sondern das ganze Dorf in extreme Kalamitäten und könne sogar schuld an einem großen Erdbeben sein. Der eigene Lebensbruch wird in den Kontext der Weltgeschichte gestellt. Seine Frau erzählt eine ganz andere Story: Sie habe sich von ihrem Mann dauerhaft vernachlässigt gefühlt. Kein einziges Mal habe er gesagt, dass ihm das Essen gut schmecke, das sie ihm immer treu gekocht habe. Da habe sie sich fein gemacht, habe begonnen, für andere Leute zu kochen, und dann sei sie eben diesem anderen Mann begegnet. Will sagen: Der Ehemann ist schuld am Bruch unseres Lebens. Sie erklärt ihre erotische Konversion mit einer Küchengeschichte. Welche Geschichte ist die wahre Geschichte? Jede Geschichte ist die wahre Geschichte.

»Rechtfertigungsnarrative« könnte man solche Erzählungen nennen. In Umbrüchen des Lebens, seien sie real (Partnerwechsel, Berufswechsel) oder intellektuell (Wandel von einer Auffassung zur anderen) sind sie geradezu existentiell wichtig. Dabei fällt auf, dass Konversionsgeschichten auf die Dialektik von radikaler Veränderung und sich durchziehender Identität angewiesen sind. Wer will schon gerne von sich sagen, er sei ein ganz anderer geworden, habe sich komplett verloren. Bei allem fundamentalen Wandel muss ein Identitätskern tradiert werden, weil das alte Selbst als wichtiger Bezugspunkt für die neue Existenz herhalten muss. Das ermöglicht eine Rechtfertigung als Antwort an den Vorwurf des Verrats, die da heißt: Ich bin derselbe geblieben, weil ich ein ganz anderer geworden bin. Ich bin gerade kein Verräter. Die Gegner werfen dem Konvertiten die kontingente Zusammenhangslosigkeit seines Lebens vor. Das ist etwas vom Schlimmsten, was einem passieren kann. Die biographische Erzählung schält dagegen einen stabilen Kern heraus, der Identität und Integrität nur im Wandel erhalten kann.

Ich kann das Rechtfertigungsnarrativ meines Wechsels zum Liberalen auch ganz anders erzählen, offensiver, aggressiver: Dann tritt das schlechte Gewissen zurück, und der Wechsel der Weltanschauung erscheint als Akt der Befreiung, als später Austritt aus der selbst gewählten Unmündigkeit. Die Urform dieser Befreiungsgeschichte stammt von Plato, man nennt es das Höhlengleichnis. Die Menschen sitzen gefesselt in der Höhle. Weil sie nicht nach draußen blicken können, sehen sie die wahre Welt nur indirekt in der Bewegung an die Wand geworfener Schatten in der Höhle. Weil sie gefesselt sind, verharren sie auf immer in ihrem Unverstand, wissen nicht, dass, was sie sehen, nur Trugbilder sind.

Dann schafft es einer von den Höhlenbewohnern, sich von den Fesseln zu befreien. Der Weg nach draußen fällt ihm nicht leicht, die Widerstände sind groß; die direkte Konfrontation mit der Wahrheit blendet ihn. Schließlich ist er so weit, dass er die Sonne unmittelbar in seinem Auge auszuhalten vermag. Der Weg nach draußen ist nicht der Weg ins Paradies. Es ist der Weg in die Realität. Die Realität ist bekanntlich steinig. Aber es ist auch der Weg in die Freiheit. Wie Schuppen fällt es dem Exilanten von den Augen.

Aus Mitleid mit seinen in der Höhle verbliebenen Kameraden kehrt der Befreite zurück. Doch es gelingt ihm nicht, die alten Freunde zur Freiheit zu befreien. Im Gegenteil: Er macht sich zum Gespött, muss sich nachsagen lassen, er käme von seinem Aufstieg anstatt, wie er weiß, mit befreiten Augen, mit verdorbenen Augen zurück und es lohne sich keinesfalls, die Mühe des Ausstiegs auf sich zu nehmen. Platos Text endet mit einer Drohung: »Wollte er nun Hand anlegen, andere zu befreien und hinaufzuführen, würden sie dann, sofern sie sich seiner bemächtigen und ihn umbringen könnten, ihn nicht wirklich töten?«

Der Philosoph Hans Blumenberg hat in seinen »Höhlenausgängen« diesen Text wieder und wieder interpretiert und kommentiert. Die Höhle ist ein behüteter Raum. Wir alle brauchen solche Höhlen immer wieder im Leben, besonders in der Jugend. Aber der Rückzug in die Höhle ist kein einmaliger Akt. Die in der Höhle sehen nur die vordergründige Erscheinung, die Oberfläche der Phänomene. Sie erkennen nicht das wahre Wesen der Dinge. Sie sehen nur, was man sieht. Aber sie wissen nicht, dass das Schatten sind. Sie halten den Schatten für die Realität. Von dem, was man nicht sieht, wissen sie nichts. Denn sie sitzen mit dem Rücken zur Sonne.

Der Austritt aus der Höhle ist stets eine Entbindung, eine Befreiung von jahrelanger innerer Bindung. Der Weg zur Autonomie beginnt, reichlich spät, mit einer Trennung als Folge der Neugier auf das Draußen. Dort kommt es zur Konfrontation mit der Realität. »Wir sind Realisten nicht von Hause aus«, schreibt Hans Blumenberg. Freiheit auszuhalten und zu akzeptieren ist nicht leicht. Wer anderes behauptet, der lügt. Deshalb gibt es ja die Höhle. Deshalb ziehen wir uns ja immer wieder in Höhlen zurück, ist der Weg in die Freiheit kein einmaliger Vorgang im Leben. Doch das Aufgeben der alten Bindungen und Trugbilder ist zugleich ein Akt der Bildung. Auf dem Weg nach draußen gibt es Begegnungen, die einen verändern und seitenweise Bücher, die gelesen werden wollen. Am Ende ist man ein anderer ohne Groll auf die Herkunft. Befreit.

Die Zurückgebliebenen wollen davon nichts wissen. Ihnen fehlt diese Erfahrung der Befreiung. Narzisstisch gebunden, blendend verblendet, verharren sie an ihrem Ort mit dem Rücken zum Ausgang in die Freiheit, den sie nicht sehen oder sehen wollen. In ihrem Innern, so Hans Blumenberg, war nichts, was sie an ein Außen hätte denken lassen, an eine Wunscherfüllung neben dem gegenwärtigen Zeitvertreib mit Schatten. Sie wittern Verrat. Oder meint nur der Befreite, diesen Vorwurf seiner alten Höhlenfreunde zu vernehmen? Schlimmer noch: Sie verhöhnen ihren alten Bundesgenossen, machen ihn zum Gespött und behaupten, er käme von seinem Aufstieg, der ein Ausstieg war, mit verdorbenen Augen zurück. Wer lässt sich schon gerne befreien? Nichts ist schwieriger, als das Angebot der Freiheit so zu machen, dass die anderen es akzeptieren können. Die stärkste Waffe der Zurückgebliebenen ist das schlechte Gewissen, das sie dem Abtrünnigen bereiten. Daran hat er zu knabbern, womöglich ein Leben lang. Das stärkste Instrument des Abwiegelns ist die Moral: Die Gegenoffensive, derer, die sich nicht entbinden wollen, hat die ganze Mythologie der politischen Kältelehre zur Hand – hier in der Höhle ist es warm und behaglich. Hier sind wir eine Gemeinschaft der Gleichen, deren Mitglieder einander solidarisch beistehen. Du, der du draußen warst, bist kalt geworden, neoliberal, hast dich verhärtet. Und vielleicht sind am Ende schlechtes Gewissen und bindende Moral noch nicht einmal die Waffen der Zurückgebliebenen – die sind längst ihre eigenen Wege gegangen –, sondern die verinnerlichten eigenen Vorwürfe. Der Austritt aus der Höhle führt zum Widerstreit im Selbst.

Ohnehin gibt Platos Höhlengleichnis die Sicht des Befreiten wieder. Es wird von Sokrates erzählt, der am Ende sogar sein eigenes Schicksal andeutet, dass, wer die Menschen mit der Wahrheit konfrontiert und zur Freiheit befreien will, gewärtigen muss, von ihnen zum Dank ermordet zu werden. Darin steckt die ganze unerträgliche Überheblichkeit und Selbstgerechtigkeit, wenn ich meine Bekehrungsgeschichte als Befreiungsgeschichte projiziere auf das Muster des platonischen Höhlennarrativs. Für mich klingt es trotzdem plausibel, auch wenn mir der anmaßende Unterton unangenehm ist. Es ist mein Rechtfertigungsnarrativ, meine Erzählung.

Die Höhlenbewohner werden eine andere Geschichte erzählen. Sie würden sich schon von Anfang an weigern, als Höhlenbewohner, also rückständige Vertreter der intellektuellen Vorgeschichte der Menschheit, porträtiert zu werden, die sich dem Reifungsprozess verweigert haben. Das würden sie mir als meine Überheblichkeit vor die Füße werfen. Sie dürfen gerne eine andere Geschichte erzählen, müssen sich meine Geschichte nicht gefallen lassen. Ich indessen sehe die Höhle gar nicht nur negativ; die Erinnerungen sind positiv, weit weg davon, nostalgisch zu verklären. Der Verlust der Höhle ist auch der »Verlust jener auratischen Substanz«, sagt Blumenberg, aus der wir kommen und der wir uns verdanken. Wer das nicht versteht, möge sich die Naturbilder all der Höhlen und Quellen auf den Bildern des französischen Malers Gustave Courbet (1819 bis 1877) anschauen. Allemal ist die Höhle jener »Origine du Monde«, woher wir stammen. Es ist so schwer, sich davon frei zu machen; es ist so naheliegend, warum wir immer wieder dorthin zurückwollen.

Kein Wunder, dass die Krise, welche eine jede »echte« Bekehrung stets begleitet, nicht nur eine intellektuelle Verunsicherung bedeutet, sondern zumeist das ganze Leben durcheinanderwirbelt. Der Aufstieg, der ein Ausstieg ist, setzt dem Leben zu. Noch alle Gesprächspartner, mit denen ich für dieses Buch über ihre Bekehrungen gesprochen habe (und von denen ich gleich noch ausführlich erzähle), wussten den Wechsel der Weltanschauung einzubetten in umfassend sich ereignende Eruptionen des Lebens. Bei mir selbst ging dem Wechsel der Weltanschauung unmittelbar und schmerzhaft die Scheidung meiner Ehe voraus – was zugleich langsam Raum werden ließ für eine neue Liebe. Verbunden damit war ein Wechsel des Wohnortes und der Arbeitsstelle – womit das ganze soziale Umfeld in Bewegung geriet. Da kam einiges in Gang, nicht zuletzt entstand eine gehörige Distanz zur katholischen Kirche, jenem Höhlenraum, der mir seit früher Kindheit Schutz bot, die zugleich aber auch den Wechsel der Weltanschauung, mehr noch die Scheidung der unauflöslichen Ehe, gnadenlos mit Schuldgefühl bestraft und als Arbeitgeber seinen Beschäftigten nie verzeiht.

Auch die Fontanellen des sozialen Schädels schließen sich irgendwann, heißt es im Roman »Vaterjahre« bei Michael Kleeberg. Doch dauert diese Entwicklung länger als die biologische. Dass man dafür wie ich über dreißig Jahre alt werden muss, ist nicht ungewöhnlich. Man sollte hier auch nicht von Verknöcherung sprechen, relativiert Kleeberg sein eigenes Bild von der Fontanelle, das hört sich negativer und einseitiger an als der Prozess gesehen werden darf. Aber trotzdem ist das Bild natürlich beherrschend. Die soziale Fontanelle wächst nur einmal zusammen. Dann ist fertig. Das ist gut so, aber auch ziemlich endgültig und macht das anschließende Leben vielleicht auch ein bisschen langweiliger. Wie und was erzählt man von einem Leben, dessen soziale Fontanellen sich geschlossen haben, das kompartimentiert, temperiert und pragmatisiert ist, das sich um Gleichmaß statt um Aufregung, um die Regel statt um die Ausnahme müht, fragt Kleeberg. Und er erinnert daran, dass Homer aufgehört hat, von seinem Helden Odysseus zu erzählen, nachdem der sein Haus in Ordnung gebracht hatte.

Man kann es auch umdrehen und fragen: Wie viel Brüche, wie viel Kontinuität können und wollen wir uns in einem Leben leisten? Die Sache ist vertrackt. Die Sache ist ziemlich vertrackt. Nimmt man ernst, was ich mit dem Bild der »sozialen Fontanelle« zu sagen versucht habe, so wollen, sollen und müssen wir uns nicht ständig radikale Lebens- und Weltanschauungsveränderungen zumuten. Irgendwie hätten wir es gerne, dass das Leben einmal seinen Halt findet. Zugleich kann es und geht es oft ziemlich turbulent zu in dem, was das Leben uns zumutet, auch nachdem wir gedacht haben, die Zeit der sozialen Kindheit sei zu Ende und die Fontanelle habe sich geschlossen. David Gilbert, ein Psychologe, der an der Harvard-Universität lehrt, hat zusammen mit Kollegen Anfang 2013 dazu in *Science* unter der Überschrift

»The End of History-Illusion« einen spektakulären Aufsatz veröffentlicht. Die Wissenschaftler befragten knapp 20 000 Probanden im Alter von 18 bis 68 Jahren in Zehnjahresabständen darüber, wie sehr sich ihr Leben in den vergangenen zehn Jahren verändert hat. Sie wollten zugleich wissen, was die Befragten erwarten, wie sich ihr Leben in den kommenden zehn Jahren verändern werde. Das »Leben« teilten die Forscher dabei in drei Bereiche auf: Persönlichkeit und Lebensfestlegungen (individuelle Verhaltensmuster, charakteristische Eigenschaften, Beziehung), zentrale Werte und Einstellungen (Ideale und Prinzipien) und Präferenzen (was einer gut oder schlecht, richtig oder falsch findet, was er mag oder nicht mag).

Das Ergebnis dieser Untersuchung ist aufregend: Die Jungen, die Mittelalten und die Ältesten waren alle übereinstimmend der Meinung, dass sich in den gerade vergangenen zehn Jahren eine ganze Menge in ihrem Leben verändert habe, und zwar in allen drei infrage stehenden Bereichen. Ihre Erwartungen in die Zukunft waren hingegen bescheiden und zurückhaltend. Mehr oder weniger werde das Leben fürderhin stabil bleiben, dachten sie. Was stimmt? Entweder überschätzen die Menschen die Veränderungen ihres Lebens in den vergangenen zehn Jahren. Oder aber sie unterschätzen, was noch alles auf sie zukommen und passieren wird. Da zumindest die Vergangenheit überprüfbar ist, gelangen die Forscher zu einer eindeutigen Aussage: Menschen unterschätzen die Veränderungen, die sich in der Zukunft ergeben werden. Sie rechnen an jedem Punkt ihres Lebens mit künftiger Stabilität.

Die Forschungsergebnisse sind auf den ersten Blick kontraintuitiv, widersprechen der subjektiven Wahrnehmung unseres Lebens. Es trügt offenbar auch die verbreitete Meinung, in jungen Jahren halte das Leben vielfältige Überraschungen und Veränderungen bereit, da wechsle der Mensch Partner,

Grundüberzeugungen und Vorlieben wie das Handtuch im Badezimmer, während aber in der Lebensmitte spätestens mit der Familiengründung Stabilität und Beharrlichkeit einkehre. Nein, das Leben bleibt bunt bis ins Alter.

Gibt es Erklärungen für diese ganz offenkundige Fehleinschätzung dessen, was auf uns alle in allen Lebensphasen in den nächsten zehn Jahren zukommt? Es gibt zumindest Hypothesen. Offenbar sind wir immer gerade im Augenblick der Jetztzeit der Meinung, unsere Lebensgeschichte habe ihren Zielpunkt erreicht – der endgültige Partner, der stimmige Freundeskreis, die passenden Verhaltensmuster, die letztgültige Weltanschauung. Menschen glauben, sie wüssten, wer sie sind, hätten Kenntnis von sich selbst. Die Vorstellung künftiger existentieller Änderungen ihres Lebens bedroht diese Überzeugung. Sie fühlen sich sicher in der End-of-History-Illusion und sind dafür sogar bereit, den Widerspruch auszuhalten, dass jede neue Dekade wieder eine Vielzahl Veränderungen bringt.

Mehr noch: Wir Menschen finden es schwierig, uns vorzustellen, wie sich unsere Verhaltensweisen, Werte und Präferenzen in der Zukunft verändern könnten. Bekanntlich ist die Zukunft nicht nur offen, sondern auch unsicher. In dieser Situation scheint die Annahme, Werte, Haltungen, Paar-, Freundschafts- und Arbeitsbeziehungen blieben stabil, uns Halt und Sicherheit zu verleihen. Angesichts einer unsicheren Zukunft hat der Gedanke, wir blieben uns künftig treu, mehr als in der Vergangenheit, etwas Tröstliches.

Der Konvertit führt die Nichtselbstverständlichkeit des hier und jetzt gelebten Lebens vor Augen. Menschen, die wir ernst nehmen, zeigen, dass sie sich wandeln. Das macht Angst und bringt genau jene Funktion ins Wanken, die der End-of-History-Illusion zukommt: uns die Angst vor der Zukunft zu nehmen. So funktionieren wir offenbar. Der Konvertit könnte ja auch Mut machen – Mut, dass, was einmal so wurde, nicht immer so bleiben müsse. Dass das nicht so ist, spricht dafür, dass Veränderung, selbst wenn sie ein Versprechen zum Besseren in sich birgt, ungemütlich und gefährlich ist. Das Bekannte kennen wir, das Unbekannte nicht: »Unknown Knowns«, wie der ehemalige amerikanische Verteidigungsminister Donald Rumsfeld unnachahmlich sagte.

Die Illusion eines Endes biographischer Entwicklung wirft ein erklärendes Licht auf das Storytelling unseres Lebens. Wenn Aristoteles recht hat und jede Geschichte einen Anfang, eine Mitte und ein Ende hat, dann ist das Ende unserer Geschichte jeweils der Moment, in dem wir sie uns und unserer Umgebung erzählen. Da findet der Bogen sein Ende. Das schließt den Sinnzusammenhang ab. Unsere Weltanschauung ist genaue jene philosophische Grundhaltung, die wir heute einnehmen. Natürlich wissen wir, dass das Leben heute noch nicht zu Ende ist, dass unsere Geschichte weitergeht. Aber wir stabilisieren uns auf die Unwägbarkeiten, indem wir die aktuellen Annahmen als Gewissheiten ideologisch (bis dogmatisch) vertreten. Das ist, nebenbei bemerkt, auch eine Erklärung dafür, warum wir so gerne Literatur lesen. Denn in der erzählenden Literatur haben wir nicht nur die Gelegenheit, uns ein alternatives Leben zu imaginieren – das der Anna Karenina, des Grünen Heinrich – wir bekommen es auch stets in definitiver Vollendung vorgeführt. Das Ende der Geschichte ist der letzte Satz der Erzählung. Dann kann man den Buchdeckel schließen.

Franz Sommerfeld soll beispielhaft stehen für eine von zwei Konversionen von Linken, die mein platonisches Räsonnement konkret und anschaulich nacherzählbar erscheinen lassen. Es sind zwei unterschiedliche Wege, die Höhle zu verlassen.

Im Wintersemester 1972/1973, damals begann ich, in Tübingen Theologie zu studieren, tritt der Theologiestudent Franz Hutzfeldt in Mainz, ein paar Semester älter als ich, dem Marxistischen Studentenbund Spartakus bei. Hutzfeldt, der seit seiner Hochzeit mit Verena wenige Jahre später Sommerfeld heißt (»Ich wollte ein Signal der Gleichberechtigung setzen«), hat sich radikalisiert. Angefangen hatte er wie ich im Fachschaftsrat. Das war ihm zu lasch. Der MSB Spartakus war die Jugendorganisation der DDR-freundlichen DKP (Deutsche Kommunistische Partei). Ihren Namen trägt sie nach dem römischen Gladiator Spartacus, dem Anführer eines Sklavenaufstandes, der für Karl Marx Inbegriff des Proletariers und Klassenkämpfers war und von Karl Liebknecht und Rosa Luxemburg nach 1914 als Sammlungsbewegung der linken Kriegsgegner genutzt wurde.

Sommerfeld habe ich nicht als Kommunisten kennengelernt, sondern irgendwann nach der Jahrtausendwende als Chefredakteur des durch und durch bürgerlichen *Kölner Stadtanzeigers*. Wir wurden hin und wieder beide am Sonntagmittag in den WDR-Presseclub eingeladen. Sommerfeld vertrat Positionen, wie man sie vom Chefredakteur des *Stadtanzeigers* erwartete, alles stets wohlausgewogen. Erst später erfuhr ich – ich kann mich nicht mehr erinnern, wann und durch wen –, dass Sommerfeld bis 1989 DKP-Mitglied und bekennender Kommunist war. Er hat das nie geleugnet; war auch alles dokumentiert, war er doch lange Jahre Chefredakteur der marxistischen *Roten Blätter* und anschließend in selber Position bei der *Deutschen Volkszeitung*, die weitgehend von der DDR finanziert wurde.

Was ist bei Sommerfeld anders gelaufen als bei mir, will ich wissen, als ich ihn, voller unklarer Gedanken für dieses Buch, im Sommer 2014 in der obersten Etage des DuMont-Turmes im Kölner Norden besuche. Typisches Managerbüro, großzügig, nicht protzig. Familienunternehmen eben, wo die Bäume der Führungskräfte nicht in den Himmel wachsen. An den Wänden hängt Gegenwartskunst. Sie stammt von Sommerfelds Frau, einer Malerin. Sommerfeld – gut sitzender Anzug, weißes Hemd, schmaler Schlips – achtet auf sein Äußeres. Sein inzwischen kahler markanter Schädel strahlt Ernst und Entschlussfreude aus. Die Sekretärin kommt, bevor das Interview beginnt, noch einmal. »Kaffee, Tee oder Wasser?« Wie es halt so zugeht auf deutschen und internationalen Vorstandsetagen.

Als Hutzfeldt damals 1969 in Mainz das Studium beginnt, sah das bisherige Leben nicht viel anders aus als meines. Aufgewachsen in Ostfriesland, kam auch er nicht aus einem besonders nazifreundlichen Elternhaus, gegen das er sich hätte auflehnen müssen. Mutter aus Pommern, der Vater ein wohlhabender Baumeister, dessen Unternehmen merkwürdigerweise ausgerechnet im Bauboom der Nachkriegszeit bankrottging. Sommerfeld schildert die Eltern als liberal, lebenslustig, nicht spießig. Gut, die Zeiten waren insgesamt andere. »Als Verena 1975 das erste Mal in meiner ungeheizten Dachkammer in der ostfriesischen Heimat übernachtete, nahm mich mein Vater, damals schon ein alter, liberaler, lebenskluger Mann, dezent beiseite und fragte nach dem Kuppeleiparagraphen.« Bis 1974 drohte Eltern tatsächlich Zuchthaus, wenn sie Beischlaf der Kinder in ihrem Haus zuließen. So waren die Zeiten; aber auch hier kommt der alte Hutzfeldt gut weg.

Auch Sommerfeld, wie ich ihn ab jetzt nur noch nennen will, hat christlich (allerdings protestantisch) angefangen, Kindergottesdiensthelfer war er, hat einen christlichen Arbeitskreis organisiert. Mit Kommunisten solle man lieber nicht diskutieren, warnten ihn seine Lehrer, denen würde er intellektuell nicht gewachsen sein. Ohnehin, das scheint ihm wichtig zu sein, betont er im Gespräch immer wieder, dass er sich nie als Intellektueller verstanden habe. Journalist wollte er immer schon werden, vielleicht aber auch Pastor. Die Mainzer Theologie wählte er, weil es dort besonders atheistisch zugegangen sei. Bald hatte er das Interesse am Studium verloren; er hat es nie abgeschlossen.

Wie kam es zur Radikalisierung vom christlichen Moralismus über den Sozialdemokratischen, später Sozialistischen Arbeiterbund SHB zum revolutionären MSB Spartakus? »Weil ich, wenn ich die Gesellschaft verändern wollte, dies glaubte, entschlossener machen zu müssen.« Vietnam, Berufsverbot für linke Lehrer in Deutschland, Apartheid in den USA: »Ich hatte das Gefühl, dass man sich jetzt auf die richtige Seite stellen muss – und das war natürlich die Seite der Unterdrückten.« Und dann fügt Sommerfeld noch hinzu: Weil in den Wohngemeinschaften der Spartakisten die interessantesten und attraktivsten Frauen zu finden gewesen seien! Noch heute kann Sommerfeld von jener Tochter aus sehr gutem Auktionshaus und Freundin aus einer Nachbar-WG schwärmen, die einfach zum Spaß ein wertvolles Kunstwerk im WG-Badezimmer aufgehängt hat. »Es gab da wirklich schöne Frauen; auch wir Männer waren attraktiv, denke ich.«

Eigentlich haben alle Männer, mit denen ich über die politische Sozialisierung gesprochen habe, eine ähnliche Geschichte parat. Werner Plumpe, heute ein ziemlich liberaler Wirtschaftshistoriker an der Frankfurter Universität und ebenfalls bis 1989 DKP-Aktivist, erzählt von der Jugend als Sohn des protestantischen Superintendenten (eine Art Bischof) in Recklinghausen-Nord. Dort wohnte das Bürgertum. Der Vater stand der Bekennenden Kirche nahe, wurde von Dietrich Bonhoeffer geprägt. Der junge Plumpe verliebt sich in die Tochter eines Arbeiters aus dem Süden der Stadt. Zum Zeichen, dass er es wirklich ernst meinte mit der Liebe (aber nicht zur

Freude des Vater), ist Plumpe links geworden. Und ist es lange geblieben. Am Anfang bildeten die Erfahrung der ersten Liebe und der Traum der Weltrevolution irgendwie ein ekstatisches Amalgam. Die Überbrückung des Klassengegensatzes, sozusagen des Recklinghausener Nord-Süd-Gefälles, kam stimulierend dazu. Wenn man ein Paar ist, muss man auch die Weltanschauung teilen. Ist das heute noch so?

Tissy Bruns, die sich sehr früh radikalisierte, später bei der *Deutschen Volkszeitung* eng mit Franz Sommerfeld zusammengearbeitet hat und nach der Wende eine bekannte deutsche Journalistin bei *taz* und *Tagesspiegel* (wo ich sie kennengelernt habe) werden sollte, hat auf die Frage »Warum DKP?« geantwortet: »Ich war damals mit einem Mann zusammen, der schon Student und drei Jahre älter war und zum DKP-Lager gehörte. Die Männer haben untereinander Hahnenkämpfe geführt, da ging es weniger ums inhaltliche Rechthaben, sondern um männliche Führerschaft. Nicht zuletzt wegen meines Freundes gehörte ich irgendwann zur Gruppe, die den Maoismus fragwürdig fand.« Wer zu Spartakus und DKP ging hatte Mut bewiesen – das kam an im Freundeskreis. Niemand war offenbar der Meinung, die damals schon sehr spießige (und ärmere) DDR sei ein Vorbild für die perfekte Gesellschaft. Hahnenkämpfe, Halbstarke, Führerschaft – darum ging es. Der existentialistische Gestus war wichtiger als der Kampf um die Weltrevolution. Beides kam jedenfalls zusammen. »Der Außenseiterstatus hatte was Attraktives«, erzählte Tissy Bruns: »Ich erinnere mich an Jusos, bei denen man genau spürte, dass sie dachten: Hätte ich doch auch den Mut, so konsequent zu sein.«

Noch einmal: Wenn meine Gesprächspartner recht haben und nicht nur verklären, wie kommt es eigentlich, dass sich die attraktiveren Frauen bei den Linken fanden? »Die Mischung macht's«, sagt eine kluge Analytikerin, ebenfalls mit

WG-Erfahrung von damals. Radikalität und zupackende Zügellosigkeit, so hieß jedenfalls die Verheißung, etwas wollen in der Welt und für die Welt – und natürlich auch für sich, nämlich die guten Frauen. Die Konservativen kamen doch immer bieder und brav daher, früh gealtert. Wer will da schon hin als junger Mensch? Immer noch keine befriedigende Antwort, ich weiß. Aber vielleicht weckt sie bei der Leserin (beim Leser) weitere Assoziationen?

Es war – um zu Sommerfeld zurückzukommen – auch eine Art Jugendbewegung. Die alten Männer in der DKP und die alten Männer in der DDR habe man natürlich furchtbar gefunden, erzählt Sommerfeld. Aber es gab die Hoffnung, wenn wir und die jungen FDJler an die Führung kommen, dann wird alles anders. Das ist eine verführerische, letztlich auch theologische Formel vom »schon und noch nicht« des Reiches Gottes, mit der jeglicher Verweis auf das Versagen des realen Sozialismus wegimmunisiert werden kann, mit dem Argument, das Schönste komme ja erst noch. Man habe auf die Erneuerungsbewegung in der DKP gesetzt, wie viele andere von italienischen KP-Verhältnissen geträumt, wo es auch nicht so stramm dogmatisch zuging wie in Deutschland und man sich abweichende Meinungen erlauben durfte. Als dann 1989 einfach das Ende der DDR kam, blieb auch Sommerfeld nur die Kapitulation. »Der Neustart aus der Insolvenz heraus« mag dazu geführt haben, »dass wir erst so spät den Zusammenbruch unseres politischen Weltsystems bilanzierten«, sagt Sommerfeld heute, »die Katastrophe wäre klarer gewesen, wie wir seit 1945 wissen.«

Klar, es war innerlich vorbereitet. »Ich war weder 1989, noch 88 und vermutlich auch nicht mehr 87 ein bekennender Kommunist«, will Sommerfeld sich heute erinnern. Da war ein Redakteur, verantwortlich für die »Computerseite, der habe damals immer schon gesagt, die DDR werde aus wirtschaftlichen Gründen keine Chance haben und zusammenbrechen. »Geschrieben hat er es nicht, aber wir haben viel darüber gesprochen«, sagt Sommerfeld. Es zu schreiben wäre wohl auch unklug gewesen in einer von der DDR finanzierten bundesrepublikanischen Zeitung. Sommerfeld sagt, er sei zufrieden mit sich, dass er solche Gespräche damals ermöglicht habe.

Und warum die lange Bindung? Sommerfeld ist schließlich ein kluger Mann, der sich nichts vormacht. Warum hat er sich nicht, wie viele andere auch, früher schon losgesagt? »Man möchte kein Verräter sein«, sagt Sommerfeld heute und vergleicht den Gruppendruck mit einer Sekte. Erst der Mauerfall – »ich hatte Tränen in den Augen« – sei auch für ihn die Befreiung gewesen, ein Aufbruch: »Das worüber wir so viel gestritten und diskutiert hatten, konnte jetzt beginnen«. Was er damit meint – einen Sozialismus mit menschlichem Gesicht? Einen Kapitalismus mit Marktwirtschaft? –, bleibt unklar. Heute schäme er sich für den einen oder anderen Text von früher – vor allem die Pamphlete in den *Roten Blättern* (das war tatsächlich stärkerer Stoff als unser *Kuckucksei*). Ich biete ihm eine Deutung an, die von Arno Widmann, Altlinker und später Feuilletonist bei *taz* und *Frankfurter Rundschau*, stammt: Man sei einem kollektiven Wahn verfallen gewesen, so Widmann. Sommerfeld greift zunächst zu, distanziert sich aber sogleich mit dem Einwand, »Wahn« leugne die Verantwortung für die damaligen Taten und Schreibstücke. Vom Wahn besessen, das klingt zunächst schuldbetroffen distanzierend, ist doch kaum eine schärfere Abwertung denkbar, als sich selbst in frühen Jahren im Nachhinein als verrückt zu bezeichnen. Aber was ist damit gewonnen? Es suspendiert ja gerade die Erklärung. »Niemand hat uns gezwungen«, sagt Sommerfeld. Erst recht keine endogene psychische Not. Gleichwohl bleibt an der Wahnidee etwas Richtiges: Aus heutiger Sicht mutet es schon ziemlich verrückt an, die deutschen Nachkriegsjahre, in denen das Land demokratisch erwachsen wurde und ökonomisch Wohlstand für alle brachte, als am Abgrund des Faschismus stehend zu deuten und mit einer Art jugendlicher DDR beglücken zu wollen.

Wie es dann nach 1989 mit Franz Sommerfeld weiterging, das ist eine sehr ungewöhnliche deutsche Karriere. »Ich hatte nie die Vorstellung, dass ich mit meiner Vergangenheit wieder in eine Führungsposition kommen würde.« Aber er kam. 1989 war der Mann immerhin schon vierzig Jahre alt. Nach einigen journalistischen Stationen in Berlin wurde er Mitte der neunziger Jahre Chefredakteur der *Mitteldeutschen Zeitung* in Halle, die der DuMont-Konzern übernommen hatte. Sommerfeld, der westdeutsche DDR-Freund, der alte Kommunist, kommt nun im Auftrag der Kapitalisten in den Osten – und versteht sich mit den Leuten dort prima. Sommerfeld selbst sieht die pikante Konstellation: »Da ich einmal Kommunist war, wusste ich, wie die ticken.« Aber er sagt auch: »In Halle habe ich die Verwüstungen gesehen, die der Kommunismus in den Köpfen der Menschen und in den Städten angerichtet hatte.« Warum konnte er das früher nicht sehen?

Alfred Neven DuMont, der Patriarch, holt Sommerfeld von Halle nach Köln an die Spitze des *Kölner Stadtanzeigers,* macht ihn am Ende gar zum Vorstandsmitglied seines Unternehmens. Der Alt-Kommunist wurde als Top-Manager im Herbst 2014 ordentlich pensioniert. Er wirkt so, als sei er mit sich im Reinen. Er muss nichts verleugnen. Einmal noch hat ihn die Geschichte eingeholt, damals als er in Köln beim *Stadtanzeiger* antrat. Da gab es einen »gehässigen, aber nicht falschen Artikel« in der *taz* über ihn mit Zitaten von damals, um ihn zu demontieren. Der Autor des Artikels, so Sommerfeld, habe sich spät gerächt dafür, dass dessen damalige Liebe sich schließlich für ihn entschieden habe und seine Frau wurde. Da warf das Erotisch-Politische noch einmal einen späten Schatten. DuMont war irritiert, aber Sommerfeld legte ihm dar, dass er nie etwas verschwiegen habe. Die Sache war gut.

In der (mittlerweile uferlosen) Literatur über die Wendegeschichte der ehemaligen Achtundsechziger gibt es eine Vierteilung: Da sind die »Desillusionierten«, die heute zwar immer noch links denken, aber sich politisch nicht mehr betätigen. Dann kommen die »Bürgerlichen«, die es sich im linksliberal-grünen Milieu der Wohlstandsgesellschaft behaglich gemacht haben. Drittens gibt es die »Leugner«, die nach einer erfolgreichen Nachwendekarriere von den früheren politischen Überzeugungen nichts mehr wissen wollen, sie verdrängen oder verniedlichen. Schließlich die »Konvertiten«, die ihre Überzeugungen radikal gewendet haben und sich an ihrer Biographie abarbeiten.

Sommerfeld gehört gewiss in die letzte Gruppe und muss (wie ich auch) mit dem Konvertiten-Vorwurf fertigwerden, der nicht nur lautet, man vertrete die neue Überzeugung hundertfünfzigprozentig. Sondern schlimmer noch: Zwischen damals und heute gebe es nicht nur in der Radikalität Ähnlichkeiten, sondern auch inhaltliche Strukturverwandtschaften. Der »Marktradikalismus« der Konvertiten weise nämlich erstaunliche Parallelen mit der linken Ideologie von damals auf: vor allem entsprächen sich der quasi-religiöse Charakter des linken und liberalen Glaubens, der Primat der Ökonomie im Sozialismus wie im ungezügelten Kapitalismus und schließlich das Ressentiment gegenüber dem Staat im Allgemeinen und dem Sozialstaat im Besonderen.

Das alles ist nicht nur frech, sondern auch ernst zu nehmen, wird aber gerne von jenem Justemilieu derer vertreten, die aus der Höhle nie rausgekommen sind. Dafür genügt ein Blick in das Schlusskapitel des früher schon zitierten Gesprächsbuches der Altachtundsechziger um den *Spiegel*-Kollegen Cordt Schnibben. »Wir wissen, warum wir nicht mehr sind, wie wir waren«, ist dieses 13. Kapitel des Buches überschrieben. Überfliegt man dann die Debatten der alten Kämpfer und Kämpferinnen, wird schnell klar, dass es einen angemesseneren Titel gegeben hätte: Wir wissen, warum wir immer noch gegen den Kapitalismus sind. Und wir dünken uns immer noch die Überlegenen. Widerstand gegen »Turbokapitalismus, die Ökonomisierung aller Lebensbereiche« gelte es heute zu leisten, sagt Irmela Hannover, die in ihrem Leben viel Entwicklungspolitik gemacht hat und heute beim WDR arbeitet. Der Turbokapitalismus bedrohe die Kleinfamilie, sagt Krista Sager, die bei den Grünen gelandet ist und auf ihrer Homepage heute vermerkt, dass sie vieles a. D. sei: Bürgermeisterin, Bundestagsabgeordnete und so.

So geht es munter weiter gegen die Wirtschaft, man findet den Begriff »Humankapital« unerträglich und sagt, man müsse die Rechte der Menschen schützen gegen die Übergriffe des Kapitals. Ein Matthias findet, »dass es aus meiner Sicht das Wichtigste ist, nach wie vor bis ans Ende, dass sich die Menschheit ändert«. Und sie alle sind sich einig, dass sie auch heute die Welt nicht nur analysieren, sondern ändern wollen. So schimpfen sie vergnügt nach einer langen Nacht mit viel Côtes du Rhône auf die »CDU-Hansel, die jeden Mist erzählen und diesen geistig öden Neoliberalismus, der die Sinnfrage selbst nach Bekenntnis seiner eigenen Anhänger immer schuldig geblieben ist.«

Natürlich repräsentiert die Schnibben-Gruppe nur einen Teil der alt gewordenen Linken. Aber hier hat sich weder die Sprache der siebziger Jahre verändert, noch hat die Auseinandersetzung mit »dem Kapitalismus« je den Status einer ordentlichen Analyse erreicht. Sie pflegen ihre narzisstische Höhlenwärme, verblendet jene Schatten für das wahre Wesen von Wirtschaft und Gesellschaft haltend, die sie seit vierzig Jahren gelangweilt verfolgen. Auf die Idee, nach draußen zu gehen, sind sie nie gekommen. Franz Sommerfeld schon.

Es ist ein wunderbarer frühsommerlicher Nachmittag des Jahres 1983. Elisa Klapheck, damals Politologiestudentin und später *taz*-Redakteurin, sitzt im Garten ihrer Freundin Michal in Hamburg. Michal, hochschwanger, kommt mit einem großen Kuchenblech. Es ist Kaffeezeit. Elisa Klapheck hat sich eine dicke, teure, in schwarzes Leder gebundene Bibel besorgt und sie auf dem Kaffeetisch aufgepflanzt. Vor ein paar Wochen hat sie ihre Freundin Michal aufgefordert: »Let's read the Bible in Hebrew.« Und die Freundin hatte spontan »Yeah!« dazu gesagt. »Fast etwas frivol« nennt sie diesen alles wendenden Akt ihres Lebens heute, kühn, verwegen: »Wir brechen ein in die orthodoxe Männerwelt.« Sie haben es wirklich wahr gemacht.

Elisa Klapheck ist Jüdin, geboren 1962. Mit Religion hatte sie bis zu diesem Frühsommertag des Jahres 1983, wie man so sagt, nichts am Hut. »Ich war überhaupt nicht religiös.« »Gott« sei ein merkwürdiges Wort für sie gewesen. Ab dem Alter von 13 Jahren war »Reli« nur noch Wahlfach. Sie nutzte die Gelegenheit, um den Religionsunterricht in der jüdischen Gemeinde nicht mehr zu besuchen. Seither war sie, wenn überhaupt, allenfalls noch an den hohen jüdischen Feiertagen in die Synagoge gegangen, inhaltlich unüberzeugt, hatte den Gottesdienst stets vor seinem Ende wieder verlassen.

Und dann, eines Sommertages, geschieht es: Die Frauen fangen von ganz vorne an, mit dem ersten Vers der Genesis: *Bereschit bara Elohim et haschamajim we'et ha'arez!*, Im Anfang schuf Gott Himmel und Erde. Und die Erde war wüst und leer ...

Leicht war dieser Neuanfang nicht. Religion bedeutet

»Rückbindung«, was für eine Frau, die ein Leben lang für Emanzipation und den Fortschritt gekämpft hat, eine Gegenbewegung im Leben darstellt, die es erst einmal innerlich einzuholen gilt. Aber der Nachmittag und die Lektüre der Genesis war ja auch erst ein Anfang. Religion – so erscheint es Elisa zunächst – ist alte Tradition, ist Gehorsam gegenüber Gottes Wille, ist Glaube, ist Unterwerfung, das Gegenteil des ungestümen Aufbruchs der schrecklichen Kinder der Neuzeit, die alle Bindung hinter sich lassen. Religion verteidigt das genealogische Prinzip des Ursprungs. Im Anfang schuf Gott … Aber dann erkennt Elisa Klapheck in der jüdischen Tradition eine »Tradition des Aufbruchs« – angefangen bei Abraham, der sich aus der Kultur Mesopotamiens aufmacht in ein noch unbekanntes Land, oder den hebräischen Sklaven, die den Aufbruch aus der pharaonischen Diktatur wagen. Zur Vorstellung von Gerechtigkeit im Judentum, so sagt die heutige Rabbinerin, gehört der Respekt vor den Unterschieden, dem Anderssein, dem jeweils Besonderen und dem Dissens. Das habe ihr geholfen, aus den ideologischen Tabus der Linken herauszutreten.

Mehr als dreißig Jahre später sitze ich mit Elisa und ihrem Mann Abraham de Wolf in ihrer Küche im Frankfurter Vorort Niederrad. Abraham, ein Rechtsanwalt, der unter anderem für SAP arbeitet, hat gekocht: ein Fischgericht mit Reis und »was gerade da war«, sagt er. Die beiden haben vor wenigen Tagen geheiratet. Wenn die Bekehrung zur Tradition in der jüdischen Tradition eine Gnade Gottes ist, die man nicht erzwingen kann (in der christlichen Tradition ist das genauso), dann die Ehe erst recht. Entsprechend lang hat es bei Elisa gedauert. Die beiden sind ein glückliches Paar.

Elisa ist in Düsseldorf geboren und aufgewachsen. In einem Haus, »sozialer Wohnungsbau«, erzählt sie, in dem NS-Überlebende nach dem Krieg unterkamen, Juden, Sozialdemokraten, Kommunisten. Die Mutter wurde in Rotterdam geboren, viele ihrer Verwandten haben die Nazis ermordet. Der Vater – er ist erst spät zum Judentum konvertiert – ist der Maler Konrad Klapheck. Man kennt seine übergroßen Schreibmaschinen.

»Meine Familie war gemäßigt links«, erzählt Elisa. Man hat immer SPD gewählt: Links und jüdisch, das habe für sie zusammen gehört. »Linke und Juden waren die Opfer der Nazis.« Das linke Weltbild erschien irgendwie auch als ein jüdisches Weltbild. Rechts zu sein, wäre ein Verrat gewesen, die Rechten, das waren die Täter. »Ich war zwangslinksmäßig eingemeindet«, sagt Elisa Klapheck heute und meint es nicht negativ. Es kamen nur die linken Foren infrage, wo das diskutiert wurde, was sie auch interessierte.

Aber das linke Milieu, so selbstverständlich es seit Kindheit zu ihr gehörte, war ihr immer auch ambivalent, irgendwie fremd geblieben, ein bisschen ungeheuer. Und das nicht nur wegen seiner Israel-kritischen Einstellung. »Richtig zugehörig« habe sie sich nie gefühlt, sagt Elisa, grundsätzlich negativ werde sie sich darüber aber auch nicht äußern, weil sie wisse, wie viel sie den linken, gerade den feministischen Gruppen und der Redaktion der *tageszeitung* in ihrem eigenen Lebensweg verdanke. »Da wurde ich aufgenommen, eingemeindet.« Da ist sie wieder, die Höhle, die Urgemeinde. »Ich hatte aber auch schon früh ein Unbehagen vor den linken Zusammenhängen und dem Druck der Gehirnwäsche. Es schien mir oft ideologisch zubetoniert.«

Elisa Klapheck erklärt sich diese merkwürdige Ambivalenz zwischen Dankbarkeit und Distanz zum Linkssein aus ihrem Geburtsjahr 1962. Sie ist zehn Jahre jünger als ich. Das linke Milieu war, als sie groß wurde, kein Ort mehr, wo man sich radikalisierte, schon gar nicht in dem Ausmaß wie Franz Sommerfeld das tat. Alles schon ein wenig abgestanden. Als

»dankbare Beobachterin« sieht sie sich im Nachhinein. Da ist beides drin, Zugehörigkeit und Distanz.

Als Schülerin wurde Elisa mit einer Kontrastwelt konfrontiert. Ihre Eltern haben sie in ein niederländisches Internat gesteckt, das in den dreißiger Jahren gerade auch deutschjüdische Kinder aufnahm, die nach England emigrieren sollten. Die Erziehung war britisch. In späteren Jahren wurde der Ton der Schule liberal-konservativ: Zugleich bekamen auch die Kinder der Neureichen, mitunter niederländische Steuerflüchtlinge, die in Belgien lebten, hier ihren Schliff. Das rechtsliberale Bürgertum schickte seine Kinder auf diese Schule. In den Niederlanden hat der liberale Individualismus seit dem 16. Jahrhundert eine große Tradition. Es ist der Stolz des Kaufmanns, der in der Welt herumgekommen ist und sich seines wirtschaftlichen Erfolges nicht schämen muss. Der weiß, wie viel von diesem Erfolg er seiner eigenen Leistung verdankt. Da kommt schnell Verachtung auf für jene, die sich hängen lassen, auf staatliche Unterstützung angewiesen sind. Und auf das Geld der Erfolgreichen. Die Kinder dieser Leute hat Elisa Klapheck damals kennengelernt. Man unterstützt die marktradikale VVD, die »Volkspartij voor Vrijheid en Democratie«. Eigenverantwortung des Einzelnen wurde hochgehalten und auf eine Weise ideologisiert, als hätten die Schüler die Maximen von Milton Friedman und Friedrich von Hayek bereits mit der Muttermilch eingeflößt bekommen. Der jungen Elisa war das fremd: Sie kam aus einem linken Haushalt, wo man Neureiche verachtete. Was für Elisas Eltern zählte, war alte Bildung und nicht neues Geld.

Und trotzdem. Elisa Klapheck hat in frühen Jahren in den Niederlanden eine liberale Welt kennengelernt und inhaliert, die niemand aus meiner Generation in Deutschland hätte erfahren können, wenn er hier aufs Gymnasium und zur Universität ging. Noch heute erzählt sie, wie fasziniert sie war, als Mitschülerinnen ihr präzise vorrechnen konnten, was von einem verdienten Gulden an Steuern und Beiträgen an den nimmersatten Sozialstaat gehe, und wie wenig der Bürger von seinem wirtschaftlichen Erfolg am Ende übrig behalte. Die haben ihren Eltern gut zugehört und deren Weltanschauung eins zu eins übernommen. So offen über Geld zu sprechen, so ablehnend über den Staat zu reden, das war eine andere Einstellung zur Gesellschaft als jene der Linken, die von Teilen, Solidarität und Gleichheit redeten und davon, dass der Staat dazu da sei, schicksalhafte Ungleichheiten auszugleichen.

Damals fand Elisa das ganz und gar abstoßend, diese ideologisch selbstbewusst egoistischen Kinder ihrer egoistischen Eltern. Heute sagt sie, dass es in gewisser Weise auch ehrlicher zugegangen sei als bei jener linksliberalen Welt der Doppelmoral, die sie teilweise im Künstlermilieu der berühmten und auch wirtschaftlich erfolgreichen Düsseldorfer Schule kennenlernte. Über Geld sprach man in ihrem Umfeld nicht öffentlich. Es ging ja um Kunst. Dabei wussten alle, Künstler wie Galeristen, wie sie dafür sorgen mussten, dass der Staat nicht zu ungebührlich auf ihren Erfolg zugriff. Die Niederländer redeten darüber, die Deutschen schwiegen und handelten. Es ist eine neue Erfahrung dessen, was man sieht und was man nicht sieht. Der Linke betrügt den Fiskus heimlich, der Liberale macht es offen. Ich jedenfalls wunderte mich in den vergangenen Jahren, wie viele meiner linken Freunde beiläufig erzählten, dass sie ein Konto in der Schweiz haben – und man sah ihnen die Sorge ins Gesicht geschrieben: Es war nicht die Angst vor dem linken Tribunal der Gerechtigkeit, sondern vor Wolfgang Schäubles Steuerfahndern.

Für Elisa Klapheck hatte das konservativ-liberale Milieu auch später, so fremd es ihr blieb, nichts von seiner Faszination verloren. Wie die linken Männer über die hübschen Frauen ihr Linkssein radikalisierten, so hat sich Elisa später über eine Affäre mit einem attraktiven Mann noch einmal der liberal-konservativen Welt genähert. Der junge Mann habe sie erotisch auch fasziniert, weil er eben rechts-liberal war. Später wurde er eine Schlüsselfigur der neuen konservativen Rechten in den Niederlanden und aus Elisa Klaphecks Sicht sogar geistiger Wegbereiter des Rechtspopulisten Geert Wilders. Die Affäre war für die junge Jüdin, wie sie heute gesteht, eine krasse Tabu-Überschreitung. Sie hat das ernst genommen, jenes Spiel mit dem Teufel, und damals, also Anfang der achtziger Jahre, Ayn Rands Buch »Atlas Shrugged« gelesen, jenen nahezu unlesbaren und uferlosen Roman einer russischen Emigrantin in den USA, der heute zur Bibel der libertären Bewegung auf der ganzen Welt und der Tea-Party in Amerika geworden ist und schon damals ein Geheimtipp der Libertären war. Auch hat sie als junge Frau Friedrich von Hayek und Ludwig von Mises gelesen, Namen, die hierzulande kaum jemand kannte. Das mutet bei einer linken Jüdin wie ein Spagat an. Später fand Elisa Klapheck jedoch heraus, dass Ayn Rand Jüdin war. Sie habe, wie auch Hayek und Mises, aufgrund historischer Erfahrungen eine Abneigung gegen den Staat entwickelt. Den antitotalitären Reflex teilten sie wiederum mit vielen Juden.

Eine Bekehrung zum liberalen Weltbild ist daraus nicht geworden; es blieb eine Affäre. Bei aller beobachtenden Distanz zum linken Milieu, verlassen hätte Elisa Klapheck es nicht. Im Nachhinein beschreibt sie die Jahre bis zu jenem Moment im Sommergarten mit dem großen Kuchenblech und dem Ausruf »Let's read the Bible in Hebrew« als Zeit der »labyrinthischen Bezugslosigkeit«, die zugleich auch eine Beziehungslosigkeit war. Sie hat mal dies, mal jenes studiert. Aber egal, wie sie rangegangen sei: »Ich bin nicht zu mir und an mein Denken gekommen.« Sie habe ihre Sprache nicht gefunden. »So ging es mir auch mit den Menschen. Es gab keine wirklichen Freundschaften; zu ihren Themen fand sie nicht den richtigen Mann und umgekehrt. »Ich habe mich überall hineingestürzt und kam – wie im Labyrinth – nicht mehr raus.«

Elisa Klapheck beschreibt den Prozess der religiösen Erfahrung und Bekehrung fast in den Worten von William James als Aufhebung einer Zerrissenheit. Die »soziale Fontanelle« hat sich geschlossen, weil sie in der Auseinandersetzung mit der Religion ihre jüdische Identität fand. Sie, die sich als Feministin versteht, setzt sich mit dem Bild der Frau in der biblisch-rabbinischen Tradition auseinander. Und sie entdeckt: Schon das antike Judentum hat die moderne Gender-Debatte vorweggenommen. Es ist keine Unterdrückungsgeschichte weiblicher Sexualität. »Der jüdische Mann ist verpflichtet, die Bedürfnisse seiner Frau zu befriedigen.« Mit der Rückbindung an die Religion muss Elisa Klapheck ihr früheres Leben nicht abspalten. Sie kann links bleiben, kann Feministin werden. Sie kann es integrieren.

Elisa lernt in Tel Aviv Hebräisch. Sie lässt sich in Amerika zur Rabbinerin ausbilden. Sie findet ihren Beruf. Sie findet ihren Mann. Sie promoviert, natürlich über eine jüdische Intellektuelle. Heute steht sie in Frankfurt einer kleinen jüdischen Gemeinde vor, die sich »egalitärer Minjan« nennt. Da haben die Frauen gleiche Rechte; sie beten gleichberechtigt mit den Männern. Es ist eine liberale Gemeinde, und Elisa Klapheck hat kein Problem mehr damit, sich als »religiös« zu bezeichnen. Jüngst ist sie in die SPD eingetreten, aus Überzeugung, »weil sich das sozialdemokratische und das jüdische Denken eben doch wesentlich überschneiden«, und weil Abraham der Vorsitzende des Arbeitskreises der Juden in der SPD ist. Einen Arbeitskreis mit Bankern und Wirtschaftsleuten haben die beiden auch gegründet, wo es darum geht, wie eine moderne jüdische Wirtschaftsethik aussehen könnte und was Gerechtigkeit sein kann in der Welt von heute. Die »soziale Fontanelle« hat sich geschlossen.

Mit den Lebens- und Konversionsgeschichten von Franz Sommerfeld und Elisa Klapheck sind wir in den vor- und rückgreifenden Erzählungen über das Linkssein seit dem Jahr 1973, mit welchem wir unsere Betrachtungen begonnen haben, weit an die Gegenwart herangerückt. Umso mehr verwundert, dass trotz »Totalsieg« der westlichen Marktordnung über alle sozialistischen Alternativen im Jahr 1989 der gemäßigt linke Mainstream sich bis heute relativ unbeirrt gehalten hat. Man hat es sich einfach in seinen Überzeugungen behaglich gemacht, wie man es in den Plaudereien der Altlinken um Cordt Schnibben beispielhaft nachlesen kann. Im Grunde entspricht deren Abneigung gegen Ökonomisierung und Globalisierung einer Grundeinstellung zu Wirtschaft und Gesellschaft, wie sie bis in die breite Mitte der heutigen Gesellschaft hinein anzutreffen ist. Als ob sich nichts geändert hätte. Man ist für Mindestlohn und Mietpreisbremse, warnt vor Fracking und Freihandelsabkommen und träumt von der »Shared Economy«, in der alle alles miteinander teilen wie die Jünger Christi in der Apostelgeschichte. Es ist der Sound der linken Bourgeoisie der langen Merkel-Jahre, den wir hier vernehmen.

Wie sind wir bloß dahin gekommen, in diese Mainstream-Welt des gepflegten linken Zeitgeistes? Um sich der Antwort zu nähern, ist ein Blick auf die kollektiven Erfahrungen seit den achtziger Jahren in Deutschland hilfreich. Wir haben diese Geschichte irgendwo Mitte der Achtziger auf Seite 73 verlassen, mit der Feststellung, dass sich damals die skeptische Sorge in Deutschland überall tief eingenistet hat. Die Erfahrung des Atomunfalls von Tschernobyl 1986 markiert nach den Demos im Bonner Hofgarten einen neuen Tiefpunkt der deutschen Stimmung; seit dem bleichen »Deutschen Herbst« 1977 war sie ohnehin gedrückt geblieben. Die Linke war inzwischen ökologisch sensibilisiert und spielte den Blues der nahenden Apokalypse. Die Soziologen erfanden die »Risikogesellschaft« und SPD-Barde Franz Müntefering beklagte, die SPD habe sich von der Partei des Fortschritts zur Partei der Technikfolgenabschätzung gewandelt. Tatsächlich war es in unseren Tübinger Studientagen ein großes Lob innerhalb der linken Freunde, wenn man als »fortschrittlich« bezeichnet wurde. Der Begriff wurde damals inflationär benutzt. Wer keine »fortschrittliche« Position bezog (darunter war eben das gängige linke Idiom zu verstehen), wer nicht zu den fortschrittlichen Kräften gezählt wurde, brauchte sich gar nicht sehen lassen, geschweige denn bekam er eine Chance auf ein politisches Amt im studentischen Positionskampf.

Jetzt war vom Fortschritt kaum mehr die Rede. Die Protestbewegung dieser mittleren achtziger Jahre war, nach einer treffenden Beschreibung des Freiburger Historikers Ulrich Herbert, gezeichnet von einem eigentümlichen Kulturpessimismus, in dem alles mit allem zusammenhing: Kapitalismus und Naturzerstörung, Imperialismus und Basisdemokratie, Kommunismus und Atomwirtschaft, Gewässerschutz und göttliche Ordnung. Die Linke war damals bei den Aktivisten der Hüttendörfer in Gorleben oder im Frankfurter Wald zu finden, wo man gegen die »Startbahn West« protestierte, aber nicht mehr wirklich im Zentrum der Städte. Technikfeindschaft war das tragende Thema. Die widersprüchliche Gemengelage aus Idealismus und Militanz, Umweltbewusstsein und modernekritischer Emphase – um noch einmal Herbert zu zitieren – reagierte auf den Zerfall traditioneller soziokultureller Milieus, auf die forcierte Individualisierung oder die gestiegenen Partizipationsansprüche gegenüber Staat und Verwaltung. Wachstumskritik hatte Konjunktur – und Wachstumszwang, das war doch wohl der Kern jenes Kapitalismus, den man immer noch nicht wollte, den man lieber nach Kräften verspottete: »Jetzt wird wieder in die Hände gespuckt, wir steigern das Bruttosozialprodukt«, sang die Gruppe »Geier Sturzflug«.

Zugleich zeichnete sich ein kultureller Wandel in der Gesellschaft ab. Eine neue Generation, die von den Alten als unkritisch und unpolitisch beschrieben wurde, zeigte sich weniger konsumkritisch und antimaterialistisch eingestellt. Äußerlichkeiten zählen mehr und mehr, Marken wurden wichtig, um Zugehörigkeit und Distinktion zu signalisieren. »Benetton«, »Nike« und »Boss« waren die Erkennungszeichen der Generation Golf in den späten achtziger Jahren. Die Ästhetik der Oberfläche verband das Image des Produkts mit dem des Käufers, schreibt Ulrich Herbert und verrät damit zugleich, welcher Generation er selbst angehört. Im Maße wirtschaftlicher Stabilisierung in den späten achtziger Jahren trat die manifeste Skepsis in den Hintergrund. Hatten zu Silvester 1981 nur 32 Prozent der Bevölkerung gesagt, sie verbänden mit dem neuen Jahr überwiegend Hoffnungen, waren es 1985 61 Prozent und 1989 68 Prozent. Ein beachtlicher Schub an Positivem. Im Sommer 1989 war von »No Future« nur noch wenig die Rede. Der Hit des Jahres hieß »Don't worry, be happy«.

Die Deutschland dominierende Kohorte der Linken, die jetzt alle auch in den Institutionen, Werbeagenturen oder Sozialstationen angekommen waren, schweißte das umso mehr zusammen. Sie hatte sich solch schlichten Optimismus nie zu eigen gemacht. Man blieb bei seinem Widerwillen gegenüber dem neuen Konsumismus, machte daraus jetzt einen Generationenkonflikt gegen die nachfolgende, unkritische, materialistische Kohorte. Als nach dem Untergang des Sozialismus die These vom »Ende der Geschichte« des amerikanischen Historikers Francis Fukuyama weltweit für Aufsehen sorgte, warnten die Linken: Jetzt nun, nachdem die Systemalternative als ideologischer Wettbewerber verschwunden sei, werde der Kapitalismus seine Fratze unverstellt zeigen. So hat es die Linke verstanden, selbst noch nach der Kapitulation des Kommunismus diesem einen geschichtsphilosophischen Sinn abzugewinnen. Jetzt, am Ende, soll es dann wenigstens die welthistorische Aufgabe des menschenverachtenden Sozialismus gewesen sein, den Kapitalismus in seine Schranken zu weisen und zu disziplinieren. Vom »Sieg des Liberalismus«, wie Fukuyama meinte, wollte die Linke nichts wissen.

Vor allem hierzulande nahm die Zahl der Arbeitslosen von Jahr zu Jahr zu, erreichte Mitte der neunziger Jahre die Schwelle der magischen vier Millionen. Der amerikanische Autor Douglas Coupland erfand die Generation X. 1991 erschienen, schildert das Buch das Ende des Aufstiegstraums jener Kinder der Babyboomer, die zufrieden sind, wenn sie einen der neuen »McJobs« ergattern. Die Definition dieses Begriffs hat Coupland berühmt gemacht: ein niedrig dotierter Job mit wenig Prestige, Würde, Nutzen, ohne Zukunft, im Dienstleistungsbereich. Als befriedigende Karriere wird dies allenfalls von Leuten bezeichnet, die niemals eine gemacht haben. Immerhin haben sie Arbeit, diese Kids, wenngleich auf niedrigerem Niveau als früher. Die Generation X steht gleichwohl besser da als jene »Working Poor«, deren Einkommen unterhalb des Existenzminimums liegen, die aber gleichwohl auf Arbeit nicht verzichten wollen. Allenthalben war man in Sorge, dass uns die Arbeit ausgehen werde, eine Gefahr nicht nur für unser Einkommen und unseren Wohlstand, sondern auch für die Frage, wo wir denn künftig den »Sinn« des Alltags finden würden.

Es sollte noch ein paar Jahre dauern, bis die Linke zumindest eine Weile lang selbst die weiße Fahne hisste und kurz davor stand, ihren Frieden mit dem Kapitalismus zu machen – um allerdings hinterher umso enttäuschter und umso stürmischer in den alten Furor zu verfallen. Das Epochenstichwort für diese Zeit des »historischen Kompromisses«, eine Versöhnung auf Zeit, heißt »New Economy«. Seit 1995, anfangs langsam, dann immer schneller, hatte das Internet begonnen, die Welt zu revolutionieren. Da wehte auf einmal wieder der Wind des Fortschritts durch die Lande. Bis zur Jahrtausendwende hatten sich viele Haushalte einen Zugang zum weltweiten Netz zugelegt. Man kaufte Bücher bei Amazon, ersteigerte seinen Nippes bei eBay und googelte sich die Informationen über seine Freunde (und sich selbst) im Netz zusammen. Zugleich machte der Mobilfunk das Telefonieren für alle viel komfortabler als früher. Weil Flugreisen immer billiger wurden, konnten wir jetzt die Welt erobern, ohne sogleich zu verarmen. Deregulierung und Privatisierung heißen die Stichworte dieser Jahre, klare Kampfbegriffe der Neoliberalen. Da die schwarzgelbe Regierung aber nicht den Sozialstaat demolierte (Rente, Krankenversicherung und Stütze waren ja sicher), sondern an einigen Güter- und Dienstleistungsmärkten (Telefon, Post, Strom) die Deregulierung erprobte, schien die Sache nicht allzu schlimm zu werden. Im Gegenteil, war doch nicht zu übersehen, dass nach der Privatisierung viele Dinge erschwinglicher wurden, auch für den »kleinen Mann«.

Eine Fülle von neuen Internetunternehmen sprossen aus dem Boden, die sich ihr Kapital am neuen Markt holten und deren Aktienkurs durch die Decke ging, obwohl sie noch nicht einmal Gewinne machten. Ein Beispiel war die Berliner Firma Jamba, die über das Internet Klingeltöne und Spiele für das Handy verkaufte und mit solchem Firlefanz bald eine Marktkapitalisierung an den Tage legte, die viele Industrieunternehmen – man nannte sie etwas bedauernd »Old Economy« – in langen Jahrzehnten nicht hinbekamen. Viel nachhaltiger erlebt wurde indessen der Börsengang des privatisierten Staatsunternehmens Telekom im Jahr 1996, der ganz Deutschland durcheinanderwirbelte: Das war wohl die einzige Zeit im eigentlich aktienfeindlichen Deutschland, wo auch in den Lehrerzimmern der Gymnasien in den großen Pausen nicht mehr die nächste Projektwoche, sondern die Kursentwicklung diskutiert wurde. Und im Fernsehen kam jetzt täglich in der *Tagesschau* der Herr Lehmann mit dem gewöhnungsbedürftigen hessischen Humor zu uns nach Hause, der live von der Frankfurter Börse die neuesten Rankings durchgab. Den Begriff Cash-Burn-Ratio musste er nicht mehr eigens erklären, weil die Zuschauer schon wussten, dass es sich dabei um die Geschwindigkeit handelte, mit der die neuen Firmen Verluste machten, ohne je Gewinne gemacht zu haben. Was dem Auftrieb des Aktienkurses keinen Abbruch tat. Die Deutschen waren auf dem Weg, ein Volk der Aktionäre zu werden – weniger, weil die Leute endlich von der Überlegenheit des angelsächsischen Kapitalismus überzeugt gewesen wären, sondern weil, wie man so sagt, Geld sinnlich macht und der ein oder andere einen spekulativen Trieb in sich entdeckte, der ihm bis dahin fremd gewesen war.

Ende 1999 stand der Dax bei fast 7000 Punkten; in einem einzigen Jahr hatte er 39 Prozent an Wert zugelegt. Im Jahr 2000 erreichte die schöne neue Dotcom-Welt ihren Höhepunkt. Von nun an ging es bergab. Und all jene, die mit dem Dax- und Nemax-Aufzug der neuen Marktwerte nach oben gefahren waren, fuhren mit ihm auch wieder nach unten, immer hoffend, der Wind der Kurse werde sich doch noch drehen. Dieser grandiose Absturz des neuen Marktes und zugleich auch der großen Telekom-Werte kann als Auslöser für die heutige Abneigung vieler Bürger, nicht nur der Linken, gegenüber dem Kapitalismus gar nicht überschätzt werden. Denn sie entspringt der Scham über sich selbst, sich eingestehen zu müssen, selbst auch an der großen Gier beteiligt gewesen zu sein. Wie peinlich. In einem mythischen Sinn wird der Absturz der Märkte als Strafe für diesen Größenwahn gedeutet. Als ob man sich habe verführen lassen vom Widersacher, dem Bösen, und wie der arme Adrian Leverkühn in Thomas Manns »Doktor Faustus« ins frivole Schlupfhaus des Kapitalismus mitnehmen. Die Vermutung geht über naheliegende Küchenpsychologie hinaus: Der dadurch entstandene Selbsthass – wie konnte mir das passieren? Selbst schuld! – ist auf Dauer nicht durchzuhalten. Da bot es sich geradezu an, die Wut auf sich selbst auf den Kapitalismus als solchen abzuschieben. Was ist das für ein Wirtschaftssystem, wo man ohne Vorwarnung solche Verluste erleidet? All die Eltern, die ihren Kindern zur Geburt anstelle des guten alten Sparbuches bei der Kreissparkasse eine ordentliche Anzahl Telekomaktien ins Depot gelegt hatten, fühlten sich nun sündig mit Blick auf die Zukunft ihrer Sprösslinge. An all diesem Ungemach konnte nur der Kapitalismus schuld sein.

Gewiss, als die Kurse nach oben gingen, haben die anschließend gebeutelten Neuaktionäre sich nicht über den Kapitalismus beschwert. Das war es ja, was sie sich im Nachhinein als Verführbarkeit übel nahmen. Jetzt freilich, nachdem die Dotcom-Blase geplatzt war, waren sie für rationale Erklärungen wenig zugänglich. Tatsächlich hatte die Welt in diesen Jahren eine technologische Revolution erlebt, wie sie sich in einem Jahrhundert nur ein- oder zweimal ereignet, vergleichbar etwa mit den gewaltigen Veränderungen des Eisenbahnzeitalters. Der Kapitalismus hat in den neunziger Jahren viel Neues geschaffen, von dem wir heute alle zehren. Menschliche Kommunikation, der Handel, die Automatisierung (»Internet der Dinge«), all das ist nun über einen Mausklick erreichbar und kommt einer Revolution gleich (bei der man nun gar nicht notwendigerweise alles gutheißen muss), die sich eruptiv als schöpferische Zerstörung Bahn brach. Weil man im Vorhinein aber, solange die Evolution im Fluss ist und die spontane Ordnung sich erst herausbildet, noch nicht weiß, was sich langfristig durchsetzt, fließt das Geld der Investoren – eben auch der Mütter, die Aktien für ihre Kinder kaufen – ziellos in alles Neue. Wer sein Geld in Google und Amazon angelegt hat, hat keinen Fehler gemacht. Wer es in all die inzwischen untergegangenen High- und Biotech-Firmen investiert hat, hat es verloren. Aber so geht es immer, wenn Risiken im Spiel sind. Mit Schuld – weder mit persönlicher Schuld noch mit Schuld des Kapitalismus – hat das alles nichts zu tun.

Seit dem Jahr 2001 hat der Kapitalismus bei sehr vielen Deutschen verspielt, die gerade erst anfingen, sich mit ihm anzufreunden. Die Finanzkrise im Jahr 2008, gefolgt von der Eurokrise, waren, so vermute ich, weniger einschneidende Ereignisse als die Dotcom-Enttäuschung, kamen aber gerade recht, um die Berechtigung des neuen Antikapitalismus zu liefern. Aktiendepots schrumpfen, Banken ziehen ihre Kunden über den Tisch und müssen von Staaten gerettet werden – und im Gefolge zieht dieser Turbokapitalismus ganze Staaten in den Abgrund. Wenn das kein Beleg dafür ist, dass dem Kapitalismus sein faktisches Systemmonopol seit dem Untergang des Sozialismus nicht gut bekommen ist!

Daraus spricht auch ein verständliches Sicherheitsbedürfnis. Menschen ertragen Unsicherheiten nur sehr schwer. Der Kapitalismus ist langfristig eine viel Wohlstand schaffende, sichere Angelegenheit, auf die man bauen kann. Kurzfristig gibt es aber viele Unwägbarkeiten – und wem nützt schon, so sagen viele – die Langfrist, wo langfristig mit uns geschieht, was schon der große John Maynard Keynes wusste: Wir sind alle tot. Tatsächlich ist es die große Kränkung des Kapitalismus, dass er noch nicht einmal langfristig Leistungsgerechtigkeit herstellt – oder, wie ich alsbald begründen werde – dass der Kapitalismus zwar ein Wohlstandsversprechen, aber weder ein Gleichheits- noch ein Leistungsversprechen jemals abgegeben hat.

Wenn man so will, so haben die Deutschen in den Jahren nach 2001 (Dotcom!) und 2008 (Lehman!) erstmals wirklich die Härte und systembedingte Unsicherheit des Kapitalismus erlebt, wenngleich auf hohem Wohlstandsniveau. Sie wären bereit gewesen, sich auf den Kapitalismus einzulassen. Aber nur, wenn es ihn ein wenig kuscheliger gegeben hätte. Am Ende dieser Welle riskanter Erfahrungen mit dem Kapitalismus bekannte der *FAZ*-Feuilleton-Herausgeber Frank Schirrmacher: »Ich beginne zu glauben, dass die Linke doch recht hat.«

Mehr noch: Seit 2001 bis heute hat der Kapitalismus nicht nur seine systembedingte Instabilität bewiesen, die wir in den Jahren der sogenannten großen Moderation vergessen hatten. Sondern er hat auch gezeigt, dass er Einkommensgleichheit nicht herstellen kann und will, und die Schere der Einkommen sich innerhalb einzelner Länder sogar öffnet. Tatsächlich hat die Öffnung von Markt und (relativ) freiem Handel vor allem den Menschen in Asien große Aufstiegschancen und viel relativen Wohlstand beschert. In Indien und, mehr noch, in China gibt es inzwischen millionenstarke, konsumfreudige Mittelschichten – dank des dort eingeführten Kapitalismus. Innerhalb von wenigen Jahrzehnten wurde die Armut auf der Welt (gemessen an jenen, die weniger als einen Dollar am Tag zur Verfügung haben) halbiert. Dieser Aufstieg der asiatischen Nationen hat die Staaten untereinander gleicher werden lassen. Aber zugleich wuchs die Ungleichheit innerhalb der Bevölkerung der neuen Wohlstandsländer zwischen jenen, die es in die Mittelschicht geschafft haben, und jenen, die es, aus welchen Gründen auch immer, nicht geschafft haben und Bauern und Wanderarbeiter bleiben.

Auch in den reichen Nationen Amerikas oder Europas wachsen die Einkommen und Vermögen der obersten ein oder zehn Prozent rascher. Das hat vielfältige Ursachen. In einer globalen Welt zahlt sich Bildung mehr aus als in einer national geschlossenen Welt. Zugleich nahmen seit dem Zweiten Weltkrieg allenthalben die Vermögen jener erfolgreichen Schichten zu, die sie nun – gut verzinst – an die nachfolgenden Generationen vererben konnten. Eine Gruppe reicher Rentiers (»Couponschneider«) kam in den Blick, die ihr »unverdientes Vermögen« anstrengungslos mehren oder nach Lust und Laune ausgeben konnte. Schließlich haben in einigen Ländern (USA, aber auch Deutschland) die Reichen überproportional von Steuersenkungen profitiert, was abermals die Spanne der Klassen öffnete. Das alles ist – nicht erst seit den Debatten des Jahres 2014 um das Buch »Capital« des französischen Ökonomen Thomas Piketty – hoch umstritten. Offen ist nicht zuletzt die Frage, ob diese Spreizung der Einkommen und Vermögen auch die Bedingung der Möglichkeit von Wachstum und vor allem der Schaffung von Arbeit ist. Gewiss ist auch, dass die Zunahme der Ungleichheit vor allem in Deutschland durch einen großzügig umverteilenden Wohlfahrtsstaat abgefedert wird. Die Ängste der Mittelschichten vor dem eigenen Absturz – oder dem Absturz der Kinder – sind größer als die realen Anhaltspunkte dafür in den Statistiken oder den Prognosen. Aber das macht die Sache nicht besser.

Die Skepsis gegenüber dem Kapitalismus ist heute so groß wie schon lange nicht mehr. Seit etwa zwanzig Jahren wächst die Unzufriedenheit der Deutschen mit der sozialen Lage im Land, sagen die Allensbacher Meinungsforscher. Das wird erkennbar an den Antworten auf die Frage »Sind die wirtschaftlichen Verhältnisse bei uns in Deutschland – ich meine, was die Menschen besitzen und was sie verdienen – im Großen und Ganzen gerecht oder nicht gerecht?«. Von 1964 bis Anfang der neunziger Jahre hielten sich die Anteile derjenigen, die sagten, die Verhältnisse seien gerecht, und die Zahl derer, die sie für nicht gerecht ansahen, ungefähr die Waage. Seither aber steigt – von kurzfristigen Schwankungen abgesehen – der Anteil derer kontinuierlich, die die Verhältnisse für nicht gerecht halten. Heute liegt er bei 65 Prozent. Nur noch 18 Prozent widersprechen ausdrücklich. Viele sind der Meinung, dass es ihnen ganz persönlich in einem Wirtschaftssystem, das stärker vom Staat kontrolliert wird, besser, keinesfalls aber schlechter gehen würde. Kein Wunder, dass die FDP, die einzige halbwegs liberale Partei in Deutschland, zerbröselte und inzwischen in den Wahlumfragen, weil unter drei Prozent gerutscht, nur noch als »Sonstige« vorkommt. Ein Kapitalismus, der Ungleichheit bringt, instabil ist, die Tüchtigen gar bestraft! Hatten wir so gewettet? Nein, sagen viele, und sind erst recht links geworden, selbst dann, wenn sie es vorher nicht waren. Kein Wunder auch, dass auch in den ideologiefernen Kreisen ein gepflegter Antikapitalismus heute wieder zum guten Ton gehört.

Vor 1989 gab es schon einmal eine Wendegeneration in Deutschland. Es ist die »Wendegeneration Kohl«. Jene um das Jahr 1964 auf dem Höhepunkt der Babyboomerzeit herum geborene Kohorte, die von linken Lehrern erzogen wurde, im linken Milieu groß wurde und zur Alternativlosigkeit eine Alternative suchte. Als Helmut Kohl 1982 an die Macht kam und die »geistig-moralische Wende« ausrief (aus der dann nicht viel wurde), waren sie gerade erwachsen geworden. Die Wendegeneration Kohl verstand sich wertebewusst und konservativ und lehnte sich auf gegen die Dominanz der linken Moral, von der sie sich seit Schultagen umzingelt sah und die sie spießig fand.

Mathias Döpfner, der Springer-Chef, geboren 1963, zählt dazu. Auch der Publizist Wolfram Weimer, geboren 1964. Politisch von sich hören machten Hermann Gröhe, geboren

1961, lange CDU-Generalsekretär, seit 2013 Bundesgesundheitsminister. Auch Norbert Röttgen, geboren 1965. Von weitem gehören auch Roland Pofalla, geboren 1959 und heute Bahn-Vorstand, oder Frank Schirrmacher, ebenfalls geboren 1959, in diese Gruppe. Man wollte modern sein, also nicht links, sondern wertkonservativ, verabscheute den Hass auf die Sekundärtugenden (Oskar Lafontaine), liebäugelte im Zweifel eher mit Schwarz-Grün als mit Sozialliberal. Röttgen und Pofalla sind die legendären Begründer jener Pizza-Connection, die im alten Bonn in den achtziger Jahren an solch einem Bündnis schmiedete. Auffallend viele Rheinländer sind darunter. Mit den herrschenden Verhältnissen, die man nicht so genannt hätte, war man, anders als die zehn Jahre älteren, einverstanden. Elisa Klapheck, die Rabbinerin, gehört natürlich auch dazu; aber ihre deutsch-holländische Kindheit macht die linke und heute fromme Jüdin in vieler Hinsicht zur Ausnahme.

Ulrike Guérot, katholisch, geboren im September 1964 in Grevenbroich am Niederrhein, als Ulrike Beate Hammelstein, erfüllt hingegen alle Voraussetzungen dieser Kohorte. Sie kommt aus CDU-Haus, ist in der konservativen Welt ohne Murren groß geworden: Junge Union, RCDS, alles, was dazu gehört, hat als Frau Karriere gemacht – hat sich aber inzwischen längst von der konservativen Welt getrennt und versteht sich, wenn auch mit vielen Einschränkungen, heute als links.

Mich interessiert, wie eine solche »umgekehrte« Biographie zustande kommt. Die Pofallas und Röttgens sind, jedenfalls soweit bekannt, nie auf die Idee gekommen, sich von ihrer wertkonservativen Prägung zu lösen. Hatte Ulrike Guérot früher Verstand und später entdeckt, dass das Herz doch links schlägt? Ganz falsch ist das nicht; aber alles ist ein wenig komplizierter.

Ulrike beschreibt sich als Bildungsaufsteigerin. Die Eltern hatten kein Abitur. Der Vater arbeitete als Exportsachbearbeiter in einem Maschinenbauunternehmen, verlor früh nach der Babcock-Insolvenz im Jahr 2002 seine Arbeit. Die Mutter arbeitet nach der Kinderpause in der Bank. Der Vater ist CDU-Mitglied und hatte ein Mandat im Rat der Stadt. Die Tochter verteilt im kommunalen Wahlkampf den »Kandidatenbrief« ihres Vaters. Nachdem der jüngere Bruder zur Rebellion gegen die Eltern geblasen hatte (war links, rauchte Joints, spielte laut E-Gitarre), fühlte Ulrike erst recht, sie müsse dem Vater die Stange halten. »Es können nicht zwei Kinder für den Vater ausfallen.«

Die Siebziger seien an ihr vorbeigegangen, erzählt sie: Kernenergie, Woodstock, bewegte Lehrer, Pink Floyd. Nichts davon. »Ich war die Landpomeranze«, sagt sie mit viel Understatement. Man war in der katholischen Mädchengruppe. Nicht politisch. Es wurde gestrickt; sommers ging es ins Ferienlager. Der Sohn vom Zahnarzt, so ein oder zwei andere Gestalten, seien links gewesen. Ansonsten war die kleinbürgerliche Welt in Grevenbroich damals noch in Ordnung. Ihre erste politische Erinnerung fällt interessanterweise auf das Jahr 1973 mit dem Fahrverbot am Sonntag: »Ich musste ins Krankenhaus, und das Taxi war so teuer.« Das bleibt hängen.

Ulrikes erster Freund, der Blick ging nach oben, war der Sohn des Bürgermeisters. Bildungsaufsteiger orientieren sich – ich weiß, wovon ich rede – bei der Wahl der frühen Partner immer (auch) an deren Elternhaus. Bei Bürgermeisters gab es ein großes Wohnzimmer mit riesigem Bücherregal, auf dem Couchtisch lag die *FAZ*, und es stand dort ein Klavier. Bei Hammelsteins zu Hause gab es nur die Lokalzeitung. »Ich sehe mit 14 die *FAZ* und kriege mit, es gibt ein Leben über mir.« Bei Hammelsteins standen das Volkslexikon von A bis Z und die »Angelique«-Romane; dahinter hatte die Mutter

Alice Schwarzer (»Der kleine Unterschied und seine großen Folgen«, erschienen 1975) versteckt: Ein kleines Geheimnis musste Frau ja haben. Hinzu kommen ein paar Langspielplatten mit Operetten. So weit der kleine Unterschied zwischen dem größeren und dem kleineren Bürgertum vor vierzig Jahren in Grevenbroich.

Ulrike sagt, für sie habe es sich als selbstverständlich dargestellt, dass, wer Bildung wollte, irgendwie rechts sein und *FAZ* lesen müsse. Bildungsbürger sind eben konservativ. Dass es auch ein tolerantes linksliberales Bürgertum gibt, dafür fehlte ihr am Niederrhein das Modell. »Später habe ich den Juraprofessor und Schriftsteller Bernhard Schlink kennengelernt und überrascht festgestellt, dass man als Verfassungsrechtler auch links sein könne.« Und *La gauche caviar*, die linke Welt des Luxus, die lernte sie erst in ihren späteren Jahren in Paris kennen. In Grevenbroich waren nur die Arbeiter links. Die nannte der Vater »die Roten«, sie arbeiteten in der Aluminiumfabrik. »Gegen die Sozen hat mein Vater jeden Abend bei der Tagesschau losgepöbelt«, erzählt Ulrike: Hohe Inflation, hohe Zinsen, daran war die Regierung Schmidt schuld. »Die waren auch dafür verantwortlich, dass wir so teure Schulden und Zinszahlungen auf unserem kleinen Haus hatten und das Haushaltsgeld meiner Mutter immer knapp war.« Die Sozen waren ohnehin an allem schuld. Wie hätte man da als junge Frau links werden sollen. 1983, im Bonner Hofgarten, da war Ulrike auch dabei. Auf der Seite jener, die für die Stationierung der Pershing-Raketen demonstrierten. Und am 13. August, dem Tag des Mauerbaus, sei man auch immer auf die Straße gegangen, mit einem kleinen Häuflein, organisiert von JU und RCDS. Mit zwanzig Leuten. Man musste in dieser Zeit ganz schön stark sein, um das durchzuhalten.

Früh hatte Ulrike ihre Liebe für Frankreich entdeckt. Die Oma aus Oppeln, Schlesien, hatte ihr den Rat gegeben, Französisch zu lernen: Das sei die Sprache der Musik und der Liebe. In Paris hat sie studiert und in die Oberschicht, wie sagt man, eingeheiratet: »Bildung führte dann in die (bürgerliche) Ehe – mein französischer (Ex-)Mann bzw. seine Familie waren, sagen wir mal, wohlhabend.« Hier nun, wir befinden uns inzwischen Mitte der neunziger Jahre, hatte Ulrike Guérot (klingt doch, ehrlich, auch viel schöner als Hammelstein) es geschafft. Bildung (von den französischen Klassikern über die schottischen Aufklärer bis zur deutschen Tradition der politischen Philosophie konnte ihr keiner mehr etwas vormachen), Sprachen (Französisch und Englisch perfekt), Status (am Wochenende fährt man von Paris aufs Land), Einkommen, zwei Söhne. Alle perfekt. Es war wie in den Romanen Paul Coelhos: Sie hatte vieles, was es zum Glücklichsein braucht, eine gesicherte Existenz, einen wunderbaren Ehemann, süße Kinder, einen spannenden Beruf. Das war die beste Voraussetzung, von einem anderen Leben zu träumen.

Die Zeit war gekommen, die Höhle zu verlassen. Womöglich müssen die eigenen nicht reflektierten Sehnsüchte und die Wünsche der Eltern erst realisiert sein, bis der Moment gekommen ist, in dem die Frage nach dem Eigenen auftauchen kann. Autonomie ist nicht die Bestimmung des Selbst aus dem Nichts, sondern aus einer ersten Umhausung, in welcher Beziehung, Beruf und Wertewelt ein erstes, nicht-reflexes Amalgam eingehen. Erst, wer schon jemand ist, kann sich fragen, wer er sein will. Das passiert dann gewiss nicht geplant, kommt irgendwie, ergreift und erschüttert dann das ganze Leben.

Ulrike Guérot geht Anfang der Neunziger zusammen mit Mann und Familie nach Deutschland, weil sie in Frankreich keine passende Arbeit findet, heuert im Bundestagsbüro des CDU-Politikers Karl Lamers an, arbeitet mit am berühmten Schäuble-Lamers-Papier über die Vollendung der Europäischen Union. Europa-Politik wird ihr fortan zur Leidenschaft, die deutsch-französische Expertise prädestiniert sie dazu. Sie ist hübsch und rothaarig; die Männer fördern sie. Sie schmückt jedes Panel in jedem Land. Dann, 1995, geht sie wieder zurück nach Paris, übernimmt eine Stelle im neuen Thinktank »Notre Europe« des französischen Sozialisten Jacques Delors. Dort lernt sie einen deutschen Ökonomen, einen Keynesianer, kennen, der ihr Ökonomie beibringt. Das wird das Schlüsselerlebnis. Jetzt, sagt sie, habe sie sich zum ersten Mal im Leben getraut, infrage zu stellen, was der Vater vorgegeben und sie bis zu diesem Zeitpunkt fraglos unkritisch übernommen hatte. »Jetzt erst bekam ich *Judgement Capacity«*, sagt sie, ihre eigenen Kriterien, die Welt zu beurteilen. Und sie wurde irgendwie links.

Im Jahr 1999, Ulrike Guérot ist 35 Jahre alt, krachte es dann gewaltig. Die Ehe ging in die Brüche. Sie hat eine Abtreibung (»Zwei Kinder bringe ich durch, noch ein Baby, das schaffe ich nicht«), tritt aus der katholischen Kirche aus, weil die Kirche die Abtreibung verbietet. Und macht, zurück in Deutschland, die Erfahrung: Die Gesellschaft behandelt eine Alleinerziehende schlecht und bestraft sie auch noch steuerlich. Ulrike schaut sich bei den Grünen um, findet sich dort bei Programm und Personal besser zurecht, tritt aus der CDU aus (»hier ist nicht mehr meine Zukunft«) und tummelt sich fortan und bis heute in Thinktanks, die zumeist von dem linken Spekulanten George Soros finanziert werden. Sie wählt seither grün und kämpft mit Zähnen und Klauen und einer bewundernswert wasserfallartigen Sprache für ein anderes, besser integriertes Europa, gegen alle Skeptiker. Einer Partei ist sie nicht mehr beigetreten. Auch so kann die »soziale Fontanelle« sich schließen.

Fast alle meine Gesprächspartner (vor allem die Frauen) haben mir nach den Interviews noch Mails hinterhergeschickt mit der Begründung, sie müssten sich korrigieren. Bei Ulrike fällt diese nachsorgende Mail wie erwartet besonders umfangreich aus. Sie glaube, schreibt sie, sie sei eigentlich immer noch mit einem ziemlich »rechten« Vokabular unterwegs. »Ich mag Wettbewerb und das Leistungsprinzip und so was (nur wäre ich dann konsequenterweise für die steuerliche Bevorzugung von Alleinerziehenden gegenüber DINKs, den kinderlosen Doppelverdienern).« Sie sei ja stolze Mittelschicht, fühle sich aber zerrieben zwischen Ober- und Unterschicht. Dass die Oberschicht sich von dem Grundgesetz-Grundsatz verabschiedet habe, dass »Eigentum verpflichtet« (GG), dass sich Arbeit (für viele) nicht mehr lohnt, dass der soziale Aufstieg heute viel schwerer sei als zu ihrer Zeit, dass die Klassengesellschaft die Schotten dichtmache, das alles empört diese Frau, die gerade ihren 50. Geburtstag gefeiert hat. Wenn sie sich all die »Professorentöchter« anschaue, die mit viel weniger Aufwand es zu viel mehr gebracht hätten, packe sie die Wut – obwohl sie dann doch auch wieder auf ihren Weg stolz ist. »Mich ärgert, dass das Verfassungsgericht keine Vermögenssteuer hinbekommt«, klagt sie.

»Ich beginne zu glauben, dass die Linke recht hat«, ist der Titel eines *FAS*-Aufsatzes von Frank Schirrmacher aus dem Jahr 2010, den ich schon zitiert habe. Der Titel selbst ist ein Zitat des englischen Journalisten Charles Moore (*Daily Telegraph*), der einmal ein glühender Verehrer von Margaret Thatcher war und eine Biographie über die Eiserne Lady geschrieben hat. Moore und Schirrmacher bringen die Erfahrungen eines Teils dieser Generation der heutigen Fiftysomethings auf den Begriff. Sie waren, aufgewachsen in bürgerlichen oder kleinbürgerlichen Elternhäusern, zu Beginn ihrer intellektuellen Bildungsgeschichte konservativ, mit mehr oder weniger Opposition zum dominanten linken Milieu. Ulrike Guérots

Biographie ist insofern einzigartig, aber irgendwie doch auch wieder typisch.

Jetzt, in der Lebensmitte, nach den Erfahrungen von geplatzter Dotcom-Blase, Finanz- und Eurokrise, geplatzten Ehen und anderen Lebensträumen, kam der Zweifel an den selbstverständlichen Überzeugungen in ihre Welt. Die »Mächtigen«, so Charles Moore, haben sich der liberal-konservativen Sprache als Tarnumhang bedient, um sich ihre Vorteile zu sichern. Die Banken sahnen ab, und wenn es schiefgeht, muss der Steuerzahler einspringen. Gewinne werden privatisiert, Verluste sozialisiert. Wer sagt denn, dass Karl Marx veraltet sei?

Ein böser Verdacht kommt auf: Dient das politisch-wirtschaftliche System etwa nur den Reichen? Reden sie zwar von Freiheit, Wettbewerb, Autonomie, Meritokratie und Chancengleichheit – meinen aber in Wirklichkeit vor allem die eigenen Vorteile, die sie zementierten wollen? So hätten wir das in den Siebzigern ideologiekritisch dekonstruiert. Dann wäre der Liberalismus nichts anderes als die Rechtfertigungsrhetorik der Reichen und Mächtigen. Die herrschende Ideologie ist die Ideologie der Herrschenden, hatten wir damals gesagt. Ausgerechnet eine nicht zu kleine Gruppe nachfolgender Jüngerer, die wertkonservativ aufgewachsen war, formuliert diesen Verdacht heute neu, in jenen desillusionierten Zehnerjahren des 21. Jahrhunderts. Ich will es die neue Liberalismusdebatte nennen. Und im Weiteren argumentieren, warum ich mich, anders als Moore, Schirrmacher, Guérot & tutti quanti, bisher nicht wieder zurück zum Linken gehäutet habe.

Rat suchen bei einem, der stets jung geblieben ist und, soweit erkennbar, keine größeren Konversionen im Leben durchgemacht hat, sieht man einmal davon ab, dass er früh die evangelische Kirche und spät die SPD verlassen hat. Aber das nennen wir besser »Abstreifungen«, mit Bekehrung hat es weniger zu tun. Man kann links sein, ohne Sozialdemokrat und Protestant zu sein. Besser sogar, sagen viele Intellektuelle.

Wolfgang Streeck, geboren 1946, »aufgewachsen« im Theoriegebäude der Frankfurter Schule, in dem er sich aber nie besonders wohlfühlte. Lieber hat er sich um Gewerkschaften gekümmert, weil die lieb zu ihm waren, nachdem er, das Arbeiterkind, ein wenig verloren aus dem Siegerland in der Angeberuniversitätsstadt Frankfurt angekommen war. Dass Gewerkschaften stark bleiben und den Kapitalismus in seine Schranken weisen sollen, hatte bei Streeck immer eine biographische Komponente der späten Dankbarkeit. Darunter, dass sie heute, einstmals starkes Gegengewicht gegen die Macht des Kapitals, in fast allen Ländern marginalisiert sind, leidet er nicht nur akademisch: »mehr oder weniger zerschollen, aber immer am hartbeinigen Widerstand der Arbeitgeber«. Das komme nicht wieder, weil die Kampfestradition nicht mehr erinnert werde. »Es fehlt heute die Erfahrung des Erfolgs durch kollektives Handeln.« Bald werde der letzte Arbeiter pensioniert, der bei den Streiks für die 35-Stunden-Woche die IG-Metall-Fahne getragen hat. Für die Lokführer, die immer wieder ihre Erpressungsmacht zeigen, zeigt er Verständnis: »Ein Scheißberuf, meistens allein im stockdunklen Führerstand einer Güterzuglok.« Das ist Streecks melancholische Skepsis, die wie ein Schleier über all seinen Schriften und seinem Reden liegt. Früher, es muss in der von der Linken geschmähten Adenauerzeit gewesen sein, sei der Kapitalismus schon einmal menschlicher gewesen.

Links ist Streeck seit seinem 16. Lebensjahr. Damals ist er in die SPD eingetreten. In den SDS allerdings sei er bewusst nicht gegangen. Warum? Wir ahnen es: wegen der Frauen. Die SDS-Frauen seien damals schon im Mercedes zur Uni gekommen; und die Männer, Daniel Cohn-Bendit und so, hatte man auf die feine elitär-alternative Odenwaldschule geschickt. Streeck gehörte da nicht hin. Das hätte klassen- und frauenmäßig nicht gepasst.

Streeck ging früh in die USA, wurde zum Theoretiker des Kapitalismus: Er, der Amerika sehr gut kennt und irgendwie auch mag, ist ein Anwalt des deutschen Modells geblieben – er will den »rheinischer Kapitalismus« retten, der dafür sorgt, dass der reine Markt »eingebettet« (ein Lieblingswort) bleibt in eine gute soziale Ordnung, damit der Egoismus der Kapitalisten nicht am Ende die ganze Gesellschaft sprengt und dann sogar seinen Protagonisten selbst um die Ohren fliegt. Streeck treibt die Sorge um, dass, wenn man nicht aufpasst, Demokratie und Gesellschaft von den Märkten beschädigt werden. Die Finanzkrise seit 2008 zeige, wie es gehen kann. Dass es aber so schlimm kommen und so grundsätzlich werden würde, damit hat selbst Kapitalismuskritiker Streeck nicht gerechnet. »Raubtiere«, nennt er heute die Kapitalisten, die sich eine Weile lang als »Melkkühe« verkleidet haben: »Der Kapitalismus frisst lieber, als dass er sich melken lässt«.

Für Streeck, längst aus Amerika zurück und von 1995 bis 2014 Direktor am Kölner Max-Planck-Institut für Sozialforschung, wurde der »Lehman-Moment« zum Schlüsselerlebnis. Nicht im Sinne einer Konversion, aber einer Revision seines Glaubens, der annahm, dass, wenn nur viele gut meinende Linke den Kapitalismus sozial bezähmten (mit Gewerkschaften, Mindestlöhnen, Sozialversicherungen, einem starken öffentlichen Sektor und so weiter), man den Wohlstand schaffenden Impuls des dynamischen Marktes produktiv nutzen könne und zugleich verhindern, dass die Akteure über die Stränge schlagen und sich egoistisch nur ihrer unersättlichen Gier hingeben. An den Stellschrauben dafür hat er jahrzehntelang akademisch, in der Ära Gerhard Schröder zuweilen auch praktisch politikberatend, gedreht. Reformismus hätte man solch eine Haltung in der Geschichte des theoretischen

Sozialismus genannt. Die Radikallinken und Dogmatiker haben das immer belächelt.

2008, doziert Streeck, habe der Kapitalismus selbst den Beweis geführt, dass das ganze System instabil sei und in der ständigen Gefahr, sich selbst und die gesamte Gesellschaft in den Abgrund zu ziehen. Wenn Streeck sagt, damit habe er nicht gerechnet, ist er in guter Gesellschaft. Auch die übergroße Mehrheit der Zeitgenossen, Laien wie Experten, wurde von der Systemkrise des Kapitalismus überrumpelt. Diese Erfahrung hat aus Streeck keinen Neo-Marxisten oder Fundamentalisten werden lassen: Aber seine skeptische Weltsicht des Glaubens an die Möglichkeit einer Einhegung des Marktes ist beschädigt und hat aus ihm einen Pessimisten gemacht. Ein bisschen wirkt der Mann, als ob er sich selbst seine Leichtgläubigkeit verüble: Wie konnte ich nur so naiv sein, an die Versöhnung von Demokratie und Markt und die graduelle Überführung des Ganzen in eine solidarisch-warmherzige Gesellschaft zu glauben? Das Max-Planck-Institut in Köln, sagen Streecks Kollegen aus der Soziologie, sei inzwischen zum »Herz der Finsternis« geworden.

Streeck ist ein sich selbst gegenüber unaufgeregter Mann. »Die Welt ist viel aufregender als man selber.« Aber im Nachhinein kann er nicht mehr verstehen, warum er und seine Freunde sich so wenig ums Geld gekümmert haben – jetzt habe sich eben gezeigt, dass die Finanzen, genauer gesagt die exzessiven Schulden es seien, die den Kapitalismus in den Abgrund ziehen. Gutgläubig habe man das Thema der Finanzen den Spezialisten überlassen.

Anders als viele, die immer links geblieben sind, aber herumdrucksen, wenn man sie heute fragt, hat Wolfgang Streeck kein Problem damit, sich als Linken zu bekennen. Er bemüht auch nicht die Ausflucht vieler Akademiker, die sich hinter der »Werturteilsfreiheit« der Wissenschaft verschanzen, um ihren normativen Entwurf einer anderen Gesellschaft im Dunkeln zu lassen. Streeck sagt, er sei links – und auf die Frage, was das heißt, kommt ebenso klar: »Das Leitbild von der egalitären Gerechtigkeit.« Gleichheit war das Ziel seines Revisionismus: Die Soziale Marktwirtschaft der guten Nachkriegszeit hat aus Streecks Sicht viel von diesem Ziel verwirklicht. Seither aber habe Deregulierung zur Durchökonomisierung der ganzen Gesellschaft geführt, Ungleichheit nehme zu, Ungerechtigkeit auch – ein Horror für einen dem Kapitalismus ein Stück weit gewogenen Linken wie Streeck.

Streeck, ein kleiner Mann mit markantem Schnauzer, weiß, dass ich über vieles ganz anders denke. Offen hat er mich dafür nie attackiert, einerseits, weil er im Herzen ein liberaler Mensch ist, der andere Meinungen gelten lässt, auch wenn sie ihm dürftig begründet oder schlechten Interessen folgend erscheinen, andererseits, weil er Journalisten vielleicht für doch nicht ganz satisfaktionsfähig hält, eine Haltung, die ich von vielen Akademikern kenne.

Diesmal ist es aber anders. Mit feiner Ironie kommt Streeck beim Italiener am Kölner Eifelplatz, bereits bevor die Spaghetti serviert werden, auf meine Konversion zu sprechen, nennt sie immunisierend: Dass Märkte gewissermaßen klinisch sauber seien, sei eine ziemlich verbreitete und raffinierte Abschottung der Liberalen von der Realität, wogegen Politik, die interveniere, stets schmutzig daherkomme. Nur scheinbar kommt Streeck mir entgegen, wenn auch er den Charme der radikalen Preistheorie des Marktes beschreibt: Der Preis in der Marktwirtschaft, jenseits vom rhetorischen Hin und Her, unbestreitbar, kompromisslos und vor öffentlicher Kompromittierung geschützt: der Preis ist der Preis, niemand muss für ihn Verantwortung übernehmen, keiner kann für ihn zu dieser gezogen werden. An dieser klinisch reinen Subjektlosigkeit des evolutorischen Prozesses liege es, sagt

Streeck, dass im Spannungsverhältnis von Kapitalismus und Demokratie die neoliberalen Verteidiger der Marktgerechtigkeit, wenn sie es nur geschickt anstellen, in der Kampfbahn der öffentlichen Meinung gegen eine den Markt korrigierende, politisierte soziale Gerechtigkeit erstaunlich oft Platzvorteile genössen.

Das Kompliment ist vergiftet. Übersetzt man es, klingt es böse. Geschickt, meint Streeck, sei der Liberalismus deshalb, weil eine Theorie, die immer recht habe, vor weiteren Bekehrungen feit, dafür aber den Vorwurf der Immunisierung, also der eingeigelten Unangreifbarkeit noch durch die besten Gegenargumente, in Kauf nehmen muss. Streeck bleibt der Meinung, dass die linke Theorie moralisch dem Liberalismus überlegen ist. Sozialer »Schmutz« wäre sozusagen *conditio humana,* mithin Lob und nicht Tadel. Immer wenn im demokratischen Streit Mehrheitsentscheidungen gefällt werden, spritzt es schmutzig. Wer kann schon sagen, warum der Mindestlohn bei 8 Euro 50 und nicht bei 8 oder bei 9 Euro liegen muss. Das muss man aushalten, das kann man nicht den markträumenden Preis entscheiden lassen. Dass die liberale Argumentation einen Platzvorteil genieße, habe ich im öffentlichen Diskurs der Bundesrepublik in den vergangenen fünfundzwanzig Jahren, seit ich Wirtschaftsjournalist bin, ohnehin nicht bemerkt. Dafür haben Leute wie Streeck erfolgreich gesorgt.

Führen wir also, motiviert von Streecks Provokation, die neue Grundsatzdebatte um den Liberalismus. Es gibt einiges zu tun, auch wenn das ein oder andere im Verlauf dieser Überlegungen schon angeklungen ist: (1) Ich muss zeigen, dass die Idee der Gleichheit als Gerechtigkeit gegen ihre eigenen Ziele verstößt, am Ende nicht Gerechtigkeit, sondern mehr Ungerechtigkeit und Ungleichheit schafft. (2) Ich muss zeigen, dass das Geld – von Streeck, meinen Freundinnen Anna oder Ulrike und allen neuen und alten Linken als Ökonomisierung geschmäht – eine humanisierende Funktion erfüllt, wohingegen, wer Geld und Preismechanismen aus bestimmten Bereichen der Gesellschaft verdrängt und durch Tausch oder Teilen ersetzen will, sich gravierende moralische Nachteile einhandelt. (3) Ich muss schließlich plausibel machen, dass die Marktwirtschaft zwar ein Versprechen der Leistungsgerechtigkeit abgegeben hat, sie aber trotzdem, obwohl das Versprechen stets nur unzureichend eingelöst wurde, dadurch nicht beschädigt wird.

Die Aporien der Gleichheits-Linken

Stellen wir uns eine Welt vor, in der es vollkommene Gleichheit gibt. Egal, welche Arbeit einer macht, jeder bekommt stets dasselbe. In dieser Gesellschaft gibt es keine Debatten über eine Schere zwischen Arm und Reich; es braucht auch keinen Streit über Art und Umfang einer Einkommensumverteilung durch den Staat. Weil jeder den fairen Ertrag für seinen Einsatz erhält, hat auch jeder die gleichen Anreize, sich anzustrengen. Die Regierung muss sich ausschließlich darum kümmern, öffentliche Güter (Verteidigung, Sicherheit, Rechtsstaatlichkeit) bereitzustellen, die sich mit einer für alle gleich hohen Kopfsteuer finanzieren lassen. In dieser Welt herrscht nicht nur perfekte Gleichheit, sondern auch perfekte Effizienz.

Das Ende dieser egalitären Utopie kommt schnell, exakt in jenem Moment nämlich, da drei Unternehmer mit Ideen für ein neues Produkt auftauchen – denken wir beispielsweise an Steve Jobs (er ist inzwischen tot, ich weiß) mit einem iPad, J. K. Rowling mit »Harry Potter« und Steven Spielberg mit einem neuen Blockbuster-Film. Sogleich rennen alle Leute diesen Stars die Bude ein und sind bereit, freiwillig hundert Euro dafür zu bezahlen (wenn nicht mehr). In dieser neuen Welt gibt es viele Käufer, aber nur drei Verkäufer. Die Verkäufer werden mit einem Schlag viel reicher als der Rest der Menschheit. Aus dem Paradies der Gleichheit ist eine Gesellschaft der Ungleichheit geworden. Aber immerhin leben wir jetzt in einer Welt, wo es iPads, Harry-Potter-Romane und Spielberg-Filme gibt – Güter, die viele Zeitgenossen nicht mehr missen wollen.

In unserem Beispiel entsteht die Ungleichheit durch einen freiwilligen Tausch zwischen Anbietern und Nachfragern. Wenn kein Zwang dabei im Spiel war, ist anzunehmen, dass sich beide, Käufer und Verkäufer, durch den Deal besserstellen, andernfalls hätten sie ja nicht einzuwilligen brauchen. Für den Preis der Objekte der Begierde sind die Präferenzen der Kunden entscheidend, nicht die Kosten der Produzenten: Mag sein, dass Spielberg und Rowling sich fürchterlich anstrengen mussten, um Bücher und Filme zu produzieren, während die Idee des iPad einer Design-Laune des Augenblicks entsprang: Wenn die Kunden es wollen, zieht Apple gleichwohl trotz geringerer Anstrengung mehr Profit aus seiner Erfindung. Der Preis bestimmt sich in einer Marktwirtschaft nach der subjektiven Zahlungsbereitschaft der Nachfrage, nicht nach dem Schweiß der Produzenten. Wie gesagt: Wir leben nun in einer Welt der Ungleichheit, ohne dass irgendjemandem ein Vorwurf zu machen wäre.

Die post-paradiesische Ungleichheit hat mithin kein Gerechtigkeitsproblem. Es geht alles mit rechten Dingen zu. Die Denker des klassischen Liberalismus lassen deshalb als einzige Form der Gleichheit, die eine gerechte Gesellschaft nötig hat, die Gleichheit ihrer Bürger vor dem Gesetz zu. Im Übrigen müssen wir aber davon ausgehen, »that men are borne unequal« und dass es gerade diese Ungleichheit ist, die soziale Kooperation, Zivilisation und Fortschritt zur Folge hat und den Wettbewerb ansporne. Und die soziale Gerechtigkeit? Friedrich August von Hayek sagt: »Da niemand in einer marktwirtschaftlichen Ordnung Einkommen verteilt, ist es einfach Unsinn, hier von gerechter oder ungerechter Verteilung zu sprechen.« Einkommen werden erwirtschaftet, nicht verteilt. Deren Ungleichheit, man kann es nicht oft genug wiederholen, ergibt sich durch die Wünsche der Kunden.

Machen wir ein zweites Beispiel. Stellen wir uns vor, ein kleiner Glücksvogel bringt allen Lesern meines Buches 1000 Euro. Das erfreut alle, die jetzt Glück haben, würde aber ohne Zweifel die Ungleichheit in der Welt ein klein wenig vergrößern: Die Schere öffnet sich. Natürlich. Aber es entsteht Ungleichheit, unter der niemand zu leiden hat, es sei denn, der Neid fängt an zu nagen. Niemand verschlechtert seine Situation, einige verbessern sich. Was soll daran falsch oder schlecht sein?

Falsch oder schlecht würde die Sache nur, wenn der Reichtum, der zu Ungleichheit führt, auf widerrechtliche Weise angeeignet wurde. Dafür gibt es dann Gerichte. Aber ein irgendwie geartetes Anrecht auf die Zuwendung braucht es nicht, um die Ungleichheit zu legitimieren. Der Glücksvogel kann auch in Gestalt einer reichen Familie daherkommen, die dem Sohn ein fettes Erbe hinterlässt, oder als jenes Glück, das sich einstellt, wenn eine Wette an der Börse aufgeht und den Zocker reich macht. Die Tatsache, dass die vom Glücksvogel bewirkte Ungleichheit jene unglücklich oder neidisch macht, die von ihm nicht beschenkt wurden, ist jedenfalls philosophisch kein Argument für Umverteilung.

Selbst wenn sich nachweisen ließe, dass Neid und Unglück die Ärmeren demotiviert und somit der Glücksvogel Wohlstands- oder Wachstumsverluste auf dem Kerbholz hätte (was längst nicht ausgemacht ist), wäre das kein Grund zu sozialtechnokratischen Eingriffen, seien diese auch in bester, das Wachstum fördernden Intention geschehen: Es blieben paternalistische Eingriffe in die Freiheitsordnung. Während ökonomisch betrachtet Effizienz vorgeht, hat philosophisch gesehen Gerechtigkeit Priorität – selbst wenn sie Ineffizienzen zur Folge hätte. Und selbst wenn der französische Kapitalismuskritiker Thomas Piketty recht haben sollte (was empirisch und theoretisch umstritten ist), dass nämlich seit dem Epochenjahr 1973 die Kapitaleinkommen stärker wachsen als die Arbeitseinkommen, was die Gesellschaft immer mehr spaltet – ein Gerechtigkeitsproblem entstünde dadurch aus meiner Sicht nicht.

Wir argumentieren hier philosophisch, nicht ökonomisch und beziehen uns auf Adam Smith: »Wherever there is great property there is great inequality.« Wer also Ungleichheit wirklich radikal ausradieren will, muss das Privateigentum radikal abschaffen. Radikale Marxisten und radikale Anarchisten haben das gesehen. Aber sie sind heutzutage selten geworden.

Heutzutage erkennen auch Linke das Privateigentum ein bisschen an. Enteignung finden sie trotzdem gut, nennen das dann Umverteilung und sagen, das sei der Wohlfahrtsstaat sich und seinen Bürgern um der Gerechtigkeit willen schuldig. Was wir bislang betrachtet haben, ist eine Welt vor dem Wohlfahrtsstaat, eine Welt, die vom Markt – freien Verträgen zwischen Akteuren – erzeugte Ungleichheiten aushält, weil sie das Eigentum der Menschen achtet. Die meisten heutigen Gesellschaften sehen es anders. Sie wollen um der sozialen Gerechtigkeit willen Marktergebnisse korrigieren, Ungleichheit reduzieren, wenn nicht gar diese völlig einebnen. Das liegt auch daran, dass viele Menschen Ungleichheit und Ungerechtigkeit für Synonyme halten. Das müsste man aber vor dem Forum der Vernunft erst einmal begründen.

Die klassische Definition der Sozialen Marktwirtschaft stammt von Alfred Müller-Armack, dem Staatssekretär Ludwig Erhards. Demnach geht es im Wohlfahrtsstaat darum, »das Prinzip der Freiheit auf dem Markte mit dem des sozialen Ausgleichs zu verbinden«. Für Müller-Armack ist die soziale Marktwirtschaft »eine neue dritte Form« jenseits von Wirtschaftslenkung und klassischem Liberalismus, »eine bewusst gesteuerte und zwar sozial gesteuerte Marktwirtschaft«. Ungleiche Marktergebnisse müssen komprimiert werden, »Verlierer« sollen kompensiert werden.

Durch die Einführung der Umverteilung im Sinne des »Sozialen« wird der Staat ein Interventionsstaat, was das Verhältnis von Staat und Gesellschaft grundlegend verändert. Der Staat als Sozialstaat maßt sich an, bei der Gestaltung von Gesellschaft im Sinne von sozialer Gerechtigkeit einen aktiven Part zu spielen. Wirtschaft und Gesellschaft gestalten sich nun nicht mehr selbst. Das Mittel der Intervention ist die Umverteilung. Der Staat greift mit Gesetzen und Interventionen ein, die Wohltaten für bestimmte Gruppen bringen sollen. Der Staat selbst ist die große Umverteilungsmaschine; er nimmt Geld und gibt Geld. Mittel der Umverteilung sind einerseits Steuern und Abgaben, andererseits Subventionen und Sozialtransfers.

Das Ausmaß der Umverteilung ist inzwischen erheblich. Ein unverheirateter Angestellter ohne Kind und mit durchschnittlichem Verdienst wird in Deutschland im Jahr 2014 mit 49,3 Prozent seines Einkommens belastet. Das heißt im Klartext: Jeder zweite verdiente Euro kommt in die Hand des Staates und wird dort anderen Zwecken zugeführt. Im Vergleich der OECD-Staaten werden nur in Belgien die Arbeitseinkommen (Steuern und Sozialabgaben addiert) noch höher belastet. Im Sozialstaat gilt bis heute das nach dem Kathedersozialisten Adolph Wagner benannte Gesetz, wonach der Staat immer nur mehr, aber nie weniger Wohltaten verteilt. Der Sozialstaat, einmal eingeführt, hat Ewigkeitsgarantie und, anders als der Markt, nie ein Wachstums-, dafür aber ein Finanzierungsproblem. Ist er zu feige, seinen Bürgern die Rechnung seiner Ausgabenlust direkt zu präsentieren, wird er sich am Kapitalmarkt verschulden und die Tilgung späteren Generationen aufbürden. So wird aus dem Sozialstaat zwangsläufig ein Schuldenstaat.

Während die Befürworter des Sozialstaates rasch bei der Hand sind, die vom Markt erzeugten Ungleichheiten als ungerecht und unsozial zu brandmarken, übersehen sie meist, dass die vom Staat verfügte Umverteilung ebenfalls Ungleichheit zur Folge hat, die zumindest den Nachweis führen müsste, dass sie angemessener respektive gerechter sei als die vom Markt hergestellte Ungleichheit. Mit den Interventionen des Staates sollen spezifische Personen und Gruppen der Gesellschaft, die als besonders schutz- oder fürsorgebedürftig gelten, privilegiert werden: Das sind längst nicht nur die Armen. Es sind Familien, Kinder, Alte, Migranten, Frauen, Mieter (in alten, aber nicht in neuen Wohnungen), denen ein Recht auf besondere Wohltaten zugesprochen wird, weil sie sich in irgendeiner Form als diskriminiert oder weniger privilegiert darzustellen vermögen.

Der Sozialstaat macht somit den Versuch, Einzelfallgerechtigkeit herzustellen, ungerechte Ungleichheiten einzuebnen durch die Begünstigung einzelner gesellschaftlicher Gruppen. Dieser Versuch ist bereits im Ansatz zum Scheitern verurteilt. Er missachtet zugleich den rechtsstaatlichen Grundsatz, wonach die Gleichheit der Gesetze für alle Personen und Fälle gelten soll. Denn jede Besserstellung einer bestimmten Gruppe bedeutet *uno actu* die Schlechterstellung einer anderen Gruppe. Der Sozialstaat diskriminiert. Die Intervention als der Gerechtigkeit geschuldet darzustellen, ist nichts anderes als der durchschaubare Versuch, das Bedienen von Partikularinteressen zum Ausdruck einer Förderung des Gemeinwohls zu stilisieren. Er wird stets Ideologie bleiben müssen. Doch jede Maßnahme, die aus Gründen der Gerechtigkeit mehr Gleichheit herstellen soll, schafft zugleich neue Ungleichheit. Im Sinne der linken Idee der Gleichheit als Gerechtigkeit ist der Staat ein mindestens so großer Produzent von Ungleichheit wie der Markt – allerdings geht er mit viel größerer Willkür vor. Warum sind die Linken so nachsichtig, wenn es um den Staat geht, aber so hartherzig, wenn es um den Markt geht?

Die landläufige Vorstellung, die soziale Marktwirtschaft des Wohlfahrtsstaates unterscheide sich von der reinen Marktwirtschaft des liberalen Staates durch ihr geringeres Maß an Ungleichheit, ist irreführend. Es treffen zwei Konzepte von Ungleichheit aufeinander. Während aber die Ungleichheit in der reinen Marktwirtschaft, wie wir gesehen haben, über den Preis zustande kommt, entsteht Ungleichheit in der sozialen Marktwirtschaft durch die Autorität staatlicher Willkür, erzwungen von der unterschiedlichen Mächtigkeit verschiedener Lobby-Gruppen in Bezug auf ihre politische Rendite beschleunigter Stimmenmaximierung. Oder durch die unterschiedlichen Erwartungen der Politiker im Blick auf die Maximierung künftiger Wählerstimmen. Wenn – um ein konkretes Beispiel der Großen Koalition der Jahre 2013 bis 2017 zu nehmen – die Regierung es Arbeitnehmern erlaubt, mit 63 Jahren in Rente zu gehen, sofern sie 45 Jahre Beiträge gezahlt haben (Zeiten der Arbeitslosigkeit werden, weil nicht selbst verschuldet, angerechnet), dann ist dies zugleich eine Diskriminierung jüngerer Arbeitnehmer, denen die Rechnung für diese Wohltaten präsentiert wird. Dies als Gebot der Gerechtigkeit zu vermarkten, ist besonders absurd, gehören doch jene Betroffenen, die in den Genuss der Rente mit 63 kommen sollen, zu einer besonders privilegierten Gruppe von Arbeitnehmern. Durch das Geschenk der Frühverrentung an eine ohnehin gut verdienende Gruppe von Männern aus der Kohorte der Babyboomer entsteht neue Ungleichheit in eklatantem Ausmaß. Die Willkür dieser politisch den Gewerkschaften geschuldeten Maßnahme wird ideologisch bemerkenswerterweise unter dem Label Gerechtigkeit kommuniziert.

Hat man einmal mit dem Sozialstaat angefangen, sitzt man in der Falle. Eine Intervention zieht die andere nach sich. Man nennt das die »Gerechtigkeitslücke«, ein Wort, das kaschiert, dass die Ungleichheitslücken Ergebnis des eigenen Tuns sind. Der Sozialstaat kommt aus der Interventionsspirale nicht mehr heraus. Wenn nämlich jede Intervention neue Ungleichheit produziert, wird sofort eine weitere Intervention gefordert, die die vorige egalisieren soll, was freilich die nächste Ungleichheit bereits provoziert. Wenn Erziehungszeiten für Kinder, die nach 1992 geboren wurden, in der Rentenversicherung besser behandelt werden als jene für früher Geborene, so hatte das zunächst familienpolitische Gründe (Steigerung der Fertilität), produziert aber, wie jede willkürliche Stichtagsregelung, die Diskriminierung aller Mütter, deren Kinder vor 1992 geboren wurden. Das provoziert automatisch den Aufschrei »Gerechtigkeitslücke« und den Impetus, diese neue Ungleichheit auszugleichen, obwohl das ursprüngliche Ziel, Mütter zu mehr Geburten zu bewegen, bei Frauen, deren Kinder vor 1992 geboren wurden, im Regelfall nicht mehr zu verwirklichen ist. Daran zeigt sich ein weiteres Prinzip des Sozialstaates: Begründungen der Intervention sind austauschbar, am Ende gar nicht mehr nötig, es reicht der schiere Verweis auf eine bestehende Ungleichheit. Es entsteht ein »Förderzoo« unüberschaubarer staatlicher Maßnahmen (insbesondere in der Familienpolitik), wo keiner mehr den Saldo zu bilanzieren vermag zwischen der Geldsumme, die er vom Staat erhält, und jener Geldsumme, die der Staat ihm nimmt. Allenfalls als Richtschnur ist zu vermuten, der Sozialstaat betreibe Umverteilung zugunsten der nicht ganz Armen und zu Lasten der nicht ganz Reichen. Aber auch das ist nicht sicher.

Niemand soll so tun, als seien Rechtsstaat und Sozialstaat kompatibel. Der Sozialstaat höhlt auf Dauer den Rechtsstaat aus. Unter dem Deckmantel der Kompensation von Ungleichheit im Dienste der Herstellung von Gerechtigkeit funktioniert der Sozialstaat als politisches Tauschgeschäft. Politiker verschaffen gesellschaftlich mächtigen Gruppen geldwerte Vorteile; im Gegenzug erkaufen sie sich Loyalitäten für ihre Wiederwahl. Hayek sprach von »Schacherdemokratie«: Jeder kämpft, so gut er kann, für sich oder seine Gruppe um Begünstigungen. Damit bringt der Sozialstaat erst jene Ellenbogengesellschaft hervor, die abzuschaffen er angetreten war. Denn, nach einem Diktum des Ökonomen Manfred Streit, sind nirgendwo Ellenbogen so nützlich wie gerade beim Erringen von Privilegien.

Wo bin ich angekommen? Ich habe zunächst argumentiert, dass die Ungleichheit, die der Markt produziert, kein Gerechtigkeitsproblem hat. Denn sie ist durch freie Vereinbarung von Marktakteuren zustande gekommen, die sich auf unterschiedliche Preise geeinigt haben, je nach ihren persönlichen Präferenzen und dadurch sich ergebenden Knappheiten. Dass Linke so große Mühe haben, die Legitimität des Preismechanismus anzuerkennen, liegt meines Erachtens daran, dass sie einem unbegründeten Apriori anhängen, wonach der Markt per se ethisch defizitär ist und deshalb immer schon dazu verpflichtet ist, moralisch aufzurüsten. Mehr noch: Ich bin der

Auffassung, dass es die Ungleichheit ist, die das Leben lebenswert macht – nirgendwo so deutlich spürbar wie in der erotischen oder der sportlichen Differenz. Es ergibt keinen Sinn, eine gleiche Gesellschaft anzuzielen, die dann, weil alle gleich wären, keinen Wettbewerb mehr bräuchte. Eine gleiche Gesellschaft wäre vor allem eine totlangweilige Gesellschaft, vergleichbar den Paradiesdarstellungen in den Reliefs der mittelalterlichen Kirchen.

Der Staat will Gleichheit herstellen und interveniert deshalb in die Einkommen seiner Bürger. Den einen nimmt er etwas (oder mehr als etwas) weg, den anderen gibt er. Selbst wenn wir das billigen würden, eines erreicht der Staat dadurch nicht: Gleichheit herzustellen. Er läuft einem Phantom nach, kommt in die Interventionsspirale und verheddert sich in der Produktion fortwährender weiterer Ungleichheit. Somit halten wir als erstes Ergebnis fest: Gerechtigkeit als Gleichheit ist nicht nur nicht begründet. Gleichheit wird zudem auf dem Wege des intervenierenden Sozialstaats auch gar nicht erreicht.

Wer bis hierher noch bei mir ist, mit dem gehe ich noch einmal zu Wolfgang Streeck: Streeck hat recht, die staatliche Intervention ist schmutzig, weil jede Intervention willkürlich ist. Aber warum macht er dann daraus ein Argument *für* die Intervention? Streeck hat recht, dass der Marktpreis es leichter hat, sich zu legitimieren. Aber warum macht er dann daraus ein Argument *gegen* den Marktpreis und sagt, die liberale Idee immunisiere sich? Müssten Linke, wenn sie weiterhin an der Idee der Gerechtigkeit festhalten wollen, nicht vielleicht doch ihr Gleichheitskonzept revidieren?

Für Ackersklaven zahlte Cato der Ältere (234 bis 149 v. Chr.) bis zu 500 Denare, für einen Haussklaven konnten es schon einmal 1500 Denare sein; mehr Geld hat der Römer nie für seine Bediensteten angelegt. Spätestens nach vier Jahren musste sich der Geldeinsatz in die menschliche Arbeitskraft amortisiert haben.

Dass die römische Gesellschaft eine Sklavenhaltergesellschaft war, ist allgemein bekannt. Weniger bekannt ist, dass sie auch eine funktionierende Marktgesellschaft war: Angebot und Nachfrage regelten die Preise für alles und jedes, auch für die menschliche Arbeit. Die Eigentümer der Sklaven waren nämlich – anders als die Plantagenbesitzer in den amerikanischen Südstaaten im 17. und 18. Jahrhundert – nicht nur an der Ausbeutung, sondern auch an der Weiterbildung ihrer Arbeitskräfte interessiert: Das erhöhte den Wert der Sklavenarbeit, zugleich aber auch die Aussicht, dass die Unfreien sich selbst oder ihre Kinder freikaufen konnten und vom Sklaven- auf den gut funktionierenden Arbeitsmarkt überwechseln konnten, auf dem ihnen ein Marktlohn bezahlt wurde.

»Die Römer sprachen und schrieben ununterbrochen über Geld und Preise«, behauptet der Wirtschaftshistoriker Peter Temin in seinem Buch über »Die römische Marktwirtschaft« (2012): Preise für Getreide, Menschen oder Zinsen für Bankkredite (1 Prozent im Monat, 12 Prozent aufs Jahr waren üblich) waren das Talk-Thema. Schlecht bekommen ist den Menschen in der Antike ihre Geldgesellschaft nicht: Dem Durchschnittsrömer erging es wirtschaftlich besser als Millionen von Menschen nach ihm bis zum Beginn der industriellen Revolution.

Liest man Temins aufregendes Buch – der MIT-Gelehrte ist kein Antikenforscher, sondern eigentlich Spezialist für die

Wirtschaft der frühen Moderne –, kann man sich nur wundern angesichts der seit Jahren anschwellenden Klage über die Ökonomisierung unserer modernen Welt. »Wir leben heute in einer Zeit, in der fast alles ge- und verkauft werden kann«, meckert wortgewaltig der Harvard-Philosoph Michael Sandel, Autor des Bestsellers »Was man für Geld nicht kaufen kann« (2012). Sandel ist ein akademischer Star, seine Vorlesungen am Harvard Yard sind quasi immer ausverkauft. Die Videos seiner Vorträge sind ein einträglicher Exportschlager für seine Universität und Sandel selbst. Der Professor ist Kronzeuge aller romantischen Antikapitalisten, deren Schlachtruf (»Etwas ist aus dem Lot geraten!«) mit einer Niedergangsgeschichte begründet wird: »Wir sind von einer Marktwirtschaft in eine Marktgesellschaft gerutscht«, so heißt die allenthalben vorgetragene Klage. Als »Ausweitung von Marktbeziehungen innerhalb und außerhalb der Ökonomie« haben Soziologen den Begriff »Ökonomisierung« definiert. Und natürlich schwingt dabei immer eine negative Einfärbung mit. Ungefragt steht dahinter stets die Annahme, früher sei alles besser gewesen, der Markt habe sich auf die Herstellung von Brot und Autos konzentriert, während heute, etwa in New York City, Unternehmen entstanden sind, die sogar Tischreservierungen in besonders angesagten Restaurants meistbietend verkaufen. So ein Abend kann leicht 100 Dollar Eintrittsgeld kosten, ohne dass darin schon ein Drink enthalten wäre. Will sagen: Der Kapitalismus schreckt vor nichts zurück.

Früher war alles besser? Ich finde: Die Kritiker der Ökonomisierung sollten sich schleunigst auf einem antiken Sklavenmarkt umsehen oder im Tempel in Jerusalem, wo die Händler, Geldwechsler und Spekulanten sitzen, damit sie wissen, was eine rechte Marktgesellschaft ist. Um die Vorstellung zu erschüttern, dass es in früheren Jahrhunderten viel mehr heilige Bereiche gegeben habe, in denen das Geld nichts zu suchen hatte, reicht indessen schon ein kleiner Ausflug ins Mittelalter. Buchstäblich alles war damals für Geld zu haben: schöne Frauen, rechte Ehemänner, wackere Soldaten, ganze Städte und sogar das ewige Leben inklusive guter Platzierung im Paradies (Ablasshandel), alles hatte seinen Marktpreis. Kaufleute ließen sich von Malern, die sie für die Anfertigung religiöser Gemälde bezahlten, an prominenter Stelle ins Bild setzen, und fromme Bankiers waren sich nicht zu fein, von ihnen finanzierte Kapellen in den Kathedralen nach sich (und nicht nur nach den zuständigen Heiligen) benennen zu lassen. Nichts Neues unter der Sonne. Das Seeelenheil gibt es heute nur noch selten für Geld (jedenfalls nicht bei der Kirche, dafür aber über Krankenschein beim Psychoanalytiker), stattdessen kann man sich aber einen Tisch zum Dinner mit der Liebe des Lebens in Midtown Manhattan kaufen. Was ist schlimmer? Was ist mehr Ökonomisierung?

Dass die Vorstellung nicht auszurotten ist, Geld und Marktpreise, die ganze dekadente Ökonomisierung also, seien erst spät in die Weltgeschichte gekommen und früher sei alles besser gewesen, weil auf freiwilligen Geschenken, liebevoller Bedürfnisbefriedigung oder echtem Gütertausch basierend, liegt an einem ungarischen Intellektuellen und Bohemien namens Karl Polanyi (1886 bis 1964), dessen Buch »Die große Transformation« (1944) die These vertritt, mit der Bepreisung von allem und jedem in der Moderne insbesondere auf Immobilien-, Arbeits- und Finanzmärkten sei die egoistische Profitgier geboren worden, ein »frivoles Experiment« im Geiste einer Religion gewordenen Ideologie. Polanyi ist der Ahnherr aller heutigen Kritiker des Ökonomismus; sein antikapitalistischer Romantizismus verklärt die Vergangenheit. Wach gehalten wird die Sehnsucht nach einer Welt der selbstlosen Gabe und altruistischen Bedürfnisbefriedigung. Kein Wunder, dass der Schriftsteller Ingo Schulze (geboren 1962 in Dresden) bis heute von früher träumt, als es weder Marktwirtschaft noch Marktgesellschaft gab: »Dem Einzelnen bescherte das die Erfahrung, in einer Gesellschaft gelebt zu haben, in der Geld nicht alles war.«

Das alles ist Unfug, historisch nicht gedeckt, passt freilich gut in die Gedankenwelt vormoderner Romantiker. Die These einer Usurpation aller Lebensbereiche durch das Geld durch den heutigen Spätkapitalismus müssen wir aufgeben. Ohnehin hat die Frage, was eine Gesellschaft mit Geld regelt und was nicht (sondern etwa mit Zeit), wenig mit dem Kapitalismus zu tun. Schauen wir uns noch einmal die Plattformen an, die Tischreservierungen in angesagten New Yorker Restaurants versteigern. Die Auktion (Geld) ist einfach nur eine Alternative zum Schlangestehen (Zeit) und spiegelt ein Koordinierungsproblem, das immer dann auftaucht, wenn ein knappes Angebot kurzfristig nicht ausweitbar ist: Plätze im Restaurant, Karten für den Ring in Bayreuth, Zugang zur Raffael-Ausstellung im Frankfurter Städel. Nun kann man als ungerecht kritisieren, dass von der Versteigerung der Restauranttische vor allem die Reicheren profitieren, was sicher stimmt. Doch abgesehen davon, dass New Yorker In-Restaurants oder Ring-Aufführungen in Bayreuth in der Regel nicht von Armen besucht werden, lautet das Gegenargument, warum denn andernfalls gerade derjenige einen Vorteil haben soll, der viel Zeit zum Schlangestehen hat. Ohnehin sind findige Gesellschaften in den USA längst auf die Idee gekommen, gegen Bezahlung Arbeitslose als Kartenkäufer in die Schlangen zu stellen. Und viele Restaurantbesitzer finden die Versteigerung der Reservierung gerecht, weil sie – wie zum Beispiel die Wirte der teuren Gasthäuser auf Sylt – häufig die Erfahrung gemacht haben, dass ihre unentschiedenen, anspruchsvoll-dekadenten Kunden gerne in Drei-Sterne-Lokalen gleichzeitig reserviert haben, weil sie sich nicht früh entscheiden wollten, wo sie am Abend ihren Hummer essen. Da blieben die Wirte also auf ihren leeren Tischen sitzen; eine teure Umsatzeinbuße. Wie auch immer, hier geht es nicht um die Auswüchse des Spätkapitalismus, sondern darum, welches Zuteilungsverfahren knapper Güter uns gerecht erscheint und in welcher Währung (Zeit oder Geld) wir für die Platzierung bezahlen wollen.

Mehr noch: Ob die Kinder unentgeltlich von den Großeltern betreut werden oder von einer Nanny, die Monat für Monat eine Rechnung stellt, ist ebenfalls keine Frage des Kapitalismus, sondern veränderter Lebensgewohnheiten. Großeltern leben heute nicht mehr im gleichen Haus und machen lieber Weltreisen, als die Kinder ihrer Kinder zu beaufsichtigen. Dass die Mütter heute arbeiten, ist genauso wenig böser kapitalistischer Zwang, sondern Forderung der Frauenbewegung nach Partizipation und Gleichberechtigung. Hat hier jemand Ökonomisierung gerufen?

Niemand sollte schlecht über Geld und Preise als Integrations- und Koordinierungsmedium reden. Die Kritiker des Ökonomismus mokieren sich darüber, dass man für Geld alles kaufen kann: menschliche Organe, Leihmütter, den schnellen Einlass ins Flugzeug oder einen teuren Studienplatz an einer Eliteuniversität. Gewiss, man mag dann zucken, wenn Leib, Leben oder Liebe mit Geld verrechnet werden sollen. Wer etwa Gerechtigkeit vor einem Gericht will, möchte gerade nicht einem finanziellen Deal, einem faulen Kompromiss zwischen Kläger und Beklagtem zustimmen, der um die Schuldermittlung sich drückt. Wir empfinden es intuitiv und zu Recht als nicht in Ordnung, dass Bernie Ecclestone sich vor der Verurteilung wegen Bestechung durch eine hohe Millionensumme freikaufen kann, hören freilich nicht mehr zu, wenn die Richter uns sagen, dass der Deal nur zulässig war, weil die Chance auf einen Schuldspruch extrem unwahrscheinlich gewesen sei. Gleichwohl hätte das doch niemanden daran gehindert, das Verfahren regulär zu Ende zu führen – und den Angeklagten am Ende freizusprechen, wenn es an ausreichenden Beweisen für einen Schuldspruch mangelte.

Vor Gericht wollen wir kein Geld sehen. »Iudex non calculat«, sagt das römische Recht. Der Rechtsstaat darf nicht den Eindruck erwecken, bestechlich zu sein, verführbar vom Geld der Reichen. Doch wenn es um gesellschaftliche Tauschakte geht, warum ist uns Geld so unangenehm? Weil es als kalt gilt, würden viele antworten. Wer alles mit Geld aufwiegt, muss ein steinernes Herz haben, wissen wir von Wilhelm Hauff. Doch wenn das Geld nicht entscheidet, wer entscheidet dann über die Zuteilung? Schwarze in den USA in den sechziger Jahren durften in öffentlichen Bussen nicht vorne fahren, obwohl sie dafür hätten bezahlen können. Und die Nürnberger Gesetze von 1935 haben es Juden verboten, »deutschblütige« Dienstmädchen unter 45 Jahren zu beschäftigen. Als »Doux Commerce«, sanfter Handel, wurde im 17. Jahrhundert die zivilisierende Wirkung der Geldwirtschaft bezeichnet, allemal der Zuteilung von Gütern und Diensten nach Status oder Rasse überlegen. Mit Geld signalisieren die Menschen, was und wie viel ihnen etwas wert ist, ohne ihre Vorlieben begründen zu müssen.

»Geld stinkt nicht«, weiß der Volksmund seit alters her. Vornehmer gesprochen heißt das: Die humane Funktion des Geldes ist seine Anonymität. Geld sticht ohne Ansehen von Person, Rasse oder Status. Man muss es nur rechtmäßig erworben haben. Keiner braucht beim Kauf einer Theaterkarte erst den Nachweis zu erbringen, dass er Goethe oder Beckett intellektuell oder charakterlich gewachsen ist; es reicht, er hat das nötige Geld beisammen. Das Geld bestimmt seine Kaufkraft. Es ist ein Ausdruck der Freiheit. Was ich mir leisten kann, das bekomme ich auch. Wenn eine Gesellschaft will, dass unterprivilegierte Gruppen von Bürgern sich Bildung für ihre Kinder leisten können, gibt sie ihnen das nötige Geld (oder einen Zuschuss). Geld ist ein Zuteilungsinstrument ohne Ansehen der Person. Wer bezahlen kann, erhält den Zuschlag, einerlei ob schwarz oder weiß, Mann oder Frau, Jude oder Christ. Wenn das kein Erfolg der Gleichheit ist. Allerdings: Man braucht das nötige Kleingeld.

Geld entlastet von Schuld und Verpflichtung. Deswegen ist Geld außerhalb der Familie und des engeren Freundeskreises stets angebracht, weil jegliche Verpflichtung mit der Begleichung der Rechnung abgegolten ist. Wenn der Handwerker sein Geld erhalten hat, muss ich ihm kein Geschenk machen dafür, dass er mein Bad renoviert hat. Im familiären und Freundesumfeld ist das anders. Legendär ist der Ausspruch der Fernsehmoderatorin Bettina Schausten in der Auseinandersetzung um den damaligen Bundespräsidenten Christian Wulff, sie lasse, auch wenn sie bei Freunden übernachte, 150 Euro als »Gegenleistung« da. Das klang verlogen, es hat ihr niemand abgenommen, weil es tatsächlich nicht üblich ist, Freundeseinladungen mit Geld zu kompensieren. Sonst müsste man ja auch nach einem privaten Abendessen überschlagen, was das wohl wert war und die Summe am Ende des Abends auf dem Tisch liegen lassen. Aber der Verpflichtung zur Reziprozität, die das Geld normalerweise ins Quantitative übersetzt, entgehen wir dadurch gerade nicht, sonst gäbe es das Wort »Gegeneinladung« nicht. Eltern erwarten (erhoffen) von ihren Kindern, dass sie sie später nicht vergessen, die sanfte Form des heutigen »Generationenvertrags«. Gegeneinladungen und Generationenverträge sind freundschaftlich-private Kompensate der Geldwirtschaft oder auch umgekehrt.

Ganz ernst ist es den Gegnern der »Marktgesellschaft« ohnehin nicht mit ihrer Kritik am Geld, sonst müssten sie sich auch dagegen wehren, dass zunehmend von jungen Eltern Betreuungsleistungen für Kinder (Tagesmütter, Kita-Plätze) am Markt eingekauft werden. Wer die Marktgesellschaft ächtet, müsste für häusliche Betreuung der Kinder ebenso wie der alten Eltern optieren – und gegen Nanny und polnische Pflegekräfte polemisieren. Aber das wäre ja unkorrekt.

Mehrdeutig und begriffsverwirrend ist, was derzeit unter dem Stichwort »Shared Economy« als moderne Form des Tausches propagiert wird. Unser Auto, unsere Wohnung mit anderen zu teilen, kommt als Angriff auf das Haben und den Besitz daher, weil das »Haben« einen schlechteren Klang hat als das »Teilen«. Aber das ist Quatsch: Wenn Kollegen oder Freunde gemeinsam im Auto zur Arbeit fahren, dann ist damit noch nicht der Eigentumskapitalismus überwunden. Irgendeinem der Mitfahrer wird das Auto schon gehören. Man ist eben nicht auf der Almende, auch wenn man das gerne wollte. Und wenn ich meine Zweitwohnung in Berlin über die Internetplattform AirBnB untervermiete in Zeiten, in denen ich sie nicht nutze, dann ist auch das kein generöses Teilen oder Gemeinschaftsereignis, sondern die Suche nach einer Zusatzeinnahme über die effizientere Nutzung meines Eigentums. Deshalb irritiert es, dass sich so viele Linke von der Ideologie des Teilens einlullen lassen. Müssten die Gegner der Ökonomisierung die Mode der »Shared Economy« nicht vielmehr als Ausweitung der Geldwirtschaft auf Bereiche des Lebens geißeln, die ihr einstmals nicht unterworfen waren? Sie hätten recht: Wer in seinem Privatwagen gegen Geld andere transportiert, hat eine Art Taxi-Unternehmen gegründet und sich nicht zum solidarischen Samariter gewandelt. Ich finde nur, dass daran nichts auszusetzen ist – sofern dafür, wie bei jedem Gewerbe, die anfallenden Steuern an den Fiskus abgeführt werden.

Insgesamt kann man diese – fälschlich »Shared Economy« genannte – Ausweitung der Geldwirtschaft aber nur gutheißen. Denn sie erweitert die menschlichen Kommunikationsmöglichkeiten – es mag interessanter und billiger sein, in einer Privatwohnung in Paris zu übernachten als in einem teuren Hotel. Und es bringt die klassischen Anbieter (Beherbergungsunternehmen, Taxigewerbe) unter erheblichen Wettbewerbsdruck, was für die Kunden allemal Preis- und Qualitätsvorteile zur Folge hat.

Deklinieren wir es einmal am Beispiel Uber durch, dem neuen Taxi-Schreck. Ökonomen sprechen von einem »Intermediär auf einem zweiseitigen Markt«. Das klingt kompliziert, ist es aber nicht. Gemeint ist: Je mehr Fahrgäste den Fahrdienst nutzen, umso effizienter lasten die Fahrer ihre Fahrdienste aus. Und umgekehrt gilt: Je mehr Fahrer, desto mehr Fahrgäste. Das schaukelt sich gegenseitig hoch. Die Qualitätskontrolle ist gut, weil die Fahrgäste nach der Fahrt ihre Fahrer im Internet bewerten. Da braucht es keine komplizierten Prüfungen der Ortskenntnisse durch kommunale Behörden mehr wie bei den Taxis. Die Kunden entscheiden: Wer schlecht bewertet wird, scheidet aus dem Markt.

So weit würden viele noch zustimmen. Irritierend ist, dass die Preise sich bei Uber nach der Marktlage richten. Das sind wir vom Taxi anders gewöhnt, wo die Tarife sich ausschließlich an Fahrzeit und Entfernung orientieren (manchmal gibt es Nachtzuschläge). Bei Uber dagegen richtet sich der Preis nach Angebot und Nachfrage. Als 2012 in Boston über Monate Anfragen in den Nachtstunden des Wochenendes nicht bedient wurden, führte Uber einen saftigen Preisaufschlag durch, der rasch zu einer Erhöhung des Angebots von 70 bis 80 Prozent führte. Warum? Weil zu solchen Preisen offenbar der Taxi-Einsatz auch für die Fahrer attraktiv wurde, oder, ökonomisch gesprochen, »weil die Opportunitätskosten der Fahrer – zumindest solcher, die keine soziophobischen Nachtschwärmer sind – in den Nachtstunden des

Wochenendes ebenfalls am höchsten sind« (so die Ökonomen Tim Brühn und Georg Götz). Die Fahrgäste müssen ihnen am Wochenende eben etwas mehr bieten dafür, dass sie nicht in Clubs und auf Partys gehen und nüchtern bleiben. Das ist doch gerecht. Warum finden dann gleichwohl viele Leute solche sich nach Marktlage richtenden Preise (»Preisdiskriminierung«) übel, gar »eklig« (Sascha Lobo), obwohl vergleichbare Verfahren etwa bei der Lufthansa völlig normal sind? Der Psychologe Daniel Kahneman vermutet, das liege an der Gewöhnung durch öffentliche Verkehrsmittel (Bus und Bahn) und die staatliche Preisregulierung bei Taxen. Eine Fahrt von A nach B ist eine Fahrt von A nach B: Es ist einfach gegen unsere Intuition einzusehen, dass sie am Wochenende doppelt so teuer ist. Wir wollen gerne, dass Preise sich nach »objektiven« Kriterien richten und nicht nach Angebot und Nachfrage. Und wir sehen nicht den »Preis« dieser Objektivitätsillusion: lange Schlangen mit verzweifelten Menschen in Zeiten erhöhter Nachfrage.

Die größten Bedenken gegen die Suspendierung der Geldwirtschaft kommen dann auf, wenn es um die Ökonomisierung des menschlichen Körpers geht. Nichts, was nicht einen Preis hat. Während Blut bis heute zumeist gespendet wird, kann man Samen oder Muttermilch zu Marktpreisen kaufen. Es kann gute Gründe dafür geben, in der Frage, ob einem Kranken ein Organ transplantiert wird, nicht den Markt, also den Meistbietenden, entscheiden zu lassen. Doch wenn die Zuteilung nicht über den Preis geschieht, braucht es andere Kriterien der Rationierung knapper Lebern oder Nieren. Im Fall der Organspende ist es ein superkompliziertes System von Kriterien, die für Manipulation jeder Art anfällig sind. Die Organspendeskandale in »seriösen« Universitätskliniken der vergangenen Jahre taugen gerade nicht als Beispiel, die Ökonomisierung der Medizin durch die Geldwirtschaft zu skandalisieren. Im Gegenteil. Eine Leber bekommt nach heutigem Recht nicht transplantiert, wer das meiste Geld hat, sondern wer es auf einer Warteliste ganz nach oben geschafft hat. Und die Ärzte, die Patientenakten frisiert haben, hatten davon keinen finanziellen Vorteil. *What money can't buy:* Eine menschliche Leber kann man in Deutschland, ganz im Sinne von Michael Sandel, gerade nicht für Geld kaufen.

Wie aber erklärt sich dann die Korruption? Regelverletzungen können auch damit zu tun haben, dass ein Arzt seinen schwerstkranken Patienten – das sind alle, die auf ein Spenderorgan warten – helfen will, ohne dabei zu beachten, dass er damit möglicherweise anderen schadet. Der Arzt, vom Helferinstinkt seit dem Studium beseelt, will helfen. Er will denen helfen, deren Leid er in seiner Nähe sieht. Das bedeutet, dass Altruismus zum Motiv der Korruption wird. Das Mitleid mit dem dringend auf das Organ wartenden Kranken verführt den Arzt dazu, die Krankenakte zu fälschen, um den Punktwert zu erhöhen und die Chancen der Zuteilung des rettenden Organs zu verbessern. Einer Zuteilung, wie gesagt, die gerade nicht über das Geld funktioniert.

Geld macht nicht nur zwischen Geschlechtern und Rassen keinen Unterschied. Es macht auch keinen Unterschied zwischen Nah- und Fernbeziehungen, denn es ist robust auch gegen das Mitgefühl: Bei einer Auktion erhält stets der Meistbietende den Zuschlag, einerlei, ob er aus fern oder nah stammt, ob er mit dem Auktionator befreundet ist oder als Picasso-Experte einen besonderen Zuschlag auf den Zuschlag geltend macht. Vor dem Geld sind alle gleich. Das Geld egalisiert, indem es quantifiziert. Das Mitleid dagegen privilegiert den Nächsten (zumal dann, wenn es dem Samariter Prestige- und Moralgewinn verspricht) und verdrängt den fernen Schaden (ein anderer stirbt, der das Organ nicht erhält, aber nötiger gebraucht hätte). Wollten die Kritiker des Ökonomismus nicht in einer Welt leben, in der das Geld weniger, das Mitgefühl aber mehr zu sagen hat? Mitleid kann offenbar ebenso sehr bestechen wie Geld. Wer unter Ökonomisierung die Ausdehnung der Herrschaft des Geldes meint und für eine Gesellschaft plädiert, in der Geld nicht alles kaufen kann, sollte noch einmal neu nachdenken, wie ungerecht, diskriminierend und korruptionsanfällig diese alternative, scheinbar gute Gesellschaft würde. Freilich heißt das nicht, dass alles käuflich wäre. Liebe, um nur das prominenteste Beispiel zu nehmen, lässt sich bekanntlich nicht erzwingen, schon gar nicht mit Geld (und »käufliche Liebe« ist per definitionem gerade keine Liebe). Um also nicht falsch verstanden zu werden: Mir geht es nicht darum, alles und jedes der Geldwirtschaft zu unterwerfen. Mein Einspruch gegen die Kritik an der Ökonomisierung bezieht sich auf Fälle der Zuteilung und Koordinierung knapper Güter und Dienstleitungen (Haushaltsdienstleistungen oder Organe können durch gesellschaftlichen oder wissenschaftlichen Fortschritt zu knappen Gütern werden). Hier spricht einiges dafür, dass, wer die Preise setzende Geldwirtschaft aus moralischen Gründen ablehnt, neuerer, womöglich größerer moralischer Probleme gewahr werden wird. Wenn also eine linke Position eine moralische Position ist, dann spricht nichts dagegen, das Plädoyer für die Geldwirtschaft eine linke Position zu nennen.

Doch die modische Kritik an der »Ökonomisierung« ist mehrdeutig und entzündet sich nicht nur daran, dass Geld in immer mehr Lebensbereiche hinein regiert und dass das nicht gut ist. In einem polemischen Essay mit dem Titel »24/7« hat zuletzt der an der New Yorker Columbia Universität lehrende Kulturtheoretiker Jonathan Crary davor gewarnt, auch noch den menschlichen Schlaf zu ökonomisieren, letztes Refugium des Lebens, das sich dem Geldmechanismus wiedersetzt. »Die Zwänge der elektronischen Kommunikation erobern alle Bereiche unseres Lebens. Damit schrumpfen die Zeiträume, in denen weder Arbeit, Konsum noch Marketing betrieben wurde.«

»24/7« meint die totale Entmachtung der zweckfreien Nichtsnutzigkeit. Sieben Tage, vierundzwanzig Stunden sind dem obersten Ziel der absoluten Effizienz geweiht. Tatsächlich kann man den Erfolg der sogenannten »Wearable Devices«, jener modischen Kleincomputer, die die Menschen sich ans Handgelenk legen, als Angriff auf den letzten undisziplinierten Lebensbereich – die Nacht – interpretieren. Denn mit jenen Devices lässt sich nicht nur exakt messen, wie viel Schritte ich am Tag zurückgelegt habe (der moderne Mensch lebt unter einem permanenten Bewegungsimperativ, sinnlos futtern oder sich betrinken geht gar nicht mehr), sondern es lassen sich auch Phasen von Schlafstörungen kontrollieren. Wer nachts um drei Uhr in Panik das Gefühl bekommt, bisher kein Auge zugetan zu haben, kann sich mit dem blauen Band am Arm und der zugehörigen App davon überzeugen, doch schon zwei Stunden tief geschlafen zu haben, was ihn beruhigt in den Schlaf führt. Während er andernfalls nur schwer eingeschlafen wäre in der Angst, angesichts des fehlenden Schlafes dem kommenden herausfordernden Tag nicht gewachsen zu sein. Was auf den ersten Blick entlastend klingt und es irgendwie auch ist, zeigt doch zugleich, wie alles den Anforderungen des Arbeitslebens unterworfen wird. Wir erleben eine »Bioderegulierung« unseres Lebensrhythmus, klagt Jonathan Crary.

Die Kritik an dieser »Ökonomisierung« ist zutreffend. Aber der Kapitalismus, der gerne für alles herhalten muss, ist daran nicht schuld. Es gibt kein Gesetz des Kapitalismus, das den Menschen den Schlaf raubt, wie Crary meint, und sie zu immer weniger Stunden der Nachtruhe nötigt. Im Gegenteil: Die Arbeitszeiten der Arbeiter im 19. Jahrhundert waren bekanntlich viel länger als heute, während der Fabrikant oder der Kontorist zum Mittagessen und anschließenden Schläfchen nach Hause gingen. Inzwischen hat sich das umgekehrt: Der Arbeiter hat die 35-Stunden-Woche, und der Manager hat die 60-Stunden-Woche. Ersteres ist ein Erfolg der Gewerkschaftsbewegung, Letzteres wird den Firmen von den Unternehmensberatern eingeredet und zugleich von der Wichtigtuerei karrierewilder Manager angenommen. Ökonomisierung ist das nicht; weder die Marktwirtschaft noch der Kapitalismus haben eine solche Forderung aufgestellt. Im Sozialismus der DDR kamen die Leute auch immer schon um sieben Uhr morgens zur Arbeit. Es hat auch nichts geholfen.

Ähnlich geht die Klage, im Kapitalismus nötige das mobile Netz die Menschen, jederzeit erreichbar und verfügbar zu sein. Der Chef erwartet von seinen Mitarbeitern, dass sie am Wochenende seine E-Mails lesen und darauf reagieren. Das mache krank, heißt es. Und abermals soll der Kapitalismus schuld sein. Aber die Freundin erwartet auch, dass der Liebste in der Nacht ihre Mail liest, was wohl weniger mit dem Kapitalismus zu tun hat. Gewiss, die neue Technik hat negative Folgen: WhatsApp, das Spielzeug der Kinder, verführt viele dazu, sich nicht mehr festzulegen, weil man sich ja jederzeit flexibel verabreden kann. Das macht einen wirklich nervös. Und es überrascht nicht, dass solche psychosozialen Folgen sich auch auf die Arbeit auswirken, wenn die neuen mobilen Möglichkeiten auch hier eingesetzt werden. Aber, noch einmal, es hat nichts mit dem Kapitalismus zu tun, sondern mit den neuen Kommunikationsmöglichkeiten, für die die Übung fehlt und ein Reifungsprozess erst einsetzt. Dass dies der Fall ist, erkennt man daran, dass viele Unternehmen inzwischen ihren Mitarbeitern verbieten, am Abend und am Wochenende Mails zu lesen und – ein bisschen schwachsinnig – sogar anbieten, ihre Mails während der Urlaubszeit löschen zu lassen. Hätten die Kritiker der Ökonomisierung recht, dürfte der Kapitalismus solche Reaktionen nicht zulassen. Wir hätten in den siebziger Jahren gesagt, die Kapitalisten verstellen sich und wollen in Wirklichkeit doch die permanente Verfügbarkeit des »flexiblen Menschen« (Richard Sennett).

Im Übrigen wird bei dieser Kritik übersehen, wie viel Erleichterung des Lebens die neuen mobilen Geräte bringen. Wäre es anders, würden sie Apple & Co. nicht aus der Hand gerissen. Die heutige Konsumkritik würde natürlich wie früher sagen, das Bedürfnis eine Nacht vor dem Apple-Laden auf dem Ku'damm in Berlin zu übernachten, um das neue iPhone als Erster zu ergattern, sei ein falsches Bedürfnis, das den jungen Leuten von der Konsumindustrie eingepflanzt wird. Diese Art der Ideologiekritik hat sich indessen immer schon immunisiert und gegen alle Rationalität unangreifbar gemacht.

Im Kern offenbaren »Wearable Devices« und mobile Internetgeräte die Ambivalenz der Technik, aber nicht die Ambivalenz des Kapitalismus, die es auch gibt, die aber hier nicht greift. Ein letztes Beispiel: Die fortgeschrittene Technik seit der Erfindung der Pille hat es inzwischen geschafft, sexuelle Lust und menschliche Fortpflanzung komplett voneinander zu separieren. Die einen sehen darin einen Sieg der Zivilisation über die Biologie. Die anderen sehen darin nur »faustische« Hybris, die ins Verderben führt. Zu den technischen Möglichkeiten zählt inzwischen auch, dass Frauen ihre Eizellen einfrieren lassen können (»Social Freezing«) und den Zeitpunkt mehr oder weniger frei setzen können, wann sie Mutter werden wollen. Diese technische Möglichkeit lässt sich von Paaren nutzen, um die Anforderungen von Karriere und Familie zeitlich besser aufeinander abzustimmen. Wenn Unternehmen sich an den Kosten des »Social Freezing« beteiligen, dann würde man gleichwohl als Erstes sagen: Muss das sein? Unternehmen sollen ihre Mitarbeiter gut bezahlen, damit sie selbst entscheiden können, ob sie das Geld für »Social Freezing« oder zum Kauf von Babywäsche und Buggy verwenden. Wenn Unternehmen aber meinen, im Wettbewerb um gute Leute nütze ihnen der Anreiz, sich an der Finanzierung von »Social Freezing« zu beteiligen, ist das nicht verwerflich. Es muss sich ja niemand darauf einlassen.

Jede neue Technik hat dieses Janusgesicht: Sie vergrößert die Möglichkeiten menschlicher Freiheit. Das ist eine Entlastung der Naturverfangenheit durch Naturbeherrschung. Aber es lastet jedes Mal auch weiterer Druck auf menschlichen Entscheidungen und das verführerische Versprechen der Machbarkeit des Glücks, eine Anmaßung der Gestaltungsmöglichkeiten des Lebens, die nur in die Enttäuschung führen kann.

Liberale, wie gesagt, sind »pro Market«, aber nicht »pro Business«. Darin sind sie »links«. Sie verteidigen den Markt als faires Arrangement. Sie verteidigen den Wettbewerb als Entmachtungsverfahren übermütiger Unternehmer. Und alle Unternehmer werden übermütig, wenn es keinen Wettbewerb gibt. Liberale verteidigen das Preissystem als gerechtes Koordinierungsinstrument knapper Güter. Sie verteidigen nicht den zunehmenden Unsinn, der Managern aus eigener Vollmacht oder von teuren Beratern eingeredet wird. Im Wettbewerb müssen Unternehmen effizient wirtschaften, gewiss. Wer aber behauptet, das bedeute, man müsse die Grenze von Arbeit und Freizeit aufheben oder man müsse das Personal aufs Äußerste reduzieren oder ihnen zumindest ihr Privatleben rauben, oder was sonst noch, der soll dafür nicht den Markt, den Liberalismus oder den Kapitalismus schelten, sondern besser seinen Ärger gegen übermütige Betriebswirte und Unternehmensberater richten.

Liberale verteidigen in der Regel den technischen Fortschritt gegen die zunehmende Zahl der Fortschrittsskeptiker.

Denn der Kapitalismus braucht neues, nützliches Wissen, welches in marktfähige Produkte umgesetzt werden kann. Das ist der Gang der Wirtschaftsgeschichte, die den Wohlstand der Nationen auf diesem Weg erreicht hat. Aber wer die Technik verteidigt, muss zugleich ihre Ambivalenz benennen: Die Anforderungen und Zumutungen an die menschliche Freiheit nehmen zu. Das ist, so entlastend Technik sein kann, eine Belastung.

Die Aporien der Leistungsgerechtigkeit

Erben ist schwerer als gedacht und kommt einer Kränkung gleich. »Weh dir, dass du ein Enkel bist«, lässt Thomas Mann den Konsul Jean Buddenbrook drohen: »Wir sind wie die Glieder einer Kette.« Doch wer will nur Glied einer Kette sein, in der eines dem anderen gleicht? Die meisten Menschen möchten lieber selbst einen Anfang machen und etwas leisten, worauf sie stolz sein können, weil es ganz ihr Eigenes ist.

Das war nicht immer so. Bis zur Aufklärung und dem Beginn der Industrialisierung war das Eigentum bezogen auf die Familie. Familien denken in Generationen und Dynastien. Von einer Generation zur nächsten wird das Eigentum weitergereicht. Den Erfolg der Großeltern und Eltern gilt es zu wahren und zu mehren und an die Kinder und Enkelkinder weiterzugeben, die ihrerseits diesen Auftrag im Nacken spüren. Wenn alles gut geht, wächst über die Generationen hinweg der Wohlstand.

Ein Wirtschaftsunternehmen stellt eine besonders erfolgreiche Strategie genealogischer Machtausübung und Reichtumsmehrung dar. Die Haniels, die Quandts oder die Mieles sind nicht als Spekulanten reich geworden, sondern durch Bergwerke, Autos oder Waschmaschinen. Ihr Vermögen (Geld und Sachkapital) wurde von einer Generation auf die andere vererbt. Waren sie klug, haben sie Fabriken verkauft, wenn der Wind der Kundenwünsche sich drehte, und sich neue Geschäftsideen einfallen lassen.

Der Erfolgsdruck wird von Generation zu Generation größer, weil Familien biologisch fruchtbar sind und die Zahl der Köpfe wächst, die ihre Ansprüche auf das Vermögen nicht verwässert sehen wollen. Der Druck auf das wirtschaftliche Wachstum des Unternehmens errechnet sich aus dem biologischen Wachstum der Familienmitglieder. Wer darüber hinaus etwas von Statistik versteht, kennt das Prinzip der »Regression zur Mitte«: Im Zeitverlauf pendelt alles zurück aufs Mittelmaß, auch das noch so große Vermögen. Abermals lassen die Buddenbrooks grüßen. Die Ahnung künftigen Schrumpfens ist ein weiterer Ansporn, sich über die Maßen anzustrengen. Biologie und Statistik schmieren die Dynamik der Marktwirtschaft. »DNA-Ketten halten die kapitalistische Wirtschaftsordnung zusammen«, sagt der Wirtschaftshistoriker Harold James.

Die einen hinterlassen den Kindern einen Schatz, die anderen nichts als Schulden. Kaum eine Institution ist für die Reproduktion sozialer Ungleichheit so bedeutsam wie die Vererbung von Vermögen. Durch die »Geburtslotterie« (Jens Beckert) wird Vermögen höchst ungleich verteilt. Was die Altvorderen erarbeitet haben, bestimmt den Zufall der Geburt und die Mitgift fürs Leben. Lange Zeit galt das nicht als anstößig. Warum sollte das Recht auf sein Eigentum mit dem Tod erlöschen? Wodurch sollte der Fiskus ermächtigt werden, bei Übergang des Vermögens von einer auf die andere Generation konfiskatorisch auf den stolzen Erfolg des Erblassers zuzugreifen? Der Vorrang des Eigentumsprinzips über die Generationen hinweg ist der Motor gesellschaftlicher Ungleichheit, aber auch wirtschaftlicher Dynamik. Eine

Gesellschaft kann nicht immer wieder bei null anfangen. Sie ist darauf angewiesen, dass Familien ihr Kapital weitergeben, ein Schatz, auf dem folgende Generationen aufbauen, zum Segen aller.

Eigentumsprinzip und Leistungsprinzip harmonieren nicht besonders gut, vorsichtig gesprochen. Härter gesagt, geht es um eine Rivalität um die gerechte Verteilung von Macht. Wer das Leistungsprinzip über das genealogische Prinzip der Blutsverwandtschaft stellt, nimmt dem Erben das Recht auf sein Erbe und gesteht dem Staat eine (theoretisch bis zu hundertprozentige) Erbschaftsteuer zu. Dafür, dass es so weit kommen konnte, war zunächst nicht der fiskalische Heißhunger des Staates verantwortlich, sondern der Freiheitsdrang der Bürger, die sich gegen die Aristokratie empörten. Die Waffen in diesem Kampf hießen Moral und Leistung: subversive Strategien gegen die ererbte Vorherrschaft des Adels. Die Aufklärung verhalf dem meritokratischen Prinzip zur Macht. Mögen die Vorfahren etwas geleistet haben, den Erben fiel es einfach in den Schoß: Das macht sie moralisch angreifbar als Wohlstandsprofiteure ohne eigene Leistung.

In früheren Gesellschaften wurden die Menschen aufgrund ihrer Familienzugehörigkeit einer bestimmten Schicht zugeordnet. Das galt auch für die Berufswahl oder die Eheanbahnung. Im Übergang zur modernen Gesellschaft verlor der adlige Haushalt seine Monopolstellung im Prozess der Statuszuweisung. Die Kontingenz und Zufälligkeit des Ortes, an dem einer sich im Leben später vorfindet (Einkommen, Familie, Macht, soziale Wichtigkeit), nehmen zu. Diese Offenheit eröffnet Chancen, befreit den Einzelnen aus dem Fatalismus der Gefangenschaft in einer Klassengesellschaft. Diese Offenheit ist freilich auch anstrengend, verlangt, ständig auf Draht sein zu müssen, weil die Verteilung der Plätze im Machtspiel jetzt erst erstritten werden muss.

Der stets wild-anregende Philosoph Peter Sloterdijk zeigt in seinem Buch über »Die schrecklichen Kinder der Neuzeit« (2014), dass es die Rebellion der Kinder gegen ihre Eltern war, welche die Statuszuteilung gemäß dem Herkommen immer mehr in Verruf gebracht hat. Zukunftskompetenz und Leistungserfolg wurden im Lauf der Geschichte immer höher bewertet als Herkunftssicherheit, welche durch das Erbe stabilisiert wird. Durch eigenes Verdienst sollte man sich das Erbe jetzt aneignen: »Erwirb es, um es zu besitzen«, fordert Goethes Faust.

Es waren nicht zuletzt die Bastarde, die unehelichen Kinder und die Mätressen, die erfolgreich den Beweis von der Überlegenheit der Chancengleichheit gegen die Klassengesellschaft zu führen wussten: Madame de Pompadour, die mit großer politischer Macht ausgestattete Mätresse des französischen Königs Ludwig XV., irritierte ihre Zeitgenossen, indem sie vorführte, dass für die Beischläferin des Herrschers auch jenseits des königlichen Bettes eine Welt existierte. Sloterdijk nennt es das »anti-genealogische Prinzip«: Jeanne-Antoinette Poisson, so der bürgerliche Geburtsname der Madame de Pompadour, kam zwar nicht von ganz unten (der Vater war ein wohlhabender Heereslieferant), aber sie war natürlich nicht von Stand. Ihr Leben aber zeigt: Es gibt auch für Weibspersonen im Allgemeinen wie für Mätressen großer Herren im Besonderen globale Horizonte. »Der jungen Frau war ein Staatsstreich im Reich des Begehrens gelungen.« (Sloterdijk): Madame de Pompadour ist zwar gerade kein Beweis für die perfekte Meritokratie. Denn Charme, Schönheit und Bühnentalent sind nicht wirklich eigene Leistungen. Aber ihr unbedingter, zum Erfolg führender Wille zu Macht und Leidenschaft beweist doch, dass es gelingen kann, das genealogische Prinzip zu sprengen. Insofern ist Madame de Pompadour ein Vorbild für das leistungsbezogene Aufstiegsprinzip der Moderne.

Dieser Anspruch des »voraussetzungslosen Lebens« (Sloterdijk) vom Nullpunkt an, die das Erbe der Familie als Last der Vergangenheit schmäht, ist der gemeinsame Ursprung von Sozialismus und einer sehr prominenten, modernen Spielart des Liberalismus. Dieser Liberalismus verachtet um der Chancengleichheit und Leistungsgerechtigkeit willen das unverdiente Vermögen der reichen Erben. Der britische Philosoph und Liberale John Stuart Mill (1806 bis 1873) wäre dafür der ideale Kronzeuge. Jeder soll seines Glückes Schmied werden. Einzig die aus Leistung entstandene Ungleichheit wird geduldet. Der Sozialismus geht noch weiter: Weil er als Utopie eine egalitäre Gesellschaft schaffen will, muss er tunlichst am Beginn des Lebens alle genealogisch sich ergebenden Vermögensungleichheiten einebnen.

Der Begriff der Meritokratie wurde von dem englischen Soziologen Michael Young in den fünfziger Jahren des 20. Jahrhunderts in satirischer Absicht in den gesellschaftlichen Diskurs eingeführt. Er bezeichnet das elitäre Programm einer Gesellschaft, in der die Individuen nur nach ihren individuellen Merkmalen eingeschätzt werden. Ihr Einkommen entspricht ihrer Produktivität; ihre Berufe wählen sie nach ihren Fähigkeiten. Ihr gesellschaftlicher Status entspricht ihrer Leistung. Viele Menschen würden so eine Gesellschaft intuitiv als eine gerechte Gesellschaft ansehen. Es ist eine egalitäre Gesellschaft, die nur einen einzigen Grund zur Legitimation sozialer Ungleichheiten zulässt: die unterschiedliche Leistung. Selbst hartgesottene Egalitäre sind häufig Anhänger der Leistungsgerechtigkeit und bereit, Ungleichheiten zu akzeptieren, die sich aufgrund unterschiedlicher Leistungserfolge ergeben, müsste man andernfalls doch den Faulenzer gleich behandeln wie denjenigen, der sein Leben lang sich strebend bemüht.

Beide, Sozialismus und Liberalismus, sind sich darin einig, dass es einen Zustand der Chancengleichheit herzustellen gilt, der garantiert, dass die im späteren Leben sich ergebenden Unterschiede nur und ausschließlich auf Leistung beruhen, aber nicht auf anderen, zufälligen Widerfahrnissen des Lebens. In den nötigen Mitteln zur Ermöglichung plädieren sie für unterschiedliche politische Maßnahmen. Die Liberalen würden, wie es sich gehört, für möglichst umfassenden Wettbewerb und offene Märkte eintreten und dafür, dass es keine Zugangshemmnisse gibt, die denen, die etwas leisten, den sozialen Aufstieg verwehren. Der Wettbewerb der Cleveren entmachtet die Privilegierten. Chancengleichheit muss sich demnach vor allem auf barrierefreie Bildungsmöglichkeiten konzentrieren (dazu später mehr). Die Linken sind der Meinung, dass Chancengleichheit erst möglich wird, wenn der Staat dafür die institutionellen Voraussetzungen schafft (sie nennen das »level playing field«). Von der Wiege bis zur Bahre, von den Krippenplätzen über die Kindergärten und Gesamtschulen bis zum gesamten System des über Steuerprogression und Sozialabgaben umverteilenden Sozialstaates: alles hat sich letztendlich dem Ziel der Verwirklichung von Chancengleichheit im Interesse einer gerechten, weil meritokratischen Gesellschaft zu unterwerfen.

Doch trotz dieses sich seit der europäischen Aufklärung formierenden ungewöhnlichen Bündnisses zwischen Liberalen und Linken zur Herstellung von Meritokratie halten die Erfolge sich in Grenzen. Marxistisch gesprochen, lebt die Klassengesellschaft auch heute noch. Wer die herrschende Klasse abschaffen und den Unterdrückten dieser Erde an die Macht verhelfen will, muss scheitern, mag er sich noch so anstrengen. Wer an Aufstiegschancen für jedermann glaubt, einerlei aus welcher Familie, Sippe oder Religion, ist ein Illusionär. Herkunft lässt sich nicht überspielen. Was zählt, ist die Familie. Oben bleibt oben, und unten bleibt unten. Daran ändern weder deutsche Sozialpolitiker noch kommunistische Revolutionäre etwas. So sieht die historische Realität aus, nicht (nur) die marxistische Ideologie.

Noch nicht einmal Mao hat es geschafft, die gesellschaftlichen Hierarchien in China umzukrempeln, obwohl er – grausamer geht es nicht – in den Jahren der Kulturrevolution Hunderttausende, vielleicht Millionen von Großgrundbesitzern, Geschäftsleuten oder Angehörigen der alten Intelligenzija umbringen ließ oder aus dem Land vertrieb.

Von den Grausamkeiten ist das Land bis heute schwer traumatisiert. Doch eines hat Mao damit nicht vermocht: die Oberschicht auszurotten, die Habenichtse an die Macht zu bringen und ein Reich von lauter Gleichen zu schaffen. »Die Nachkommen der vorrevolutionären Eliten sind im heutigen China immer noch so dominant wie die Kaste der Brahmanen im heutigen Indien«, schreibt der Historiker Gregory Clark. Das revolutionäre China nicht anders als die Klassengesellschaft Indien?

Clark, ein Schotte, den die Karriere an die Universität von Kalifornien verschlagen hat, ist ein Enfant terrible seiner Zunft. Schon mit seinem 2007 erschienenen Buch »A Farewell to Alms«, in dem er die industrielle Revolution völlig neu deutet, erregte er Aufsehen. In der 2014 veröffentlichten Studie über das notwendige Scheitern aller Versuche sozialer Mobilität (»The Son also Rises«) steckt indessen noch mehr Sprengkraft. Der Historiker will nachweisen, dass der Weg von unten nach oben praktisch nicht möglich ist (oder, vorsichtiger gesprochen, sich über Hunderte von Jahren hinzieht) und dass die Eliten, die schon oben sind, auch immer oben bleiben (oder, vorsichtiger gesprochen, Hunderte von Jahren oben bleiben). Dieses eherne Gesetz der sozialen Immobilität lasse sich in allen Gesellschaften zeigen, seien sie besonders egalitär (wie Schweden) oder besonders ungleich (wie

Chile und die Vereinigten Staaten), seien sie besonders revolutionär (wie China) oder besonders konservativ (wie Großbritannien). Die sozialen Klassenverhältnisse bringen weder Revolutionen (Chile, China) zum Einsturz noch sozialstaatliche Interventionen (Amerika, Schweden, Deutschland), mögen die Staaten noch so viel gut gemeinte Milliarden Dollar oder Euro in die Verbesserung des Bildungssystems oder die Förderung armer, chancenloser Familien pumpen.

Clark ist der Meinung, dass seine These auch der deutschen Wirklichkeit standhält. All die zu Herzen gehenden Tellerwäschergeschichten, wie der kleine Oliver Twist aus dem Armenhaus zu bürgerlichem Ansehen gelangt oder John Gatsby im gleichnamigen Roman von John Scott Fitzgerald es aus dem Prekariat heraus an die Spitze der Gesellschaft schafft, wären demnach, statistisch gesehen, Einzelfälle, die ein falsches Bild von Chancengerechtigkeit vermitteln und bestenfalls unsere Wunschvorstellung von einer fairen Weltordnung befriedigen. Weil wir gerne in einer Welt sozialer Mobilität leben wollen, glauben wir, dass wir auch tatsächlich in einer solchen Welt leben.

Ob Clarks Provokation, folgt man ihr, bloß eine schlechte oder auch eine gute Nachricht ist, hängt von der eigenen Klassenlage ab. Für jene Oberschichtseltern, die in ständiger Angst vor dem sozialen Absturz ihre Kinder schon als Babys auf Leistung trimmen und an teure Privatschulen und -universitäten schicken, weil die Konkurrenz bekanntlich nicht schläft, können die Forschungen Clarks deutliche Entspannung bringen. Kinder, deren Eltern und Großeltern ein ordentliches Vermögen, ein ansehnliches Einkommen, eine gute Ausbildung und hohe berufliche Reputation erworben haben, werden in aller Regel ihren Weg machen: Sie bleiben wohlhabend und behalten ihren sozialen Status, auch ohne dass ständig Druck auf sie ausgeübt werden muss.

Doch wie nur kommt der Historiker zu seiner steilen These? Die angelsächsische Wirtschaftsgeschichte arbeitet, anders als hierzulande, quantitativ. Man braucht etwas zum Zählen und zum Rechnen, am besten auch ein paar Formeln, um etwas beweisen zu können. Clark hat die geniale Idee, sich ausgefallene Nachnamen und ihre Verteilung unter typischen Berufen der Oberschicht (meist sind es Anwälte, Ärzte, Professoren) quer durch die Jahrhunderte in unterschiedlichen Ländern anzusehen. Natürlich gibt er zu, dass die Datenlage nicht überall optimal ist. Aber in Oxford und Cambridge zum Beispiel hat man die Matrikel (also die Namenslisten der Studenten) lückenlos seit dem Mittelalter bis heute.

Nehmen wir ein Beispiel: Auch bei uns ist die englische Familie Pepys (sprich: »pips«) bekannt, weil ein berühmter Vorfahre, der erste Sekretär der englischen Admiralität, Samuel Pepys (1633 bis 1703), ein hinreißender Tagebuchschreiber war. Pepys war stets ein seltener Nachname, immer bedroht vom Aussterben. Im Jahr 1881 gab es nur 31 Pepys, im Jahr 2002 nur noch achtzehn Angehörige dieser Sippe. Man kennt sie also alle. Selbst im 17. Jahrhundert verzeichneten die Pfarrbücher bei Taufen und Hochzeiten allenfalls 40 Leute mit diesem Namen. Und nun kommt der Clou: Seit dem Jahr 1496 haben sich an der Universität Cambridge insgesamt mindestens 58 Mitglieder der Familie Pepys eingeschrieben, zuletzt im Jahr 1995. Für einen durchschnittlichen Nachnamen, den derart wenige Menschen tragen, wären allenfalls zwei oder drei Akademiker zu erwarten gewesen. Von den 18 Pepys, die im Jahr 2012 lebten, haben allein vier einen medizinischen Doktor.

Das will sagen: Die Familie Pepys ist eine Familie der britischen Oberschicht, und zwar bereits seit dem späten 15. Jahrhundert. Die Voraussage, dass, wer in diese Familie hineingeboren wird, es einmal gut hat im Leben (zumindest gemessen an materiellen Kriterien), ist mit sehr geringem Risiko behaftet. Clark hat in Cambridge parallel eine Familie Peeps (das spricht sich fast genauso wie Pepys) ausfindig gemacht, die ebenfalls über die Jahrhunderte überschaubar blieb, die es aber – abgesehen von zwei Ausreißern im Jahr 1530 – nie an die Universität und in akademische Berufe geschafft hat. Die Vorstellung, dass Status und Fähigkeiten unserer Vorfahren vor zwölf Generationen unsere Chancen bestimmen, heute ein Arzt oder ein reicher Mann zu werden, lässt einen frösteln und verletzt unsere Gefühle, dass eine faire Gesellschaft jedermann gleiche Startchancen bieten sollte.

Ähnlich wie mit den Pepys hat Clark in allen von ihm untersuchten Ländern speziell der Oberschicht zuzuordnende Nachnamen entdeckt. In Schweden sind es im 17. Jahrhundert in den Adelsstand erhobene Familien (Leijonhufvud, Gyllenstjerna, Adlercreutz), in Indien ist es die oberste Kaste der Brahmanen (Banerjee, Chatterjee oder Mukherjee). Immer kommt dasselbe heraus: Sie halten sich überdurchschnittlich lange über die Jahrhunderte am oberen Ende der Gesellschaft, einerlei durch welche historischen Umwälzungen das Land hindurchgeht.

Das Maß intergenerationeller Mobilität liegt in allen Gesellschaften zwischen 0,7 und 0,9, wobei 0 vollkommene soziale Mobilität bedeutet, während 1 völlige Starrheit der Klassen bedeuten würde. Frühere Untersuchungen hatten deutlich höhere Mobilität ermittelt, mit Werten zwischen 0,15 und 0,65. Der Fehler, so Clark, liegt darin, dass stets alle Kriterien der Zugehörigkeit zur Oberschicht (Einkommen, Wohlstand, Bildung, Berufsstand, Langlebigkeit) gleichzeitig berücksichtigt werden müssen: Wer bei Bill Gates nur auf die Bildung achtet, muss ihn als Versager ansehen, denn er hat nicht einmal ein Hochschulstudium absolviert. Aber Gates ist der reichste Mann der Welt, womit er dann doch für die Oberschicht infrage kommt.

Wenn weder politische Revolutionen noch finanzielle Interventionen zur Egalisierung taugen, was hülfe dann zu mehr Gleichheit? Die Antwort liegt nahe: Die Unterschicht muss in die Oberschicht einheiraten – und umgekehrt. Denn das ist das beste Mittel, die Talente zu mixen und statistisch jene »Regression zur Mitte« zu beschleunigen, welche die soziale Mobilität in Schwung bringen könnte. Doch die Menschen verhalten sich genau umgekehrt: Gleich und Gleich gesellt sich gern, und Reiche lieben am liebsten Reiche. Der Trend verstärkt sich sogar. Ob das ein Indiz dafür ist, dass es mit dem Wunsch nach Egalisierung, wird es konkret, doch nicht so weit her ist, wie die Linken und Linksliberalen glauben? Man könnte es meinen.

So sind wir jetzt wieder so weise wie am Anfang dieses Kapitels. Herkunft lässt sich nicht überspielen; was zählt, ist die Familie. Während wir die Chancengleichheit feiern, leben wir in Wirklichkeit in einer Gesellschaft, wo der Zufall der Geburt zu unserem Schicksal wird.

Das braucht man gar nicht nur biologistisch zu interpretieren. In der Oberschicht werden nicht nur Oberschicht-Gene vererbt, sondern auch die zugehörigen sozialen Verhaltensmuster und kulturellen Werte und Verhaltensweisen weitergegeben. Im Bürgertum lernt man, dass man das Besteck, Gang für Gang, von außen nach innen benützt. Und im gebildeten Bürgertum zitiert die Mutter beim Abwasch zwischendurch auch mal Goethe. Man wird deswegen kein besserer Mensch, aber es hilft. Im Bürgertum weiß man, dass Wissen und Bildung sich auszahlen und nicht nur ein ordentliches Einkommen, sondern auch den höheren sozialen Status versprechen. Bürgerkinder gehen in England aufs Internat, sie gehen auf die Universität, auch mit schlechteren Noten. Unterschichtskinder gehen nicht auf die Universität, auch wenn sie bessere Noten haben. Wenn die Meritokraten deshalb verhindern wollen, dass die Eliten sich aus den Eliten rekrutieren (der sogenannte Elitenforscher Michael Hartmann schreibt darüber Jahr um Jahr ein Buch), müssen sie konsequent die Kinder schon bei der Geburt von ihren Eltern trennen und in Gemeinschaftshäusern und Schulen erziehen. Die Nazis und Sowjets haben das gemacht. Zu einer gerechten Gesellschaft hat das bekanntlich nicht geführt.

Soll man, da das meritokratische Ziel immer noch in weiter Ferne ist, auch die Idee der Meritokratie aufgeben? Das hieße das sprichwörtliche Kind mit dem Bade ausschütten. Nicht zuletzt wäre eine solche Kapitulation nicht nur ein Verrat an den Errungenschaften der Aufklärung, sondern auch an meiner eigenen Biographie und vielen parallelen Biographien, die in diesem Buch zumindest als Skizze in Erscheinung treten. Für uns alle, die späten Kinder Georg Pichts (»Die deutsche Bildungskatastrophe«), hat sich zweifellos irgendetwas vom meritokratischen Versprechen erfüllt, wenngleich diese Karrieren gewiss nicht darin aufgehen, sondern sich amalgamieren mit Glück, Zufall und historischem »Window of Opportunity« einer spezifischen Konstellation der deutschen Nachkriegsgeschichte. Aller Robustheit einer Klassengesellschaft zum Trotz bleibt Meritokratie das Ferment der bürgerlichen Gesellschaft, eine regulative Idee, deren Gültigkeit auch dadurch nicht außer Kraft gesetzt wird, dass das Ziel nie erreicht werden wird oder der Erfolg einer Lebensleistung nie und schon gar nicht ausschließlich der Erfolg eigener Anstrengung ist. Und überhaupt, was wäre die Alternative zum regulativen Prinzip der Meritokratie? Das Ancien Régime einer Ständegesellschaft? Oder die fatalistische Anerkennung einer Klassengesellschaft, der nur mit einer kommunistischen Revolution beizukommen wäre?

Umso wichtiger ist es, jenen Leistungsbegriff genauer unter die Lupe zu nehmen, der dem Begriff der Meritokratie zugrunde liegt. Zumindest auf den ersten (und auch noch auf den zweiten) Blick mag niemand in einer Welt leben, in welcher Status, Einkommen oder Karrieren ganz oder zu weiten Teilen von Zufall, familiären oder autoritären Zuordnungen oder anderen Bedingungen abhängen, die man selbst nicht in der Hand hat. Seit der Kindheit gibt es das Gefühl und auch die Erfahrung: »Leistung muss sich lohnen.« Wer sich nur richtig anstrengt, der soll auch sehen, dass sich die Anstrengung auszahlt. In der Schule wird dieser Zusammenhang oft bestätigt. Wer ordentlich Vokabeln und Grammatik paukt und im Kopf nicht ganz dumm ist, darf darauf hoffen, dass am Ende eine gute Note unter der Klassenarbeit stehen wird. Es ist diese frühe Erfahrung der schulischen Meritokratie, die der Philosoph Robert Nozick dafür verantwortlich macht, dass so viele Intellektuelle links werden und es auch immer bleiben. Sie finden es ungerecht, dass jene Klassenkameraden mit den mittelprächtigen Noten, die sich mit Ach und Krach durch ein BWL-Studium gequält haben, später als Manager die höheren Einkommen erzielen als sie selbst. Dass Bildungsanforderungen und späterer Beruf nicht gut korrelieren, kann man indes auch weniger polemisch formulieren: Warum sollen ausgerechnet die leistungsfähigsten Studenten auch die besten Unternehmer, die höchsten Beamten oder die erfolgreichsten Filmstars werden, wie mein Kollege Jürgen Kaube zu sagen pflegt.

Der Slogan »Career open to talents« war die Verheißung der schottischen Aufklärung. Er hat uns alle angefeuert. Ich begreife mich ja selbst als »Produkt« der Leistungsgerechtigkeit. In meiner Familie gab es keine Akademiker. Beide Eltern sind auf dem Dorf aufgewachsen. Der Krieg hat sie beide gelehrt, dass das Schicksal das Leben bestimmt. Man kann nichts machen, muss sehen, dass man irgendwie durchkommt. Bei mir war das anders. Es gab Lehrer, die mich förderten. Ich habe, nicht nur weil ich ehrgeizig bin, Spaß am Lernen gefunden. Das hat mich beflügelt. Ich bin begabt, aber sicher nicht übertrieben hochbegabt. Man hat mir trotzdem Gutes gewollt. Ich war nicht auf das Geld der Eltern angewiesen, bekam vom ersten Tag des Studiums bis zum letzten der Promotionszeit ein Stipendium, das zusammen mit allerlei Hiwi-Jobs zum Leben bestens reichte – und auch zu Fahrten nach Italien oder Frankreich. Sogar eine Forschungsreise in die USA war drin, obwohl ich als Jugendlicher immer dachte, nach Amerika würde ich es nie schaffen, weil man für einen Dollar vier D-Mark zahlen musste.

»Bahn frei den Tüchtigen!«, ist das nun doch die Conclusio? Vorsicht ist geboten. Denn der Begriff der Tüchtigkeit fängt sofort an, schlüpfrig zu werden, sobald man ihn näher fassen will. Tüchtigkeit ist subjektiv äußerst umstritten, äußerst schwer bestimmbar. Soll die gute Absicht zählen, mit der einer sich anstrengt? »Gut gemeint«, reicht bekanntlich nicht. Soll die Leistung abhängig sein vom Schweiß, den einer produziert: von Hirnschmalz oder Muskelkraft? Und was wäre, wenn Hirnschmalz und Muskelkraft sich als genetisch determiniert erwiesen? Dann wäre die Meritokratie doch gar keine Meritokratie mehr. Lesen wir dazu das Kapitel über »Wert und Verdienst« in Friedrich August von Hayeks Grundsatzwerk »Die Verfassung der Freiheit«. Während die meisten egalitären Forderungen, so Hayek, nur aus Neid geboren würden, billigt er der Idee der Meritokratie eine höhere Würde zu, jenseits der niederen Triebe. Die meisten Menschen nämlich richteten ihre Einwände nicht gegen die bloße Tatsache der Ungleichheit, sondern gegen die Tatsache, dass die Unterschiede im Entgelt nicht irgendwelchen erkennbaren Unterschieden in den Verdiensten jener entsprechen, die sie empfangen.

Umso härter fällt Hayeks Antwort aus: In einer freien Gesellschaft ist es weder wünschenswert noch durchführbar, dass die materiellen Vergütungen in Übereinstimmung gebracht werden sollen mit dem, was die Menschen als Verdienst (»Meriten«) ansehen, und dass es ein wesentliches Merkmal einer freien Gesellschaft ist, dass die soziale Stellung des Einzelnen nicht notwendigerweise von den Ansichten der Mitmenschen über die von ihm erworbenen Verdienste abhängt.

Warum ist eine solche Leistungsgesellschaft nicht wünschenswert? Eine Gesellschaft, in der es die allgemeine Ansicht wäre, dass ein hohes Einkommen ein Beweis von Verdienst und ein niedriges Einkommen der Beweis seines Fehlens sei, und in der allgemein geglaubt wird, dass Stellung und Entlohnung dem Verdienst entsprechen, und in der es keinen anderen Weg zum Erfolg gäbe als die Billigung des eigenen Verhaltens durch die Mehrheit der Mitmenschen, wäre wahrscheinlich für die Erfolglosen viel unerträglicher als eine Gesellschaft, in der offen anerkannt wird, dass zwischen Verdienst und Erfolg kein notwendiger oder eindeutiger Zusammenhang besteht. Was man nämlich erst spät sieht, ist, dass die Idee der Meritokratie zwingend eine große Kränkung enthält: Alles hängt von mir ab. Wenn Leistung Einkommen und Status bestimmt, dann definieren umgekehrt Einkommen und Status, was einer geleistet hat. Dann müsste man im Ernst behaupten, die Top-Manager der großen Dax-Konzerne hätten ihre Millionenverdienste auch verdient. Das ist absurd. Wer auf der Hierarchieleiter unten steht, müsste sich das ebenfalls selbst anlasten: Er hat offenbar zu wenig Begabung und er hat zu wenig geleistet. Die Idee der Meritokratie hat zur Voraussetzung und zur Folge eine unmenschliche und unerbittliche Gesellschaft, die die Menschen überfordert und ihnen noch nicht einmal die psychische Erlaubnis gibt,

Misserfolge und Scheitern anderen Umständen – Pech, böse Gegenspieler, falsche Zeit, falsche Gene etc. – zuzuschreiben. Das ist kaum auszuhalten und niemandem zuzumuten. Es hängt gottlob nicht alles von mir ab, heißt die humane Alternative, die sich gegen den elitären Machbarkeitswahn der Meritokratie stemmt. Die Idee der Meritokratie moralisiert die Einkommens- und Statusverteilung. Das ist mindestens so unerträglich wie die Forderung der Anerkennung einer göttlichen Ordnung in einer Ständegesellschaft. Die Verabsolutierung der Meritokratie lässt dem Untüchtigen noch nicht einmal den Trost der Vorstellung der Ungerechtigkeit der Welt.

Wer diese unmenschliche Zumutung nicht akzeptieren mag, der muss freilich in Kauf nehmen, dass, auch wenn einer sein Bestes gibt, er nicht gewiss sein kann, dass dies gesellschaftlich belohnt wird. Es reicht nicht, Talent zu haben, es bedarf auch der Fähigkeit, sich die Welt so herzurichten, dass das Talent sich entfalten kann, wusste die amerikanische Psychoanalytikerin Phyllis Greenacre. Das aber ist häufig nicht von eigener Leistung abhängig, sondern beruht auf Glück, Zufall und günstigen Konstellationen (»window of opportunity«). All das spielt, wie gesagt, neben der Leistung eine große Rolle für die Zuweisung von Status und Einkommen. Die Abitur- oder Examensnoten sind hingegen als Prognosedaten ziemlich schlecht. Ginge es um Leistung, müsste man einen Mark Zuckerberg als Versager tadeln, der sich der »Leistungsgesellschaft« einer Eliteuniversität wie Harvard verweigerte und lieber erfolgreiche Unternehmen gründete. Das ist auch eine Leistung, aber eine, die vom Markt und nicht von Universitätsprofessoren honoriert wird. Bei jenen spekulativen Tätigkeiten, die wir Forschung nennen, oder bei jenen wirtschaftlichen und finanziellen Tätigkeiten, die wir gewöhnlich »Spekulation« (an den Börsen) nennen, so Hayek, könnten wir nicht erwarten, die dafür geeignetsten

Personen anzuziehen, wenn wir nicht den Erfolgreichen alle Anerkennung und den ganzen Gewinn geben, obwohl sich andere ebenso verdienstvoll bemüht haben. Weil man eben nicht im Voraus weiß, wer der Erfolgreichste sein wird, kann man auch nicht sagen, wer den größten Verdienst erworben hat. Es sei denn, wir würden einer übergeordneten Autorität das Recht zubilligen, die Zuordnung vorzunehmen. Aber wer will das außer jenen linken Intellektuellen, die sich bis heute ein höheres Wissen anmaßen, was den Bürgern guttut – vor allem, wenn es um Kultur geht.

Es führt im Übrigen auch nicht weiter, wofür viele spontan plädieren würden, Einkommen und Status zu bestimmen nach dem Ausmaß unangenehmer körperlicher Arbeit oder aber besonderer menschlicher Zuwendung, die vom Beruf gefordert wird. Mit diesem Argument sagen viele, müsse man Straßenkehrer, erst recht aber Pfleger oder Krankenschwestern besser, mindestens so gut bezahlen wie Professoren, Manager, Fußballspieler oder Schlagersänger. Denn menschliche Zuwendung sei doch wohl höher zu bewerten als die Kompetenz, Meetings durchzuführen. Doch in einer Marktwirtschaft, darüber habe ich beim Lob der Preise geschrieben, würde sich ein solches Ergebnis nur einstellen, wenn alle Menschen für alle Betätigungen gleich geeignet wären und deshalb Menschen, die bei angenehmen Beschäftigungen ebenso viel verdienen könnten, durch höhere Entlohnung motiviert würden, sich unangenehmen oder menschlich herausfordernden Arbeiten zu unterziehen. Der Arbeitsmarkt entlohnt aber nach Knappheit: Und da stellt es sich heraus, dass es weniger gute Opernsänger und Fußballspieler (bei Managern bin ich mir nicht sicher) gibt als Krankenschwestern und Straßenkehrer, auch wenn sich das hartherzig anhört. Ändern lässt sich das System nur, wenn wir nicht dem Markt, sondern weisen Intellektuellen die Bestimmung des Wertes gesellschaftlicher Arbeit und die Statuszuweisung übergeben wollen. Ich will das nicht.

What's left? Eine gute Gesellschaft braucht nicht nur gute Institutionen, sondern muss auch definieren, wer die Macht haben soll. Eine Gesellschaft, in der die Macht über ständische Privilegien verteilt wird, haben wir gottlob überwunden. Eine Gesellschaft, in der die Macht ausschließlich über Leistung zugeteilt wird, ist den Menschen nicht zumutbar, weil sie die Verlierer moralisch entwürdigt und weil sie am Ende in den Totalitarismus führt.

So landen wir auch hier wieder bei der humanen Verteilungsfunktion der Macht durch den Markt als Konzept einer aufgeklärten Theorie der Meritokratie. Versteht man das meritokratische Prinzip im Sinne einer Anerkennung von Marktergebnissen als fair, muss man sich verabschieden von einem simplen Leistungsbegriff. Leistung ist dann das, was der Markt honoriert. Und das erschöpft sich eben längst nicht in der eigenen Anstrengung, ja ignoriert sogar häufig die eigene Anstrengung. Erfolg und Scheitern in der Marktwirtschaft hängen nicht (nur) von subjektiver Leistung ab; das hat etwas Tröstliches. Allerdings können Marktergebnisse auch verzerrt werden, wenn der Wettbewerb nicht oder nur eingeschränkt funktioniert. So etwas nennen Ökonomen eine »Monopolrente«: Unternehmen sichern sich mithilfe von aufwendiger Lobbyarbeit Privilegien, die ihnen dann Gewinne bescheren, die der »freie« Markt nicht hergegeben hätte. Eine Monopolrente nimmt sich ein Anbieter eines Gutes oder einer Dienstleistung, wenn er Preise durchsetzen kann, die über den Marktpreisen liegen. Das bedeutet, auch bei niedrigeren Preisen könnte das Gut bei gleicher Qualität geliefert werden, sodass die Konsumenten (oder die Eigentümer) über den Tisch gezogen werden. Einiges spricht dafür, dass Spitzenmanager eines Konzerns in diesem Sinne zu hohe Gehälter für sich durchsetzen. Es macht aber einen großen Unterschied, ob man moralisch argumentiert, die Manager leisteten zu wenig für das viele Geld (oder willkürlich fordert, Manager dürften maximal das x-fache das Durchschnittsarbeitnehmers verdienen), oder ob man ökonomisch ihre hohen Einkommen als wettbewerbsaverse Monopolrendite interpretiert: Diese hat als »gerechte« Referenz jenen Marktpreis als Lohn, der sich ohne Machtprivilegierung einstellen würde.

Machen wir ein anderes Beispiel für Monopolrenten aus dem Taximarkt, von dem schon die Rede war. Um als Taxiunternehmer zugelassen zu werden, braucht man eine Lizenz. Nicht jeder kann sich als Taxibetreiber niederlassen. Der Markt ist geschützt. Lizenzen waren nach dem Krieg eingeführt worden, um Anreize zu setzen, trotz hoher Anschaffungskosten für die Fahrzeuge überhaupt Taxi zu fahren. Inzwischen ist die Anschaffung eines Taxis günstig, die Lizenzen aber unvorstellbar teuer: Am Schwarzmarkt werden fünfstellige Euro-Beträge gezahlt, die zeigen, welche Gewinne erwartet werden (sonst würde diese Lizenzpreise niemand bezahlen). Letztlich zahlen diese überhöhten Preise die Verbraucher. Die Taxiunternehmer schröpfen die Fahrgäste; Wettbewerb ist verboten, Preise sind fest. Müsste es nicht ein linkes Projekt sein, diesen vermachteten, von staatlichen Privilegien umstellten Markt zu schleifen? Müsste nicht alle Sympathie der Linken bei den Pionieren von Uber sein, die als kreative Zerstörer sich revolutionär gebärden – gewiss, mit viel Kapital im Rücken, aber was ist daran schlimm? Stattdessen heulen die Linken mit dem bedrohten Taxigewerbe. Die Bedrohung sieht man, die Befreiung sieht man nicht, jedenfalls nicht gleich.

»Rent-Seeking« ist nicht nur ein Verhalten geldgieriger Manager oder staatlich geschützter Taxifahrer, sondern etwa auch bei Kulturinstitutionen zu finden, die sich an den

Fleischtöpfen öffentlicher Gelder bedienen. Selbst oder gerade auch karitative Organisationen machen davon Gebrauch: Erst durch den Wettbewerb mit privaten Pflegediensten konnte das Monopol von Caritas und Diakonie geschleift werden. Die Preise gingen zurück, die Leistung verbesserte sich. Noch heute aber kommt die kirchliche Wohltäterindustrie in den Genuss von Steuervorteilen, die die Privaten nicht haben. Wo bleibt der Aufschrei der Linken? Wettbewerb ist der beste Treiber der Meritokratie.

Sagen wir es am Ende so: »The Power of Pricing«, die Anerkennung der Leistung des Marktes, ist gerade deswegen ein faires Arrangement zur meritokratischen Verteilung von Macht, Status und Einkommen, weil es Erfolg und Misserfolg auf humane Weise nicht (nur) von eigener Anstrengung, Talent und Einsatz abhängig macht. Zugleich würde man aber umgekehrt auch nicht behaupten wollen, dass die Erfolge auf dem Markt nur dem Zufall des Casinos zuzuschreiben wären. Das würde den genialen Einfällen jener erfolgreichen Unternehmer von Robert Bosch bis Mark Zuckerberg keine Gerechtigkeit zuteilwerden lassen. Die Meritokratie einer Anerkennung von Marktergebnissen hält am Aufstiegsversprechen der bürgerlichen Gesellschaft fest, ohne dieses zu moralisieren oder gar zu verabsolutieren. Sie entspringt der Haltung liberaler Gelassenheit und integriert das linke Ziel, wonach Ungleichheiten nur dann gerechtfertigt (und gerecht) sind, wenn sie nicht auf Privilegien beruhen.

IV. Warum Kinderarbeit gut ist und Google nicht böse. Warum Banken an die Kandare gehören und Deng Xiao Peng mehr für die Armen getan hat als Mutter Teresa.

»Deine Generation braucht immer einen Gegner«, sagt mein Neffe Alex. Er hat Jura und Ökonomie studiert, ist jetzt Mitte 30 und wird demnächst seine Habilitation in dem noch jungen Forschungsgrenzgebiet »Law and Economics« abschließen. Alex, hochgescheit und immer frech, bekennt sich zu den Werten seiner unideologischen Generation: Ob er ein Liberaler oder ein Linker sei, oder was er sonst noch sein könnte, beschäftigt ihn nicht besonders. Als wachen Zeitgenosse nicht, als Wissenschaftler schon gar nicht. Wir schauen, wo das Problem ist, und dann überlegen wir, ob es Instrumente gibt, dieses Problem zu lösen, würde er sagen.

Freund und Feind, das kennt Alex nur vom Debattierclub, wo er in seiner Studentenzeit aktiv war. Nach den Regeln dieser sportlichen Wettkämpfe gruppieren sich die Teilnehmer in Teams, wählen ein aktuelles Thema, losen die zu vertretenden Positionen (Pro und Contra) zu und beginnen die Debatte in der Regel nach 15 Minuten Vorbereitungszeit. Die übliche Redezeit pro Redner beträgt sieben Minuten. Eine Jury entscheidet, wer am Ende die besten Argumente hatte. Debattierer verbessern durch diese Freizeitbeschäftigung ihre rhetorischen Fähigkeiten, ebenso wie ihre Analyse- und Argumentationsfähigkeit, heißt es auf der entsprechenden Internetseite. Weil aber jeder jede Position vertreten können muss, ist es per Definition der Spielregeln egal, welche Position man einnimmt.

Man muss sich das so vorstellen, als sei der Kapitalismus

abgeschafft, aber die Leute spielten zum Zeitvertreib immer noch Monopoly. So ähnlich stellt sich für Alex die Einteilung der Welt in Freund und Feind dar, eine Freizeitbeschäftigung, ein Spiel.

So wie Alex reden viele seiner Generation. Viele, die ich kenne, sind begabte Sozialwissenschaftler, die bald irgendwo auf der Welt Professoren werden und längst auf internationalen Konferenzen sprechen. Sie sagen, die Zeiten der ideologischen Auseinandersetzung lägen hinter uns. Die Begriffe links und rechts seien obsolet geworden, ist oft zu hören. Das soll sich abgeklärt anhören, klingt nach Fortschrittsgeschichte: Erst kloppen sich die Leute mit Argumenten, das ist die Frühzeit der Zivilisation. Dann, wenn sie erwachsen werden, sind sie vernünftig, gehen nüchtern und pragmatisch vor und verabschieden sich von der politischen Geographie ihrer Jugend. Ich habe Respekt vor dieser Haltung, weil ich Respekt vor den Menschen habe, die sie vertreten. Ich gestehe, dass mir der Satz »Du brauchst immer einen Gegner«, geht er mir durch den Sinn, jedes Mal für kurze Zeit den Boden unter den Füßen wegzieht. Der Einwurf klingt nach verbohrt, verbockt, mit Scheuklappen, an der argumentativen Unterwerfung des anderen mehr als an der sachdienlichen Lösung interessiert.

Der Spieß lässt sich umdrehen: Selig, wer einen Gegner hat. Denn nur der weiß, dass Leben heißt, ein intellektuelles Risiko einzugehen und etwas zu wagen. Dazu zählt auch das Risiko, falsch zu liegen und intellektuell zu scheitern. Die Heutigen verbergen unter ihrer Toleranzmaske die Unfähigkeit, eine Haltung einzunehmen. Statt »Wer nicht für mich ist, ist gegen mich«, wattieren sie sich im unentschiedenen »Einerseits-Andererseits«, nennen es Pragmatismus, wenn sie sich nicht trauen, einen Standpunkt zu suchen und zu finden. Sie wollen auf keinen Fall unter Ideologieverdacht gestellt werden. Als ob es um nichts ginge im Leben. Da könnte des Pudels Kern stecken: Die Heutigen sind eine Generation, deren Eltern ihnen weder Angriffspunkt noch Widerstandsfläche geboten haben, weil sie ihnen nicht auch Gegner, sondern stets Freunde sein wollten, um ja von ihnen geliebt zu werden.

Ob ich einen Gegner »brauche«? Keine Ahnung. Aber ich habe immer schnell einen Gegner gefunden, weil ich mich dann selbst auch besser finden konnte. Vom Staatsrechtler Carl Schmitt – wahrlich kein Liberaler, eher das Gegenteil – kommt die Idee, dass die Scheidung zwischen Freund und Feind die Kategorien des Politischen sind. Mir hat das immer eingeleuchtet, auch wenn Schmitt es ziemlich martialisch gemeint hat. Die Trennung von Freund und Feind, verstehen wir sie als Spiel des Wettbewerbs zur ethischen Beurteilung politischer oder ökonomischer Entscheidungen, ermöglicht es, das Trennende und das Verbindende in klarer Schärfe zu sehen. Jene, die den Kauf von Billigklamotten in Deutschland verbieten wollen und unsere Gesetze gegen Kinderarbeit auch Bangladesch oktroyieren, ja, sagen wir es offen, sie sind der Feind. Ich bin der Überzeugung, dass sie Schaden anrichten, erst recht, wenn sie so gutmenschig daherkommen. Viele von ihnen sitzen in den Talkshows und in den Parlamenten. Dort haben sie Macht. Dort beeinflussen und bestätigen sie das Denken des Justemilieus.

Da ist Gegenmacht nötig, um der guten Sache willen. Wolf Biermann sagt, es mache einen Unterschied, ob einer die große Fliegenklatsche habe oder die kleine. Was er damit meint? Wenn eine große Koalition in Berlin eine flächendeckende linke Politik umsetzt, es im Parlament keine Opposition gibt, dann haben sie dort die große Fliegenklatsche. Der Publizist hat keinen demokratischen Auftrag, gewiss. Aber er darf, um der Minderheit willen, die sich nicht artikulieren kann, dann ein bisschen lauter nach den Fliegen schlagen. Es bleibt immer noch die kleine Fliegenklatsche. Der Publizist macht sich dann zum Feind.

Viel Feind, viel Ehr, heißt es. Das ist zu viel Pathos. So viel muss nicht sein, es wird auf Dauer auch anstrengend. Ich habe keine Mission, auch wenn Freunde mich zuweilen eifernd erleben. Ich bin kein Missionar, auch wenn Freunde zuweilen behaupten, das sei der unaufgeklärte Rest meiner theologischen Vergangenheit. Aber ich habe eine Weltanschauung und finde, dass es gut ist, eine solche zu haben. Der Begriff der Weltanschauung, den ich hier früher schon aufgegriffen habe, ist, soweit ich es sehe, zuletzt positiv in den zwanziger Jahren des 20. Jahrhunderts von dem katholischen Religionsphilosophen Romano Guardini verwendet worden. Danach kam er in Verruf. Nennt man eine Position weltanschaulich, heißt das, man müsse die Argumente nicht als Äußerung der Vernunft ernst nehmen, sondern als vorgefasste Deduktion abtun, da Ausdruck eines fest stehenden, irreversiblen Glaubens. Das aber ist selbst eine ideologische Position, eingenommen, um Haltungen abzutun, die einem nicht passen.

Guardini nimmt den Begriff Weltanschauung wörtlich: Ich schaue die Welt an. Da gibt es den Blick, das Schauen, und es gibt das Ich, das schaut. Dieses Ich braucht einen Ort, eine Position, von der her es in die Welt blickt. Der Ort bestimmt das Blickfeld, die Perspektive, die Abstände und Relationen. Ohne Weltanschauung kann man keine Meinung haben. Eine Weltanschauung muss sich daher Rechenschaft geben über den Ort, von dem her das Ich die Welt erblickt. Einen Versuch dazu mache ich diesem Buch. Und natürlich kann man, muss man diesen Ort auch verlassen. Wird daraus am Ende gar der Weg aus der Höhle, dann ist damit immer eine gravierende Veränderung der Weltanschauung verbunden. Selbstverständlich ist die Weltanschauung nie eine rein intellektuelle Angelegenheit – darauf bin ich in den (Konversions-)Erzählungen meiner Gesprächspartner immer wieder gestoßen. Weltanschauungen sind von Partnern, Milieus, Enttäuschungen, Trennungen, zufälligen Lektüren und vielem mehr abhängig. Sie sind niemals abstrakte Wahl.

Eine Weltanschauung ist die Voraussetzung dafür, eine Meinung zu haben. Meinung braucht Haltung. Sie liefert die Kriterien der Beurteilung. Sie bietet das Koordinatensystem, um ein anderes, häufig gewähltes Bild zu bemühen. Weltanschauliches Denken, ich sagte es bereits, ist ideologisches Denken. Auch diesen Begriff sollte man rehabilitieren, um ihn dann vom dogmatischen Denken abzugrenzen. Der Dogmatiker weiß immer alles schon vorher. Er braucht die Phänomene nicht, allenfalls als Beleg für das Dogma. Und widersprechen die Phänomene dem Dogma – umso schlimmer für die Wirklichkeit. Die Kirche verbietet künstliche Empfängnisverhütung, weil das dem Naturrecht widerspricht. Wenn niemand unter den Katholiken sich daran hält – umso folgenreicher für die sündigen Menschen. So läuft das Dogma.

Ideologisches Denken weiß vorher noch nicht, was hinterher rauskommt. Man muss schon die Löhne der Arbeiterinnen in Bangladesch kennen und sie mit den Löhnen in der dortigen Landwirtschaft vergleichen, um zu beurteilen, ob ein Ausbeuterjob zumutbar ist, weil die Alternative unzumutbar ist. Man muss die Alternativen kennen. Es geht darum, was man sieht und was man nicht sieht. Was man nicht sieht, ist manchmal deduzierbar. Aber häufig hilft nur die Empirie.

Meine Feinde sind die Linken, zumindest meistens. Dabei war ich selbst einmal einer. Die größten Kritiker der Elche eben. Meine liberale Weltanschauung meint heute, dass sie die linken Ziele von damals besser retten und bewahren kann als die Linken. Und dass sie – sozusagen als überschäumenden Überschuss – darüber hinaus auch noch eine Extradosis

Freiheit und Souveränität im Gang der Entwicklung gewonnen hat. Darum geht es. Darum ging es die ganze Zeit schon in diesem Buch.

Machen wir abschließend den Praxistest auf meine Weltanschauung an einer Reihe ganz konkreter Themen. Zur Scheidung, wo Freund und wo Feind sind. Ich werde argumentieren, warum (1) Kinderarbeit zwar nicht schön, aber in einer bestimmten Entwicklungsstufe eines Landes nötig ist, (2) warum Google, Amazon & Co. nicht böse sind, (3) warum ich die Banken mindestens genauso stark an die Kandare nehmen will wie Sarah Wagenknecht und (4) warum Deng Xiao Peng mehr gegen die Armut in der Welt getan hat als Mutter Teresa.

(1) Primark als Entwicklungshilfe

Mein Patenkind kam zu Besuch nach Frankfurt. Kind kann man eigentlich nicht mehr sagen, sie war gerade fünfzehn geworden. Was sie vorhabe? Da sei sie ganz offen, sagt sie, nur eines wolle sie auf jeden Fall: Kleidung einkaufen in der Filiale der irischen Billigtextilien-Kette Primark. Denn in Stuttgart gebe es noch keinen Primark, in Frankfurt aber schon; das macht Frankfurt und den Besuch beim Patenonkel attraktiv. Das Primark-Sortiment hat aus ihrer Sicht einen großen Vorteil: Es entspricht ihrem Geschmack (und dem vieler ihrer Freundinnen), und die Klamotten sind dort spottbillig.

Ein großer Teil der Primark-Textilien kommt aus Bangladesch. In den Fabriken Bangladeschs arbeiten Kinder zu Hungerlöhnen. Das wäre hierzulande verboten. Dort hat es mehrfach schreckliche Brände in den Fabriken gegeben. Am schlimmsten war es Ende 2012, als mehr als hundert Menschen durch ein schlimmes Unglück sterben mussten. Schaut man sich an, wie in Deutschland der Brand kommentiert wurde, dann trägt mein Patenkind mit seiner Vorliebe für billige T-Shirts dazu bei, dass die Näherinnen aus Bangladesch im Feuer starben. Billig einkaufen ist unethisch, lautet der kategorische Imperativ der westlichen Wohlstandsbürger. Hätte ich ihr verbieten sollen, bei Primark einzukaufen? Hätte ich ihr Geld geben sollen, dass sie teurere Kleider kauft, die in Europa gefertigt werden?

Wenn niemand mehr bei Primark einkauft, dann geht Primark bankrott. Das dürfte viele Kritiker nicht stören. Aber dann haben auch die Mädchen und Frauen in Bangladesch keine Arbeit, ein Einwand, den viele Globalisierungsgegner akzeptieren. Sie würden nicht generell verbieten, Klamotten aus Bangladesch zu kaufen. Sie fordern, nur solche Klamotten zu kaufen, deren Hersteller ordentlich zahlen und garantieren, dass es bei der Arbeit menschenwürdig zugeht. Dafür müsste es Gütesiegel geben. Oder die internationale Staatengemeinschaft müsste durchsetzen, dass Länder, die sich nicht daran halten, wirtschaftlich boykottiert werden. Und den Armen müsste mehr Entwicklungshilfe gewährt werden. Am besten direkt, dass man auch weiß, dass das Geld bei den Hilfsbedürftigen ankommt und nicht in der Bürokratie hängen bleibt.

Das Schicksal der Arbeiterinnen in Asien rührt einen. Es geht ans Herz. Als Claudia und Martin Klütsch aus Wesseling am Rhein ihr neu gekauftes Oberhemd auspacken, rutscht ihnen ein kleiner Zettel entgegen, darauf steht in schlechtem Englisch ein Hilferuf eines Mannes aus Dhaka in Bangladesch, der sich Gazi Shahariyar nennt. Die Deutschen gehen der Sache nach. Sie reisen nach Bangladesch, finden Gazi und seine große Familie. Es stimmt alles. Er hat einen langen Arbeitstag und verdient einen Hungerlohn. Familie Klütsch bekommt Mitleid und unterstützt die Leute seither mit monatlichen Geldüberweisungen. Auch die Geste von Claudia und Martin Klütsch rührt. Es ist gelebte Solidarität.

Das Ganze liegt schon einige Jahre zurück. Gazis inzwischen geborener Sohn heißt zum Dank an seine Gönner Martin, wie Martin Klütsch. Jeden Monat erhält Gazi von Familie Klütsch 70 Euro, das Doppelte des Durchschnittslohns, den eine Näherin in der Textilindustrie Bangladeschs bekommt. Hemden aus Bangladesch würde sie keine mehr kaufen, sagt Claudia Klütsch.

Frau Klütsch sitzt an einem Sonntagabend zusammen mit ihrem Mann auf dem Sofa bei Günther Jauch in der Talkrunde. Und Jauch fragt: Gibt es Billig-Hemden nur auf Kosten mieser Arbeitsbedingungen? Und: Müssen wir unser Kauf- und Konsumverhalten grundlegend ändern? Ja, so ist es. Da sind sich alle Talkgäste einig. Was da passiert in Bangladesch, ist Ausbeutung. »Eine Sklavenhaltergesellschaft mit Sweatshops«, sagt einer in der Runde. Ich weiß nicht mehr genau, wer es war. Im Zweifel war es Heiner Geißler.

Was Familie Klütsch macht, ist eine Art direkter Entwicklungshilfe. Das verbindet die Familien aus Deutschland und Bangladesch. Es ist Solidarität und Barmherzigkeit, da steckt das Herz schon im Wort mit drin. Aber man soll sich nichts vormachen: Es hilft Bangladesch überhaupt nicht. Alle, die fordern, Billigkleidung zu bannen, schaden Bangladesch. Alle, die Mindestlöhne oder Arbeitsschutzgesetze durchsetzen wollen, plädieren unter dem Deckmantel der Moral für einen neuen Protektionismus. Sie pflegen ihr gutes Gewissen und verhindern, dass Menschen in Asien oder anderswo Arbeit haben.

In Bangladesch geht es, wie es häufig gegangen ist in der Wirtschaftsgeschichte. Nicht mit persönlichen Transfers oder staatlicher Entwicklungshilfe und schon gar nicht mit politischen Interventionen, sondern mit unternehmerischer Eigeninitiative, wettbewerbsfähiger, also billiger Arbeit und Investitionen internationaler Unternehmen kommen die Völker zu Wohlstand. Außerdem braucht es offenen Handel, damit die Verbraucher in Deutschland entscheiden können, dass sie billiges Anziehzeug aus Bangladesch kaufen wollen. Meine Nichte leistet gute Entwicklungshilfe für Bangladesch, auch wenn ihr das völlig schnuppe ist. Weil die Klamotten günstig sind, sind sie auch für arme Leute reicher Länder erschwinglich. Dass der Arme in Deutschland den Armen in Bangladesch also reicher macht, regelt der Preis.

Hinfahren nach Bangladesch muss man dafür nicht, wenn man den Leuten dort Gutes tun will. So ist er, der Kapitalismus. Man kann Menschen helfen, ohne dass man sie persönlich kennen muss. Klingt irgendwie kaltherzig, nicht barmherzig, hilft aber doch, wie die beeindruckenden Wachstumszahlen Bangladeschs zeigen: Fünf Prozent mehr jährlich, seit geraumer Zeit schon. Ein wenig hilft übrigens auch China. Dort ist die Produktion von Jeans inzwischen zu teuer geworden. Gut für Bangladesch. Tatsächlich ist Bangladesch in den letzten zwanzig Jahren zu einem der wichtigsten Standorte für die Endfertigung von Billigklamotten geworden. Textilkonzerne verlegen inzwischen Arbeiten, die von Hand zu erledigen sind, wegen des billigeren Lohnniveaus von China dorthin. Textilarbeiter verdienen in Bangladesch rund 35 Dollar pro Monat. Die Textilindustrie ist der wichtigste Wirtschaftszweig des Landes, mit 5000 Fabriken und mehreren Millionen meist weiblichen Arbeiterinnen.

Dieser weiter boomende Sektor macht bestimmte europäische Geschäftsmodelle wie die von Hennes & Mauritz, Primark oder C&A erst möglich, ebenso die in Deutschland sehr bedeutenden Sonderverkaufsaktionen von Aldi und Lidl. Bangladesch kann inzwischen große Mengen an günstigsten Textilien in homogener Qualität liefern. Wenn Moralwächter meinem Patenkind untersagen, billig zu kaufen, dann würde es gar nicht kaufen. Das gilt auch für viele Familien, die auf der Suche nach der Neun-Euro-Jeans hingebungsvoll Discounter-Prospekte durchsehen. Je teurer die Artikel, desto weniger werden sie nun einmal gekauft.

Bangladesch ist heute eines der Aufsteigerländer auf der Welt. Noch beeindruckender sind die Erfolge des Landes bei dem Bemühen, die Lebensbedingungen für die Armen zu verbessern. Sie leben gesünder und länger, sie schicken ihre Kinder häufiger zur Schule als früher und essen gesünder. Das liegt vor allem an den Frauen, die dank der boomenden Textilindustrie Einkommen haben, die sie oft verantwortungsvoller einsetzen als ihre Männer – für Schule und Gesundheit. Sie arbeiten unter harten Bedingungen, das stimmt.

Was wäre die Alternative, würden wir Kinderarbeit und Billigjobs verbieten? Die meisten Arbeiterinnen würden zurückfallen in die Landwirtschaft, da, wo sie herkommen. Einige würden in die Prostitution getrieben, andere würden gänzlich arbeitslos werden. In jenen Ländern, in denen es solche Sweatshops gibt, Bangladesch, Kambodscha, Laos, Bolivien, arbeitet immer noch die Hälfte der Bevölkerung in der Landwirtschaft. Dort sind die Arbeitszeiten ähnlich lang wie in den Textilfabriken, wenn nicht länger, Kinder müssen ran, und die Bezahlung ist lausiger als in den Fabriken. Wollen wir das?

Nein, wir wollen, dass die Kinder, anstatt in der Fabrik zu arbeiten, in die Schule gehen und eine gute Ausbildung bekommen. Ich will das auch. Aber diese Alternative stellt sich leider nicht. Weil die Eltern in Bangladesch kein Geld haben, ihre Kinder auf ordentliche Schulen zu schicken. Und weil der Staat Bangladesch kein Geld hat, ordentliche Schulen zu bauen und Lehrer auszubilden. Warum hat der Staat kein Geld? Weil es keine ordentliche Wirtschaft dort gibt, die Steuern für öffentliche Dienste wie Bildung zahlen kann. Aber wenn es so weitergeht mit den Sweatshops, dann gibt es bald eine ordentliche Wirtschaft. So funktioniert der wirtschaftliche Strukturwandel. Es war eine Studie der Entwicklungsorganisation Oxfam, nicht eines libertären Thinktanks, in der konstatiert wurde, dass in jenen armen Ländern, die Kinderarbeit verboten hatten, sich die meisten Arbeiterinnen hinterher in mieseren Jobs wiederfanden.

Wer ein Verbot von Kinderarbeit für Bangladesch will, ist ein Jobkiller. Ich meine das ernst. Ich meine, die Linken, wenn sie es ernst meinen, müssten für Kinderarbeit sein. Denn Kinderarbeit macht Länder reich. Alles andere ist scheinheilig. Deswegen muss man das wahrlich nicht schön finden. Man muss für Kinderarbeit sein, weil nur Kinderarbeit Kinderarbeit überflüssig macht. Schauen wir, wo es 1960 Kinderarbeit gab: in Japan, Hongkong, Singapur, Taiwan oder Südkorea. Das sind jene Länder, die man ein wenig später Tigerstaaten genannt hat. Dort gibt es schon lange keine Sweatshops mehr. Es gibt eine stabile Wirtschaft. Es war der Durchgang auf dem Weg der Industrialisierung. Die Billigproduktion ist aus diesen Ländern verschwunden. Aber die Menschen haben immer noch Arbeit. Es ist eine bessere Arbeit als in den sechziger Jahren.

Sind Ausbeuterjobs ethisch zu rechtfertigen? Nein, würden alle vernünftigen Menschen sagen. Und dafür die Bergpredigt, die goldene Regel oder den kategorischen Imperativ als Grund nennen: Was du nicht willst, das man dir tut, das füg auch keinem anderen zu. Niemand in Deutschland, kein einziger Arbeitsloser, wäre bereit, für drei Dollar am Tag zwölf Stunden zu arbeiten. Dann, so folgert die ethische Maxime, muss ich auch die Bedingungen in Bangladesch für unzumutbar und menschenunwürdig halten. Das ist der ethische Universalismus: Was hierzulande unmenschlich ist, ist es auch in Südostasien oder Lateinamerika. Aber: Wenn die »Ausbeutung« die Bedingungen der Arbeiterin verbessert verglichen mit der Situation, in der sie wäre ohne diesen Job? Sieht dann die ethische Beurteilung nicht sofort ganz anders aus? Gibt es dann nicht doch eine ethische Rechtfertigung der Ausbeutung? Zumal das offenkundig auch dem Willen dieser Menschen selbst entspringt. Viele Menschen in Bangladesch haben weniger als einen Dollar am Tag zur Verfügung. Die Löhne in den Sweatshops hingegen liegen durchwegs darüber. Ist es zynisch, solche Vergleiche der besseren oder schlechteren Hungerlöhne anzustellen? Offenbar nicht: In Bolivien wurde im Sommer 2014 sogar ein Gesetz zur Legalisierung der Kinderarbeit ab zehn Jahren erlassen. Der Druck kam von den minderjährigen Arbeitern selbst. Hätte ihre Regierung es ihnen verwehren sollen? Unbedingt, hätten die linken Globalisierungskritiker auf der ganzen Welt geantwortet. Und das soll gerecht sein? Das soll links sein?

Dabei soll gar nicht geleugnet werden, dass auch der internationale Druck gut und wichtig ist, der seit den Katastrophen in Bangladesch auf den globalen Textilunternehmen liegt. Es bringt wenig, von Unternehmen zu erwarten, sie mögen sich aus ethischen Gründen ethisch verhalten. Aber wenn sie merken, dass sie sich aus geschäftlichen Gründen ethisch verhalten müssen, weil alles andere das Image und dann auch die Umsätze ruiniert, dann werden sie sich so verhalten. Primark, H&M & Co. werden sich aus rein wirtschaftlichem Interesse für Normen eines ordentlichen Arbeitsschutzes in den Fabriken Bangladeschs stark machen.

Als ich Ende der neunziger Jahre eine Weile im amerikanischen Boston lebte, machten wir an einem schönen Frühlingstag einen Ausflug in den Norden von Massachusetts. Freunde hatten uns geraten, die Städte Lowell und Lawrence nicht auszulassen. Von der Mitte des 19. Jahrhunderts bis Anfang des 20. Jahrhunderts war dort das Zentrum der amerikanischen Textilindustrie, sozusagen das Ruhrgebiet der USA. Kommt man heute in diese Städte, sieht man ein großes Industriemuseum, wo man in den ehemaligen Textilfabriken seinen Latte macchiato trinken und sich liebevoll rekonstruiert die Geschichte der amerikanischen Industrialisierung ansehen kann. Mitte des 19. Jahrhunderts waren das die amerikanischen Sweatshops von damals. Die jungen Arbeiterinnen, man nannte sie »Mill Girls«, stammten meist aus Irland, wo sie der großen Jahrhunderthungersnot entflohen waren, froh, in der neuen Welt eine Arbeit zu bekommen, wenn auch eine schlechte. Anfang des 20. Jahrhunderts arbeitete die Mutter des Ökonomen Milton Friedman in so einer Fabrik und auch die Eltern des »Halbstarken« Jack Kerouac. Gesetze, die die Arbeit für Kinder unter zwölf Jahren auf zehn Stunden begrenzten, gab es in den USA erst Mitte des 20. Jahrhundert als das Pro-Kopf-Einkommen bereits bei 10000 Dollar lag. Das heißt: Gesetze gegen Kinderarbeit muss man sich leisten können. Bangladesch kann sie sich noch nicht leisten; wir sollten es ihnen nicht aufzwingen. Amerika hat sich auch Zeit gelassen. Erst kommt die Kinderarbeit, viel später das Gesetz dagegen. Das ist der Gang der Wirtschaftsgeschichte. Wer die Reihenfolge umkehren will, untergräbt Entwicklungschancen.

Was will mein Ausflug nach Lowell und Lawrence erzählen? Lowell 1850 ist Bangladesch 2010. Kinderarbeit in Sweatshops ist eine Station des wirtschaftlichen Aufstiegs. Der Job in Lowell war besser als der Hungerstod in Irland. Aber Milton Friedman und Jack Kerouac, Nobelpreisträger und Weltschriftsteller, hätten nie mit ihren Eltern tauschen wollen. Hätten wir ihnen ihre Billigexistenz aus »humanen Gründen« verboten – wer will wissen, was dann aus ihnen geworden wäre? Der wirtschaftliche Wandel schafft bessere Lebensbedingungen für Kinder und Enkel. Auch ich hätte nicht mit meinen Eltern tauschen wollen: Mein Vater erzählte, dass sie als Kinder in den frühen zwanziger Jahren Körbe flechten mussten aus den Weiden der Eyach, einem Nebenfluss des Neckars. In Mühringen, jenem Dorf, in dem er aufwuchs, gab es eine kleine Korbindustrie. »Krettamacher« nannte man sie. Kretta heißen auf schwäbisch die Körbe. Ein paar Pfennige habe er für diese Arbeit bekommen, erzählte mein Vater.

Die Wirtschaftsgeschichte des Aufstiegs der Nationen folgt offenbar Mustern. Sie lassen sich abkürzen – in Südkorea ging es schneller als in England oder Deutschland –, aber sie lassen sich nicht überspringen. Auch im 21. Jahrhundert läuft der Ausweg aus der bitteren Armut über miese Arbeit – und über Migration. Daraus muss man keinen Zwangsmechanismus der Wirtschaftsgeschichte heraushören, wie ihn marxistische Historiker gerne geschichtsphilosophisch zugrunde legen nach dem Motto »Die Entwicklung in ihrem Lauf, hält weder Ochs noch Esel auf«. Aber Wettbewerb und internationale Arbeitsteilung einer globalen Welt bestätigen zumindest das ökonomische Gesetz des komparativen Vorteils: Jeder mache das, was er relativ am besten kann. Und genau deshalb wird er nicht ewig dazu verdammt sein.

Emotionen und ein warmes Herz können großen Schaden anrichten. Wer aus Mitleid mit der Arbeiterin in Bangladesch meinem Patenkind verbietet, bei Primark einzukaufen, wer aus Humanität für ein weltweites Verbot von Kinderarbeit ist, der schadet den Kindern in der Dritten Welt, denen er doch eigentlich helfen will. Es ist eines der Leitmotive dieses Buches: Was man sieht und was man nicht sieht. Das Herz ist mitleidend und barmherzig, aber es ist auch blind. Sich auf das Herz zu verlassen, ist gefährlich. Linke sollten, wenn sie es ernst meinen, nicht blind sein. Sie sollten für – und nicht gegen – Kinderarbeit sein.

(2) Monopoly oder: Die Angst vor Google

Globalisierung und Digitalisierung – In der neuen Zeit nach der Zäsur des Jahres 1973 erleben wir zwei Großtrends, die unser Leben entscheidend verändern. Die Globalisierung ermöglicht es, dass meine Nichte billige Klamotten bei Primark kaufen kann und dass die Kinder der Näherinnen in Bangladesch (hoffentlich) einmal studieren können. Die Digitalisierung macht es möglich, dass meine Nichte sich über WhatsApp mit ihren Freunden und Freundinnen verständigen kann und ich viel schneller und »maßgeschneiderter« an Informationen komme, die für mich wichtig sind – es dauerte gerade einen Tag, bis eine nagelneu-gebrauchte Ausgabe von Herbert Marcuses »Versuch über die Befreiung« auf meinem Schreibtisch lag, die ich dringend für die Arbeit an diesem Buch benötigte.

Merkwürdigerweise ist das Internet, das lange als cool und jung galt, in den letzten Jahren in Verruf geraten. Ein neuer, selbstverständlich böser Kapitalismus habe sich hier gebildet, heißt es: Der Informationskapitalismus. Und vor dem müsse man Angst haben. »Angst vor Google«, gesteht sogar der Vorstandsvorsitzende der Axel Springer AG, Mathias Döpfner. Moment mal? War nicht der Axel Springer Verlag in meiner Jugend die Inkarnation des Bösen? Der Monopolist schlechthin? Mein Jugendgruppenführer (die hießen wirklich »Führer«), bei dem ich damals die neue Mode der Schlaghosen mit Schlitz zum ersten Mal sah, hatte mich in den späten sechziger Jahren sehr beeindruckt, wie er pitschnass geworden war, weil er in Esslingen gegen die Auslieferung der *Bild*-Zeitung protestiert hatte und sich dem Wasserwerfer der Polizei ausgeliefert hatte. Ich war damals noch zu klein für den Wasserwerfer. Aber Springer war unser Google. Und viele Linke, die damals gegen Springer waren, sind heute gegen Google, aber für Springer.

Geht es um die Macht von Google & Co., fällt auf, wie schnell sich die Nerds des Internets zu Verschwörungstheoretikern des Informationskapitalismus gewandelt haben, die uns umstellt sehen von finsteren Mächten dunkler Algorithmen, die es auf Daten und Freiheit abgesehen haben. Das, so der verbreitete Vorwurf, liege daran, dass Google & Co. Monopolisten seien, die ihre Marktmacht schamlos missbrauchten. »Zerschlagt Google« heißt der martialische Ruf, der durch das Land geht. In Europa ist die »Googlephobie« ausgebrochen; die Deutschen sind darin Marktführer.

Google, ein böser Monopolist. Wirklich? In aller Kürze die Fakten: Google hat – in Deutschland, nicht weltweit – als Suchmaschine einen Marktanteil von gut 90 Prozent, in Amerika immerhin aber auch fast 70 Prozent. Seit 1998 ist ein Unternehmen entstanden, das etwa 50000 Leute beschäftigt, 2013 einen Umsatz von 60 Milliarden Dollar erwirtschaftete und eine Marktkapitalisierung von 350 Milliarden Dollar an die Börse bringt. Erfindung und Aufstieg von Google sind eine grandiose Leistung des unternehmerischen Kapitalismus, der auf ungeahnte Weise die Präferenzen der Menschen weltweit verändert hat. Vor 1998 wussten wir gar nicht, was uns gefehlt hat. Und jetzt können und mögen wir uns die Welt ohne Google auf keinen Fall mehr vorstellen. Der Erfolg von Google stützt sich vollständig auf eigene Kräfte. Es gab kein staatliches Anschub- oder Subventionsprogramm. Es gab auch keine Verträge, die die Vertragsfreiheit anderer aushebelten. Am Eigentumserwerb ist alles legitim, sogar meritokratisch. Die Marktwirtschaft hat funktioniert, wie sie funktionieren soll. Aus grandiosen Ideen werden marktfähige Produkte, von denen man hinterher denkt, dass sie trivial sind. Und die Menschheit hat einen Nutzen davon. Im Fall von Google, Amazon & Co. lässt sich sogar sagen, jedermann ziehe einen Nutzen daraus, denn um von Google zu profitieren, braucht man nur einen Internetanschluss. Der Zugang zu den Erfindungen des Internetzeitalters ist ziemlich egalitär.

Google ist gewiss dominant; sein Bekanntheitsgrad ist enorm. Was gibt es auszusetzen? Nichts. Dass Google seine Marktmacht, die das Unternehmen zweifellos hat, missbraucht und den Wettbewerb behindert, lässt sich nicht nachweisen. Im Gegenteil: Dass »Google plus«, ein soziales Netzwerk, das eigentlich Facebook Konkurrenz machen sollte, in massive Schwierigkeiten kam, ist ein deutlicher Beweis dafür, dass der Wettbewerb funktioniert. Der Kunde fühlt sich von Google offenbar nicht gefangen genommen. In der Old Economy sind die Zutrittsbarrieren zum Markt deutlich höher, weil der Angreifer nicht nur eine Idee, sondern auch viel Geld braucht. Im Internet ist der Kapitaleinsatz, der für jeden Angreifer nötig ist, vergleichsweise gering. Google nimmt, anders als bei den temporären Monopolen der Pharmaindustrie, noch nicht einmal ein staatlich verliehenes Patent als Schutz seiner Macht in Anspruch. Google hat als Suchmaschine ein Monopol. Aber dieses Monopol ist auf völlig legitime Weise zustande gekommen. Dass trotzdem so viele Menschen bei Google bleiben und nicht wechseln, könnte damit zusammen hängen, dass Google einfach gut ist – besser als die anderen. Man braucht keine Verschwörungstheorien, um den Erfolg von Google zu erklären.

Der Nutzen von Google für die Nutzer ist einfach grandios. Wenn die Welt eine Bibliothek ist, dann ist Google der dazugehörige globale Zettelkasten. Was mussten wir uns früher anstrengen, bis wir die entsprechenden Informationen bekamen. Jetzt kommen wir über Google in Windeseile zu einem guten Hotel, zu einem Flug nach Berlin und zum jüngsten wissenschaftlichen Aufsatz unseres Jugendfreundes aus Tübinger Zeiten. Und das kostet noch nicht einmal etwas. Denn das

Geld für Google zahlt die Werbewirtschaft – so wie es früher in den guten Zeiten bei den Zeitungen zugegangen ist.

»Wie kann man so naiv sein«, hallt es uns hier entgegen. Google und kostenlos. Ob ich noch nicht davon gehört habe, dass meine Daten die Währung sind, mit der wir im Internet bezahlen. Doch, davon habe ich gehört. Das stimmt auch. Zwei Vorwürfe bleiben am Ende übrig. Google und sein raffinierter Algorithmus manipulieren die Hierarchie der Treffer. Und, schlimmer noch, Google komme daher wie eine kostenlose Suchmaschine, verschweige uns aber, dass unsere Daten geklaut und mit ihnen ohne unser Wissen lukrative Geschäfte gemacht würden. Dass Google die Treffer manipuliert, bezieht sich vor allem auf die Werbung. Dort, so heißt es, würden eigene Google-Produkte aus nachvollziehbar-egoistischen Gründen bevorzugt behandelt, ohne dass der Kunde dies merkt. Das mag sein, könnte aber leicht behoben werden, indem man Google verpflichtet, alle eigenen Produkte farbig zu unterlegen. Dann wäre das Eigeninteresse für jeden sichtbar. Das ist ein Eingriff, ich weiß, aber ein milder. Stärkere Eingriffe, die Google vorschreiben wollen, keinerlei Inhalte mehr selbst zu produzieren, bringen dagegen mehr Nach- als Vorteile. Dann dürfte Google bei Wetter nicht mehr direkt das Wetter für Überlingen am Bodensee zeigen, sondern müsste mich an eine Wetterseite weiterleiten, und den aktuellen Daimler-Aktienkurs dürfte die Maschine auch nicht mehr anzeigen, sondern müsste mich an das Unternehmen Daimler oder die Deutsche Börse verweisen. Gewiss, das wäre neutraler – aber für mich als Verbraucher einfach nur lästig.

Und was ist mit der Gefahr, die von der Macht großer Datenmengen ausgeht, die Google und andere Internetkonzerne auf sich vereinen? Das provoziert nicht nur die Furcht vor Manipulation – damit musste man immer schon leben, weil das ganze Leben wechselseitige Manipulation ist –, sondern auch die Frage, ob sich durch die großen Datenpools die »Wissensverarbeitung« einer Gesellschaft womöglich ganz grundsätzlich ändert. Wenn es nämlich zum Wesen der Zivilisation gehört, dass der Anteil, den ein einzelner Verstand vom gesamten Wissen aufnehmen kann, umso geringer wird, je mehr die Menschen überhaupt wissen, dann wird diese Kränkung des menschlichen Wissens durch Google & Co. noch einmal dramatisch verstärkt. Dabei treten die Datenspeicher des Internets selbst als aktive anonyme Akteure auf, die gegenüber den menschlichen Akteuren einen enormen Wissensvorsprung besitzen, den ihre Software und ihr algorithmisches Handeln zu nutzen weiß. Es ist allerdings völlig offen, ob und wer dadurch einen Schaden hat, zumal die Maschinen ihrerseits von Menschen programmierte Artefakte sind. Nicht vergessen werden sollte zudem, dass den nicht zu leugnenden, weil völlig neuen Gefahren ein ungemein großer zivilisatorischer Nutzen des Internets gegenübersteht: Google & Co. erlauben jedermann im Nu den Zugriff auf das spezialisierte Wissen der Welt. Es könnte sein, dass es zu mehr Transparenz und offener Entscheidung kommen muss. Man muss die Leute fragen und frei entscheiden lassen: Manche Nutzer werden freiwillig in die Nutzung ihrer Daten einwilligen, weil sie dadurch noch bessere, maßgeschneiderte Dienste erhalten. Das ist ihr gutes Recht. Andere werden das nicht wollen – das müssen Google & Co. dann auch respektieren, inklusive des Rechts, eigene Daten, Bilder et cetera zu löschen, wenn ich nicht mehr will, dass andere darauf Zugriff haben. Jedermann muss ein Recht auf Privatheit haben, keine Frage.

Soll man Google zerschlagen? Keinesfalls. Was soll das überhaupt heißen? Jeglicher staatliche Eingriff wäre ein Angriff auf das private Eigentum, Garant der Freiheit des Unternehmens und Ermöglichung der Freiheit für den Verbraucher. Den größten Schaden hätten die Kunden. Googles Monopolmacht ist von Wettbewerbern bestreitbar. In der schnellen Welt des Internets werden bald Nachahmer auf dem Markt sein. Wenn ausgerechnet Axel Springer jammert, dann ist dieser Protest leicht durchschaubar: Ein Konkurrent kommt unter Wettbewerbsdruck und sucht sein partikuläres Interesse als Dienst am Allgemeinwohl zu kaschieren. Links wäre es, dies »ideologiekritisch« zu »entlarven«: Springer kämpft für sich, aber nicht für die Menschheit. Das dürfen sie, aber nur und ausschließlich mit den Mitteln des Wettbewerbs und nicht, indem sie die Politik und andere Medien für sich einspannen – sie müssen einfach besser sein als Google. Hier bleibe ich ein Altlinker. Die Skepsis gegen Springer ist größer als die Skepsis gegen Google.

Die Marktwirtschaft ist für den Kunden da. Wenn Wettbewerber sich im Gang des technologischen Fortschritts bedroht fühlen, muss man das hinnehmen. Marktwirtschaft hat nicht die Aufgabe, die Existenz von einmal existierenden Firmen auf immer zu konservieren. Politik hat die Rahmenbedingungen so zu gestalten, dass die Entstehung neuer Firmen nicht behindert wird. Niemandem ist es in Europa verboten, ein neues Google zu bauen. Es braucht dafür keine staatliche Gründungsinitiative, wie viele träumen.

(3) Privatisierte Gewinne, sozialisierte Schulden

Systemrelevante Banken gefährden immer noch das Wohlergehen dieses Landes und vieler anderer Volkswirtschaften. Warum? Weil die Politik nur an den Symptomen herumkuriert, aber die Ursachen der Krise nicht bekämpft. Was sind die Ursachen der Krise? Dass die Banken zu wenig Aktienkapital haben, mit dem sie für Fehlspekulationen haften können. Aktienkapital (auch Eigenkapital genannt) ist das Geld, das die Eigentümer der Bank zur Verfügung stellen. Weil die Banken immer noch zu wenig Eigenkapital haben, wäre auch bei der nächsten Krise solch ein Sicherheitspolster rasch aufgebraucht. Abermals müsste der Steuerzahler einspringen.

Die linken Kritiker behalten recht: Gewinne privatisieren, Verluste sozialisieren – so lautet das skandalöse Geschäftsmodell der Banken. Mit diesem Modell haben sie die Welt an den Rand des Abgrunds gebracht. Sie täten es heute wieder: Banken sind verantwortlich dafür, dass der Ruf der Marktwirtschaft tief in Misskredit kam. Und sie tun bis heute viel zu wenig, diesen Schaden zu heilen. »Früher glich der Bankensektor einem Lastwagen, der mit 15 Stundenkilometern in einen Tunnel fährt. Heute gleicht der Bankensektor einem Lastwagen, der mit 140 Stundenkilometern in einen Tunnel fährt«, sagt Martin Hellwig, der beste Bankenexperte, den Deutschland hat, und international einer der herausragenden Ökonomen. So viel zum Lernfortschritt des Finanzsektors nach der Finanzkrise.

Man soll sich nicht täuschen lassen vom Kulturwandelgesäusel aus den Bankentürmen. Man soll sich nicht ablenken lassen davon, dass sie Milliardenbußen gezahlt haben. Man soll sich nicht in Sicherheit wiegen, wenn europäische Finanzminister in notorischer Nachtsitzungsinszenierung eine sogenannte Bankenunion zimmern. Sie lässt die zentrale Frage unbeantwortet, was mit schwachen Banken passiert. Vor allem: Man soll sich nicht zufriedengeben, solange das alte, verderbliche System bleibt.

Im Kern wollen Banken weiterhin Geschäfte machen dürfen, deren Risiken sie der Gesellschaft aufhalsen. Denn sie weigern sich, den zentralen Sicherheitspuffer ihrer Bilanz – das Eigenkapital – auf eine sozialverträgliche Höhe zu bringen. Warum weigern sich die Banken so hartnäckig? Ganz einfach: wegen des »Hebels«. Dieser Zauberstab des Fremdkapitals vervielfacht bei geringem Eigenkapital die Renditechance gewaltig. So etwas mögen die Banker. Denn dann können sie sich hohe Gehälter zahlen und saftige Boni gönnen. Aber der Hebel wirkt leider auch in die andere Richtung. Er vervielfältigt die Verlustmöglichkeiten. »Ist nicht schlimm«, sagen die Banken – und reichen die Verlustrechnung einfach an die Allgemeinheit weiter. Dass die Banken das Fremdkapital so lieben, liegt daran, dass es für sie billiger ist als Eigenkapital. Weil nämlich die Gläubiger aus guter Erfahrung darauf bauen, dass sie im Falle eines Falles von den Steuerzahlern rausgepaukt werden, ist deren Risiko niedrig, weshalb sie auch eine geringere Verzinsung ihrer Kredite von den Banken fordern. Die Erwartung der Rettung durch den Steuerzahler verleiht den Banken teuflische Anreize, viel zu hohe Risiken einzugehen.

Warum hat die Politik diesem Treiben der Banken nicht spätestens nach der Finanzkrise Einhalt geboten? An radikaler politischer Rhetorik mangelt es nicht. Keine Konferenz vergeht seit 2008, auf der nicht mit markigen Worten angekündigt wird, man werde die Finanzindustrie regulieren, um die Menschen vor künftigem Schaden zu bewahren. Aber in Wirklichkeit hat die starke Lobby der Banken längst erfolgreich daran gearbeitet, dass es für die Banken nicht zu schlimm kommt. Warum? Nicht, weil die Politik plötzlich Mitleid mit notleidenden Banken bekommen hätte – sondern weil die Staaten selbst an großzügig kreditgebenden Finanzinstituten interessiert sind, um ihre üppigen Wohlfahrtsstaaten zu finanzieren. Es ist ein gefährliches Bündnis zwischen Politik und Finanzindustrie, das sich da – allen Krisenerfahrungen zum Trotz – gefunden hat. Es ist ein Bündnis zum Schaden der Bürger.

Die Steuerzahler haben ein Grundrecht darauf, nicht mit den Risiken der Geschäftspolitik von Banken behelligt zu werden. Sollen Banken doch zocken, spekulieren oder Casino spielen. Sie können machen, was sie wollen – unter einer Voraussetzung allerdings: Sie riskieren das eigene Geld, nicht das des Steuerzahlers. Man kann das auch als goldenes Gesetz der Marktwirtschaft formulieren: Risiko und Haftung gehören zusammen. Wer die Boni einstreicht, muss auch für die Verluste geradestehen.

Aber wie viel Eigenkapital wäre angemessen? Normale Unternehmen im Dax haben im Schnitt eine Eigenkapitalquote von 25 Prozent. Die Industrie hat das übrigens, weil die Banken selbst es verlangen als Sicherheitspuffer für etwaige Kreditausfälle. 25 Prozent Eigenkapital wären auch für Banken das Minimum, finden viele Ökonomen. Unzumutbar, jaulen die Banken. Es ist pure Rhetorik. Im 19. Jahrhundert waren Eigenkapitalquoten zwischen 25 und 40 Prozent in der Finanzindustrie durchaus üblich. Und die Wirtschaft blühte.

Was also tun, wenn die Banken nicht freiwillig ihr Kapital erhöhen? Dann muss man sie zwingen. Kann ein Liberaler das wirklich fordern? Ja. Gewiss, Zwang ist ein schmutziges Wort, sie abermals rauszupauken ist aber noch viel, viel schmutziger.

Warum mir diese Banken-Geschichte so wichtig ist? Fast erklärt es sich von selbst. Ich kann mit ihr den Nachweis führen, dass der Vorwurf nicht stimmt, Liberale, insbesondere wenn sie sogenannte Wirtschaftsliberale sind, träten stets auf als Anwälte und Lobbyisten bestimmter Unternehmen oder Branchen. Was die Banken gemacht haben und weiter machen, widerspricht eklatant den Grundsätzen einer freien Marktwirtschaft, die eben nicht dazu gedacht ist, die Risiken an die Allgemeinheit zu schieben und sich auf Kosten der Allgemeinheit zu bereichern. Wenn die linke Chef-Intellektuelle Sarah Wagenknecht fordert, man müsse »gierige Banken an die Kette legen«, dann hat sie recht – sogar in der Wortwahl. Wenn Sarah Wagenknecht, die ehemalige Marxistin, sich dabei auf Ludwig Erhard und die Tradition der Marktwirtschaft beruft, so hat sie wiederum recht. Würde sie für die Verstaatlichung der Finanzsektors plädieren – was sie nicht mehr offen tut –, dann wäre das keine liberale Position mehr.

Mein Plädoyer, die Banken an die Kandare zu legen und ihnen ihre Demutsgeste nicht zu glauben, ist nicht nur Rhetorik, sondern schlüssiges, wenn man so will deduktives Resultat meiner Weltanschauung. Das nun kann noch einen weiteren Einwand parieren, der Ideologen häufig gemacht wird: Sie würden nur immer alles von ihrem Apriori ableiten, ohne Rücksicht auf die Phänomene. Aber um diese Bankenkritik zu formulieren (noch einmal: sie stützt sich auf die überzeugende Argumentation von Martin Hellwig), muss man nicht nur theoretisch ganz genau verstehen, was Banken treiben, sondern auch empirisch sich mit Eigenkapitalquoten herumschlagen. Der Ideologe hat es nicht so einfach, wie viele es ihm unterstellen. Aber die Folgerungen sind Ergebnis meines Standpunktes, sind nicht (hoffentlich nie) wohlfeile Anpassung an den Zeitgeist. Das wäre die größte Beleidigung für mich.

(4) Die Abhängigkeit von der helfenden Hand

In Kenia hat unlängst eine neue Fernsehserie für Begeisterung gesorgt: In »The Samaritans«, die Samariter, geht es um eine fiktive Entwicklungshilfeorganisation, die von den Problemen in Afrika keine Ahnung hat und von einem schmierigen Universitätsabsolventen aus Amerika geführt wird. Den »Samaritern« geht es vor allem darum, Fördergelder einzuwerben. Wofür sie das Geld ausgeben wollen, bleibt unklar. Das

Motto der vorgeblichen Weltverbesserer: Helfen um des Helfens willen. Es ist die satirische Umkehrung der bekannten, aber unaufrichtigen »Hilfe zur Selbsthilfe«.

Wir retten die Welt zu Tode mit viel Geld, das wir für Entwicklungshilfe ausgeben. Doch Afrika kommt trotzdem nicht auf die Beine. Ist das nicht ein Widerspruch? Mehr als 600 Milliarden Dollar Hilfsgelder flossen seit den sechziger Jahren nach Afrika, nicht nur aus humanitären Gründen, sondern auch, um den Kontinent davon abzuhalten, zum Kommunismus umzuschwenken. Doch am Lebensstandard der Menschen hat sich dadurch praktisch nichts verändert. Linke Entwicklungsökonomen – Jeffrey Sachs zum Beispiel – sagen, das sei ein Beweis dafür, dass wir immer noch zu wenig Geld ausgeben für Entwicklungshilfe. Ich glaube das nicht. Ich glaube an einen Systemfehler. Statt in die Freiheit treibt Entwicklungshilfe die Menschen und die Länder in die Abhängigkeit. »The white mans burden« nennt William Easterly, ein anderer Entwicklungsökonom, mit einem Wort des viktorianischen Schriftstellers Rudyard Kipling die Abhängigkeit der Ersten von der Dritten Welt: Entwicklungshilfe ist Fortsetzung des Kolonialismus mit anderen Mitteln. Sie verhindert, dass die armen Staaten auf eigene Beine kommen, zwingt sie, sich an der Logik der GTZ-Helfer auszurichten. Die Armutsbekämpfung der Industriestaaten ist anmaßend, geht nicht auf die Bedürfnisse der Menschen ein. Statt das Eigenengagement der Betroffenen zu stärken, werden Lebensmittel gespendet, kostenlose Moskitonetze verteilt und Brunnen gebaut. Das hört sich generös an, stärkt aber eine Haltung der Passivität, sagt Ökonom Easterly. Der Mann ist selbst ein Konvertit. Seine Karriere begann er bei der Weltbank, einer jener globalen Institutionen, die der technokratischen Anmaßung anhängen. Easterly sagt heute: »Entwicklungshilfe funktioniert für alle, außer für die Armen.«

So fördert man kein Unternehmertum. Im Gegenteil, man verhindert es. Die von Entwicklungshilfe abhängigen Staaten werden in einen bösen Wettbewerb getrieben, möglichst viele Hilfsgelder von der internationalen Staatengemeinschaft abzugreifen. »Rattenrennen« nennt man das, ein hässlicher Ausdruck. Es wäre aber besser, sie würden den Wettbewerb führen um die besten Standortbedingungen und die innovativsten Unternehmen. Die Entwicklungshelfer reden zwar immer von »Hilfe zur Selbsthilfe«: Aber sie verhalten sich wie Planwirtschaftler, die die Selbsthilfe verhindern, weil sie die Ärmeren auf die Reicheren ausrichten. Die Zahlen jedenfalls sprechen für sich: Es gibt keine Korrelation zwischen der Summe, die ein Land an Entwicklungshilfe erhält, und der Wachstumsgeschwindigkeit. Entwicklungshilfe führt zu Expertokratie, der Herrschaft der Fachleute. Aber sie führt nicht zum Wohlstand der Nationen. Nirgends.

Gewiss, Afrika ist eine Katastrophe und wahnsinnig kompliziert. Es geht um Stammeskriege. Es geht um Korruption. Es geht um schlimmes Klima. Es geht um fehlende rechtliche Institutionen und unkontrollierte Macht des Staates über arme Menschen ohne Rechte. Es geht um viel mehr. Und ich habe keine Ahnung, was sich alles ändern muss, damit der Kontinent erwacht. Es wäre lächerlich, hier einen anderen Eindruck erwecken zu wollen. Aber ich weiß: Wirtschaftlicher Erfolg ist nicht von Geldtransfer abhängig. Wirtschaftlicher Erfolg ist auch nicht von Rohstoffvorkommen abhängig. Im Gegenteil: Schätze des Bodens machen träge, verhindern, dass die Schätze im Kopf aktiv werden.

Ich schreibe unter der Überschrift »Links, wo das Herz schlägt«. Das Herz will Barmherzigkeit, verlangt nach der helfenden Hand. Aber die helfende Hand des Samariters führt in die Abhängigkeit, nicht zur Unabhängigkeit. Das Herz ist verführerisch, gerade weil es die Emotionen anspricht. Emotionen sind wichtig. Das Mitleid mit armen Menschen in armen Ländern ist ein Treiber für Forschung und Investition. China, jenes Land, wo 600 Millionen Menschen in den letzten dreißig Jahren aus der Armut befreit wurden, hatte wenig Mitgefühl auf sich vereinen können. Schließlich ist es ein kommunistisches Land, wo Menschen nicht frei sind. Das ist wahr. Umso mehr wiegt der wirtschaftliche Erfolg des Landes, welches tatsächlich Wohlstand für viele, längst nicht für alle und längst nicht auf unserem Niveau gebracht hat. Wenn es nicht die Entwicklungshilfe war (die China auch bekommen hat), was war es dann? Es war die Marktwirtschaft, offene Handelsgrenzen, unternehmerischer Ehrgeiz und die Imitation westlicher Produkte. Das nennt man gerne Produktpiraterie, was es auch ist – aber das war auch der Weg, wie Deutschland Ende des 19. Jahrhunderts England überholt hat. Deng Xiao Peng, jener Mann, der China für den Markt geöffnet hat, hat mehr Menschen zu Wohlstand verholfen als Mutter Teresa. Mutter Teresa hatte ein Herz aus Fleisch. Deng Xiao Peng hatte ein steinernes Herz, schließlich ist er auch verantwortlich für das Massaker am Platz des Himmlischen Friedens. Er ist ein Schurke, das stimmt. Aber einer, der den Wohlstand der Menschen verbessert hat.

* * *

Was wirklich los ist, sieht man erst viel später. Heute, gut vierzig Jahre nach jenen welt- und wirtschaftsgeschichtlichen Ereignissen, mit denen dieses Buch begonnen hat, scheinen wir abermals an einer Schwelle angekommen zu sein. Die Daten sind eindeutig: Der Schock steigender Ölpreise, der im Jahr 1973 leere Autobahnen zu beliebten Fotomotiven machte, ist Geschichte. Inzwischen ist der Ölpreis wieder im freien Fall, bald dort angekommen, wo er in den frühen siebziger Jahren lag. Auch die Inflation hat ihren Schrecken verloren; der Wert des Geldes ist stabil. Für die Menschen am wichtigsten: Das Gespenst der Massenarbeitslosigkeit gibt es nicht mehr. In Deutschland herrscht Vollbeschäftigung. Gleichwohl hat niemand den Eindruck, wir seien in der besten aller Welten angekommen. Die Angst vieler Menschen, Ausdruck großer individueller, sozialer und politischer Unruhe und Unsicherheit, ist trotz aller guter Wirtschaftsdaten nicht gewichen. Als »säkulare Stagnation« wird, reichlich hilflos, eine Gegenwart beschrieben, deren Deutung noch aussteht.

Die Rückkehr des islamistischen Terrors dementiert all jene, die in regelmäßigen Abständen beteuern, die Freiheit habe sich zu Tode gesiegt, und der Liberalismus sei, weil globales Gemeingut, obsolet geworden. Dass Liberalismus nicht nur wirtschaftliche Freiheit meint und gegen alle gutmenschlichen Feinde des Freihandels (TTIP) verteidigt werden muss, sondern in noch viel pathetischerem Maße die uneingeschränkte Meinungsfreiheit verlangt – negative Freiheit in ihrer klarsten Form – ist die Wahrheit dieser neuen Weltlage von heute.

Dieses Buch ist dialogisch geschrieben – im Gespräch mit ehemaligen Linken, neuen Linken, alten Liberalen, neuen Liberalen, Nie-Links-Gewesenen, Wegbegleitern oder Menschen, die meine Kinder sein könnten. Als das Manuskript schon weitgehend fertig ist, kommt eine Mail von einer jungen Frau aus Hamburg, die in den achtziger Jahren in einem Elternhaus der linken Bourgeoisie aufwuchs (das gibt es dort in vielen Variationen), mit der ich viel über das Linkssein gesprochen habe und die sich selbst links nennen würde, anders links als die Eltern natürlich. In ihrer Mail heißt es: »Und was die Konversion angeht, dachte ich auch an meinen Vater, der ja kein Konvertierter ist, sich aber häufig die Frage gefallen lassen muss, ob er immer noch nicht weise/belesen/sehend genug geworden ist, um endlich zu kapieren, dass ›Linkssein‹ Quatsch ist. Damit will ich sagen: Ich habe oft den Eindruck, dass die Konversion von links nach liberal oder konservativ gesellschaftlich akzeptierter ist als das Links-Bleiben. Im Großen und Ganzen haftet doch den Links-Gebliebenen oft nicht der Geruch von Standhaftigkeit, sondern von Ewiggestrigkeit etc. an. Oder?«

Oder? So wie diese junge Frau ihren Vater sieht, habe ich es noch nicht gesehen. Ich habe immer nur *meinen* Weg in die Freiheit unter Rechtfertigungsdruck gesetzt. Wer hat den größeren Rechtfertigungsauftrag? Ich bin heute nicht mehr links. Aber mainstreamvernünftig will ich auch nicht sein. Wenn das Entwicklungsschema bedeutet, man sei radikal, wenn man jung ist, abgeklärt, wenn man älter wird, so mag ich mich darin nicht wiedererkennen. Wenn der ältere Herr aus Hamburg vor seiner Tochter und ihren Milieus Rechtfertigungsprobleme hat, so ist das sein Thema. Ich kenne in der Tat genügend Zeitgenossen, die sie nicht haben, weil sie sich mit ordentlichen Beständen an Chianti Classico auf der linken Seite des Zeitgeistes gut eingerichtet haben, weil es die moralisch bessere ist.

Es gibt im Liberalismus, insbesondere in seiner amerikanisch-libertären Spielart, eine Gruppe anarchischer Denker, die mich faszinieren, weil sie ein bisschen verrückt sind. Die deutschen Liberalen, vor allem die Gründerväter der Sozialen Marktwirtschaft, die Freiburger Ordoliberalen, wollten davon nie etwas wissen. Sie waren immer protestantisch-staatstragend, vorsichtig gesprochen. Schaut man sich die ideengeschichtlichen Prägungen der Ordoliberalen in den dreißiger Jahren an, wird es rasch ziemlich gruselig. Die Historiker nennen diese deutsche Tradition heute »autoritären Liberalismus«, weil offenbar in Deutschland immer alles gleich autoritär werden muss, sogar der Liberalismus. Freidenkertum geht anders. Die staatskritische, antiautoritäre, anarchische Seite des Liberalismus ist im Land der national- oder neoliberalen FDP, einer Ansammlung von Apothekern, Notaren und steuerbefreiten Hoteliers mit Haarimplantat, nie groß aufgefallen. Wäre sie aufgefallen, wäre auch die Nähe des Liberalismus zu dem ungestümen Freiheitspathos aufgefallen, welches den linken Aufbruch der siebziger und achtziger Jahre auszeichnet. Dass es einmal in den achtziger Jahren bei den Grünen eine ökolibertäre Fraktion gab, die diesen Freiheitsimpetus einzufangen suchte – maßgeblich geprägt, was heute kaum mehr vorstellbar ist, vom Baden-Württembergischen Landesvater Winfried Kretschmann –, mutet inzwischen fast anachronistisch an. Dass es dieser Liberalismus in Deutschland so schwer hat, seine Strahlkraft zu entwickeln, hängt auch mit dem jämmerlichen Zustand zusammen, in dem die politisch organisierten Liberalen nicht erst seit Guido Westerwelle, sondern im Grunde von Friedrich Naumann über Theodor Heuss bis Dirk Niebel immer waren. Sie repräsentierten ein biederes Bürgertum, das schon Honoré de Balzac oder Thomas Mann sich geweigert hätten in ihre Romane aufzunehmen, noch nicht einmal als Karikatur des Liberalen. Aber Geschichte und Zustand des politisch organisierten Liberalismus ist ein eigenes Thema, nicht das Thema dieses Buches.

Ich habe mich auf dem Weg vom Linken zum Liberalen eher radikalisiert. Julius Wellhausen (1844 bis 1918), ein großer protestantischer Theologe und deutscher Orientalist, schrieb einmal in späten Jahren: »Ich werde immer radikaler, je älter ich werde; es fehlt mir wenig zum Sozialdemokraten. Nur möchte ich vom Individualismus retten, was zu retten ist.« Ich würde es gerne umdrehen, verstehe mich als radikaler Individualist, nur dass ich vom linken Programm retten will, was zu retten ist: etwas von der Leidenschaft des pochenden Herzens, das seine mitfühlende Naivität um jenen siebten Sinn erweitert hat, der nicht nur sieht, was man sieht, sondern auch, was man nicht sieht.

Warum muss man sich überhaupt rechtfertigen? »Mich kommentieren? Wie langweilig«, schreibt Roland Barthes in »Über mich selbst«: »Ich werfe über den vergangenen Körper in kaum spürbarer Berührung eine Art Patchwork, eine rhapsodische Decke, die aus zusammengenähten Vierecken besteht. Weit davon entfernt zu vertiefen, bleibe ich an der Oberfläche, weil es sich diesmal um mich (um das Ich) handelt und weil die Tiefe den anderen gehört.«

V. Welche Bücher für dieses Buch besonders wichtig waren.

In diesem Buch wird viel Literatur zitiert. Manchmal ist es nur ein aufgeschnappter Aphorismus, manchmal profitieren ganze Kapitel von einer Leseerfahrung. Hier kommen Anregungen zum Weiterlesen, die zugleich auch Dank abstatten für all das, was ich nicht von mir, sondern von anderen habe.

Ich beginne mit Analysen und Rückblicken auf die linken Jahre in Deutschland (es ist nur eine kleine Auswahl, es gibt Unmengen mehr). Das linke Milieu in Deutschland in den siebziger und achtziger Jahren, mit vielen Originaldokumenten, wird erschöpfend beschrieben bei:

Sven Reichardt: *Authentizität und Gemeinschaft. Linksalternatives Leben in den 70er und frühen 80er Jahren.* Suhrkamp: Frankfurt 2014

Als Klassiker über diese Zeit muss man nennen:

Gerd Koenen: *Das rote Jahrzehnt. Unsere kleine deutsche Kulturrevolution 1967 bis 1977.* Fischer: Frankfurt 2011

Im Original lässt sich das freiheitstrunkene Lebensgefühl von damals am besten bei Herbert Marcuse nachlesen:

Herbert Marcuse: *Versuch über die Befreiung (1973).* Rowohlt: Reinbek 2008

Aus kritisch linker Perspektive von damals, und deshalb diagnostisch uneingeholt, ist:

Irving Howe: »New Styles in Leftism«. In: *Dissent* 1965.

Der auf Seite 19 erwähnte große Essay von Mark Lilla über unsere »Amnesie der Gegenwart« findet sich im *New*

Republic vom 17. Juni 2014: http://www.newrepublic.com/article/118043/our-libertarian-age-dogma-democracy-dogma-decline

Kurz vor dem 40. Jahrestag der 68er Revolution haben sich einige prominente Altlinke zum Stammtisch am verlängerten Wochenende getroffen und über früher gesprochen. Dass es eine Abrechnung geworden ist, kann man nicht gerade sagen:
Irmela Hannover und Cordt Schnibben: *I can't get. Ein paar 68er treffen sich und rechnen ab.* Kiepenheuer & Witsch: Köln 2007

Eine etwas strammere Abrechnung eines Nachgeborenen, Jahrgang 1973, gibt:
Gunnar Hinck: *Wir waren wie Maschinen. Die bundesdeutsche Linke der siebziger Jahre.* Rotbuch: Berlin 2012

Wer wissen will, wie es in Marburg und Paris zu dieser Zeit war, kann sich hier von einem Zeitzeugen erzählen lassen, wie wildes Lesen und wildes Leben eine Melange eingegangen sind:
Ulrich Raulff: *Wiedersehen mit den Siebzigern. Die wilden Jahre des Lesens.* Klett-Cotta: Stuttgart 2014

Wer wissen will, wie es damals am Bodensee zugegangen ist, soll zu Martin Walsers Tagebüchern greifen, vor allem zu:
Martin Walser: *Leben und Schreiben. Tagebücher 1963–1973.* Rowohlt: Reinbek 2007
Martin Walser: *Leben und Schreiben. Tagebücher 1974–1978.* Rowohlt: Reinbek 2010

Außerdem hilft diese Walser-Biographie:
Jörg Magenau: *Martin Walser. Eine Biographie.* Rowohlt: Reinbek 2005.

Neuerdings kann man nun auch verfolgen, was Walsers etwas

geschmeidigerer Kollege Enzensberger in jenen Jahren so alles gedacht und getrieben hat:
Hans Magnus Enzensberger: *Tumult.* Suhrkamp: Berlin 2014

Wie es mit den Milieus von damals in den achtziger und neunziger Jahren weiterging, lässt sich am besten in der Romantrilogie des Schriftstellers Michael Kleeberg und an seinem Helden Karlmann (»Charly«) Renn, geboren 1959, verfolgen. Der dritte Teil über die Nuller- und Zehnerjahre nach 2000 ist noch in der Mache.
Michael Kleeberg: *Karlmann.* btb: München 2009.
Michael Kleeberg: *Vaterjahre.* DVA: München 2014.

Der Psychoanalytiker Wolfgang Schmidbauer (»Hilflose Helfer«) hat eine Psychogeschichte des Deutschen geschrieben, worin er die Achtundsechziger und ihre Nachfolger frech die »überschätzte Generation« oder auch »thymotische Generation« nennt (Thymos ist jenes Organ des Menschen, von dem große Aufwallungen ausgehen):
Wolfgang Schmidbauer: *Wie wir wurden, was wir sind. Psychogramm der Deutschen nach 1945.* Herder: Freiburg 2009

Die deutsche Nachkriegsgeschichte gibt es inzwischen auch wissenschaftlich gut abgehangen. Für mich als Referenz des »objektiven« Verlaufs des Weltgeschehens waren (neben Gesprächen mit Andreas Rödder) besonders wichtig:
Ulrich Herbert: *Geschichte Deutschlands im 20. Jahrhundert.* C. H. Beck: München 2014 und
Heinrich August Winkler: *Geschichte des Westens. Vom Kalten Krieg zum Mauerfall.* C. H. Beck: München 2014

Anlässlich des Titels meines Buches habe ich mich mit Wilhelm Hauffs Märchen »Das kalte Herz« ausführlich beschäftigt. Hauffs Märchen nebst weiteren literarischen Texten des

19. und frühen 20. Jahrhunderts, in denen die Herz-Metaphorik wichtig ist, außerdem eine fulminante und in weiten Teilen einleuchtende Deutung des Philosophen Manfred Frank gibt es hier:
Manfred Frank (Hg.): ***Das kalte Herz. Texte der Romantik.*** **Insel Taschenbuch: Frankfurt 2005**

Entsprechend gibt es auch viele literarische und biographische Versuche, mit der Kältelehre des Herzens zu spielen. Angefangen hat der Schriftsteller Leonhard Frank, geboren 1882:
Leonhard Frank: ***Links, wo das Herz ist.*** **Aufbau: Berlin 2003**

Es folgt ein anderer großer deutscher Linker:
Oskar Lafontaine: ***Das Herz schlägt links.*** **Econ: Berlin 1999**

Literatur zu finden darüber, wie man zu Überzeugungen kommt und warum man sie wechselt, also konvertiert, ist gar nicht so einfach, wie ich dachte. Als Einführung sehr hilfreich war mir:
Hans Joas: ***Die Entstehung der Werte.*** **Suhrkamp: Frankfurt 1997.**

Von Joas führt ein direkter Weg zum amerikanischen Philosophen William James, der in Deutschland als Vertreter des Pragmatismus immer noch nicht ernst genug genommen wird. In der IX. und X. Vorlesung seiner Studie geht es um Konversion:
William James: ***Die Vielfalt religiöser Erfahrung. Eine Studie über die menschliche Natur. Mit einem Essay von Peter Sloterdijk.*** **Verlag der Weltreligionen: Berlin 2014**

Ideen, wie man überhaupt biographisch mit Veränderung und Kontinuität umgeht, finden sich hier:
Erika M. Hoerning (Hg.): ***Biographische Sozialisation.*** **Lucius & Lucius: Stuttgart 2000**

Wie Intellektuelle ihre eigene Konversion autobiographisch verarbeiten, hat die Historikerin Christiane Lahusen am Beispiel von DDR-Intellektuellen untersucht:
Christiane Lahusen: *Zukunft am Ende. Autobiographische Sinnstiftungen von DDR-Geisteswissenschaftlern nach 1989*. Transkript: Bielefeld 2013

Der Philosoph Hans Blumenberg hat sich Platos Höhlengleichnis als Urform biographischer Aufbruchsgeschichten vorgenommen und auf über 800 Seiten paraphrasiert und interpretiert:
Hans Blumenberg: *Höhlenausgänge*. Suhrkamp: Frankfurt 1989

Parallel und doch ganz anders, zeigt ein anderer Philosoph, Peter Sloterdijk, wie alle Kinder gegen die genealogische Bindung rebellieren, der sie doch nie entkommen:
Peter Sloterdijk: *Die schrecklichen Kinder der Neuzeit. Über das anti-genealogische Experiment der Moderne*. Suhrkamp: Frankfurt 2014

Fachmann für Höhlenausgänge in der bildenden Kunst ist der Maler Gustave Courbet (1819 bis 1877). Wer das mag, soll den Katalog der neuesten umfassenden Courbet-Ausstellungen durchblättern:
Ulf Küster (u. a.): *Gustave Courbet*. Hatje Cantz: Ostfildern 2014

Margaret Thatchers wichtiger Vordenker Alfred Sherman hat spät seine Wandlung vom Kommunisten zum Liberalen aufgeschrieben:
Alfred Sherman: *Paradoxes of Power. Reflexions on the Thatcher Interlude*. Imprint Academic: Exeter 2005

Und die Wandlungen zweier in London lebender, extrem un-

terschiedlicher Emigranten aus Osteuropa finden sich hier beschrieben:
David Caute: *Isaac & Isaiah. The Covert Punishment of a Cold War Heretic.* Yale University Press: New Haven 2013

Noch mehr über die sogenannten Cold War Liberals und überhaupt die psycho-politische Struktur der Liberalen gibt es im letzten, wunderschönen Buch von Ralf Dahrendorf:
Ralf Dahrendorf: *Versuchungen der Unfreiheit. Die Intellektuellen in Zeiten der Prüfung.* C. H. Beck: München 2006

Über meine liberalen Helden gibt es uferlose Literatur. Ich beschränke mich auf drei Bücher, die auch hier die zentrale Rolle spielen:
Friedrich August von Hayek: *Die Verfassung der Freiheit.* Mohr Siebeck: Tübingen 1971
Frédéric Bastiat (1850): *Was man sieht und was man nicht sieht.* (Gibt es im Netz im Original und in deutscher Übersetzung. http://bastiat.de/bastiat/schriften/was_man_sieht_und.html)
Henry Hazlitt: *Die 24 wichtigsten Regeln der Wirtschaft (Original: Economics in One Lesson 1946).* FBV: München 2014

Herbert Giersch, der meine Konversion ausgelöst hat, wurde inzwischen auch ein schöner Sammelband gewidmet:
Lars Feld (u. a.): *Das Zeitalter Herbert Gierschs. Wirtschaftspolitik für eine offene Welt.* Mohr Siebeck: Tübingen 2013

Eine ziemlich umfassende Ideengeschichte des Liberalismus findet sich bei:
Edmund Fawcett: *Liberalism. The Life of an Idea.* Princeton University Press: Princeton N. J. 2014.

An einer deutschen Ideengeschichte des Liberalismus arbeitet in vielen Aufsätzen der Hamburger Politikwissenschaftler Jens Hacke.

Einen kontroversen Überblick über die Debatte um Ungleichheit und Ungerechtigkeit gibt es in diesem Sammelband:
Steffen Mau/Nadine Schöneck-Voss (Hg.): ***(Un)gerechte (Un) gleichheiten.*** **Suhrkamp: Berlin 2015**

Zu Meritokratie und Leistungsgesellschaft kann man lesen:
Adrian Itschert: Jenseits des Leistungsprinzips. Transcript: Bielefeld 2013

Wohin der konsequente Egalitarismus in Bestform führt, sieht man am Werk von Jerry Cohen. Zur Einführung:
Gerald A. Cohen: ***Sozialismus – Warum nicht?*** **Hg. von Rainer Hank. Knaus: München 2010**

Eine historische Relativierung der Ökonomisierungsthese fand ich bei:
Peter Temin: ***The Roman Market Economy.*** **Princeton University Press: Princeton N. J. 2012**

Zur Kritik an den Banken empfehle ich:
Anat Admati/Martin Hellwig: ***Des Bankers neue Kleider. Was bei Banken wirklich schief läuft und was sich ändern muss.*** **FBV: München 2013**

Eine Kritik der dominanten Entwicklungsökonomie liefert:
William Easterly: ***Wir retten die Welt zu Tode. Für ein professionelles Management im Kampf gegen die Armut.*** **Frankfurt: Campus 2006**

Unerreichtes Vorbild schließlich, wie man über sich selbst schreiben kann, ist und bleibt der Franzose Roland Barthes:
Roland Barthes: ***Über mich selbst (Original: Roland Barthes par Roland Barthes, 1975).*** **Matthes & Seitz: Berlin 2010**

VI. Welche Menschen für dieses Buch wichtig waren.

Ganz besonders danke ich jenen »Zeitgenossen« (mit denen ich zum Teil befreundet bin), die sich nicht nur für ausführliche Interviews Zeit genommen haben, sondern, was mir wichtig war, meine schriftlichen Porträts anschließend in kritischen Augenschein nahmen unter der Leitfrage, ob sie sich darin wiedererkennen können: Ulrike Guérot, Elisa Klapheck, Anna L., Franz Sommerfeld.

Dankbar bin ich für die vielen (teils kontroversen) Gespräche, differenzierenden Hinweise, biographischen Ergänzungen, nonverbalen Ermutigungen und dafür, dass eine ganze Reihe von Freunden sich der Mühe unterzogen haben, das Manuskript in Teilen oder sogar ganz zu lesen und (manchmal harsch) zu kommentieren. Es gäbe viele Geschichten zu erzählen. Ich belasse es bei der alphabetischen Aufzählung und verneige mich mit freudigem Dank:

Irmgard Betzler, Heinz Bude, Britta Egetemeier, Wolfgang Ferchl, Jens Hacke, Friedhelm Hengsbach, Lisa Herzog, Anja Horn, Hans Joas, Michael Kleeberg, Inge Kloepfer, Michael Knoche, Jürgen Kochendörfer, Andreas Kuther, Cordula Kopf, Andreas Kuther, Christiane Lahusen, Matthias Landwehr, Theo Lange, Stephan Lebert, Martin Lüdke, Elisabeth Niejahr, Lisa Nienhaus, Werner Plumpe, Andreas Rödder, Wolfgang Streeck.

Meinen *FAS*-Kollegen Georg Meck und Winand von Petersdorff danke ich dafür, dass sie mir den zum Schreiben nötigen Freiraum gelassen haben. *FAZ*-Herausgeber Holger Steltzner sage ich Danke für die Möglichkeit, im Herbst 2014 eine kleine Auszeit zu nehmen.